T0347104

SCRIPTORVM CLASSICORVM

BIBLIOTHECA OXONIENSIS

OXONII

E TYPOGRAPHEO CLARENDONIANO

# SEXTI PROPERTI

## ELEGOS

CRITICO APPARATV INSTRVCTOS EDIDIT

## S. J. HEYWORTH

COLLEGII WADHAMI APVD OXONIENSES SOCIVS

OXONII

E TYPOGRAPHEO CLARENDONIANO

# OXFORD
UNIVERSITY PRESS

Great Clarendon Street, Oxford OX2 6DP

Oxford University Press is a department of the University of Oxford.
It furthers the University's objective of excellence in research, scholarship,
and education by publishing worldwide in

Oxford New York

Auckland Cape Town Dar es Salaam Hong Kong Karachi
Kuala Lumpur Madrid Melbourne Mexico City Nairobi
New Delhi Shanghai Taipei Toronto

With offices in

Argentina Austria Brazil Chile Czech Republic France Greece
Guatemala Hungary Italy Japan Poland Portugal Singapore
South Korea Switzerland Thailand Turkey Ukraine Vietnam

Oxford is a registered trade mark of Oxford University Press
in the UK and in certain other countries

Published in the United States
by Oxford University Press Inc., New York

British Library Cataloguing in Publication Data

Data available

Library of Congress Cataloging in Publication Data

Data available

Typeset by RefineCatch Limited, Bungay, Suffolk
Printed and bound by
CPI Group (UK) Ltd,
Croydon, CR0 4YY

ISBN 978-0-19-814674-2

The manufacturer's authorised representative in the EU for product safety is
Oxford University Press España S.A. of el Parque Empresarial San Fernando de
Henares, Avenida de Castilla, 2 - 28830 Madrid (www.oup.es/en).

# CONTENTS

Preface

Bibliography

# CONTENTS

# PREFACE

The text of Propertius is one of the worst transmitted of the classical Latin authors; any edition must therefore be seen as provisional, a contribution to a continuing debate. This edition is the first to make full use in the apparatus (and the text) of the important discoveries made by J.L.Butrica[1]; it also displays the results of an attempt to consider the problems of the text anew, and thus incorporates a large number of conjectures old and new in the text and in the apparatus criticus.

For a full textual commentary see *Cynthia: A Companion to the Text of Propertius* (Oxford, 2007).

## *The archetype, N, and the medieval tradition*

The foundation for the text is those among the 148 (or more) extant manuscripts that can be seen to have independent access to the archetype. This lost manuscript was apparently copied from a minuscule MS, for its descendants share errors more likely to occur in the copying of minuscule at I xx 6 *Theiodamanteo* Butler: *Therodamanteo* (or worse) Ω; III iii 33 *iura ς: rura* Ω; IV vii 69 *sancimus* Rossberg: *sanamus* Ω (so too Butrica 187).

---

[1] *The Manuscript Tradition of Propertius* (Toronto, 1984), which I reviewed at *CR* 36 (1986), 45–8. Evidence for claims not supported here may be found in Butrica's book, as may bibliography for individual manuscripts. I understand that some of the the new MSS are also cited in the Budé edition by S.Viarre (Paris, 2005), which I have not seen.

The two earliest extant manuscripts (N, A) were written in northern France in the 12th and 13th centuries, and we may assume that the archetype was also in northern France, and quite possibly written there. The earliest copies of other Latin poetry, such as Horace and Ovid's amatory works, come from northern France in the Carolingian period, and there is evidence to suggest that Tibullus and Catullus re-emerged in that region then too, although our earliest extant manuscripts date from later centuries (see L.D.Reynolds (ed.), *Texts and Transmission* (Oxford, 1983)). Besides N and A themselves, a florilegium (Vat.Reg.lat.2120), various allusions (e.g. John of Salisbury, *De septem septenis* prol., 199.946–7 Migne) and citations (e.g. by a scholar glossing Bern.276, a copy of Papias' *Vocabularium*) point to the existence of texts in the Loire valley and elsewhere in northern France in the 12th and 13th centuries. Beyond demonstrating this, Butrica notes that the archetype almost certainly had no indication of authorship, and suggests that this may have been responsible for the long lack of interest in the book's unique contents.

**N**: Once in the church of San Giovanni a Carbonara, in Naples, now in the Herzog August Bibliothek at Wolfenbüttel, shelfmark Gudianus lat.224. (Butrica's catalogue no. 137.) Written in northern France, apparently in the 12th century (see *CR* 36 (1986), 48–9). Two scribes (fos. 1–48; 49–71), each writing a late Caroline bookhand; the second scribe made corrections, apparently from the exemplar. (Later corrections, in 15th/16th century hands ['m.rec.'], are largely ignored here.)

The final gathering originally comprised two bifolia, with two half-sheets before and two after; the penultimate half-sheet containing IV xi 17–76 has been lost. Fo. 51 has a large hole in the membrane, around which the scribe wrote; the final few letters of III xv 41–5 have been lost when the margin was trimmed.

N divides poems by using a larger than usual painted initial and divides Book II from III, and III from IV with an interstice of a single line. There are no titles, and even the name of the poet in the *incipit* was apparently added later.

Two facsimiles have been published: one at Leiden in 1911, with a full palaeographical introduction by T.Birt; another at Assisi (1983), with a brief introduction by P.Fedeli. On the marginal annotations, copied from an exemplar, and drawing attention to mythologically interesting and sententious lines, see Birt, coll. 38–44, and K.Dziatzko, *NJbklPh* 153 (1896), 63–70.

The collation was made from the 1911 facsimile, and repeatedly checked against earlier editions and the later facsimile. All errors are cited except a few that were both corrected immediately and are of no apparent importance (e.g. III x 15 *cepisti*] *cepesti* N primo).

As the oldest manuscript N necessarily has value for the establishment of the text; it also offers a number of true and interesting readings that are not found in other manuscripts until (in some cases) a group written in or near Milan after 1470 (Butrica 63–4), by which time N itself had presumably arrived in Italy to act as the source [list 1]:

II xviii 5 mea si canis aetas canesceret *N*: si iam canis aetas mea caneret *cett*.

II xxiii 22 iuuerint *N*: capiant *cett*.

II xxx 19 non tamen immerito *N*: nunc <. . .> dura paras *cett*.

II xxxii 22 meretur *N*: mereris *cett*.

II xxxii 33 fertur *N*: quamuis *cett*.

II xxxiii 37 demissae . . . sertae *N, et sic apud Charisium*: -a . . . -a *cett.*

III vi 22 et qualem *N*: aequalem *cett.*     nullo *N*: nulla *cett.*

III vii 25 est *N*: que *cett.*

III viii 19 in iurgia *N*: iniuria *cett.*

IV iii 51 te *N*: tibi *cett.*

IV iii 52 meas *N*: tuas *cett.*

N also avoids a large number of errors present in the two extant quires of A, the only manuscript written within 200 years of N, e.g. [**2**]:

I i 1 cepit *N*: fecit *A*

I i 13 uulnere *N*: arbore *A*

I i 22 palleat *N*: plac- *A*

I ii 23 conquirere *N*: aq- *A*     amantes *N*: amittes *A*

I ii 24 forma . . . ampla *tr. A*

I ii 26 culta *N*: una *A*

I vi 15 *om. A*

I xiii 7 perditus *N*: queritis *A*

I xiii 11 compescet *N*: componet *A*

I xx 3 occurrit *N*: currit *A*

Of the three **florilegia**[2] reported as containing verses of Propertius other than II xxxiv 65–6, the oldest was discovered by D.M.Robathan, 'The missing folios of the Paris Florilegium 15155', *CPh* 33 (1938), 188–97. The leaves containing, amongst other things, 43 verses and half-verses of Propertius were found in a composite codex, Vat.Reg.lat.2120 (**Flor.1**). Butrica notes (25–6) that most (but not all) of the lines correspond to some of the verses marked in N by the marginal letters *t* (*tene*), *u* (*uide*), and 'N$_u^t$' (*nota*). The sententiousness of

---

[2] Rome Casanatensis 904 (*olim* C.V.23) was rightly condemned by Hosius (*RhM* 46 (1891), 588) as a late humanistic collection of no value for the text. Paris B.N.lat. 16708 (Flor.2) will be discussed as a descendant of A.

the lines in Flor.1 and marked in N mg. may be sufficient explanation of the coincidences; but it is perhaps more likely that Flor.1 presents a selection from the verses marked in an ancestor of N. For nonsense words among N's marginalia (e.g. *u a t a u i d e n e n e*, II xii 1–12 for *nota, uide, tene*) prove that the letters do not originate there; and at II i 44 Flor.1 does not share N's error *Et numerat*. The 13th-century florilegium deserves then to be cited. Here are the places where it differs from the Ω text [3]:

I v 23 nec] non *Flor.1*
I xii 16 non nihil] nam nimis *Flor.1*
II i 58 amat] habet *Flor.1*
II xix 32 non] iam *Flor.1*
II xxxiv 18 possum] possem *Flor.1*
III v 13 haud] non *Flor.1*

These are all symptoms of the carelessness and banalization one expects from florilegia; at II i 58, *habet* (found also in Flor.2 and Q) may well be what Propertius wrote, though I doubt whether the reading was actually transmitted.

### *A and its descendants* (Π)

**A**: Leiden Voss. Lat.38 (Butrica no. 43). The manuscript, of which only two quires now survive (as far as II i 63), is securely dated to *c*.1230–60, identified as the Propertius written for Richard de Fournival[3] and referred to as *Propicius de uirtutibus* in the 1338 catalogue of the Sorbonne Library,

---

[3] Or, conceivably, by him, as Ullman conjectured (*CPh* 6 (1911), 294). For the dating, see R.H.Rouse, *RHT* 1 (1971), 96–7; *RHT* 3 (1973), 267–8, on the link with Fournival; S.Patterson, *Scriptorium* 28 (1974), 235–47, on the decoration.

where it was copied by, or perhaps for, Petrarch, probably in 1333. One scribe, writing a Gothic bookhand.

Poems are separated by a large flourished initial, and Book II from I by a larger red initial. Titles both for the corpus and for the individual poems are presented in the margins; it is likely they originate here.[4]

The collation was made from photographs and repeatedly checked against earlier editions; some details were confirmed in Leiden. All errors are cited except a few that were both corrected immediately and are of no apparent importance; and the marginalia in post-medieval hands are ignored too.

Where it is extant A shows its independence from N by avoiding a few N errors [4]:

I i 30 qua *A*: sua *N*
I ii 18 eueni] euenit *A*: et uenit *N* (*corr. m. rec.*)
I xx 24 fontis *A*: fr- *N*
II i 44 enumerat *A*: et n- *N*

More significant than this list are the errors in N not shared by A's descendants in the later books where it is not extant, e.g. [5]:

III iii 8 Aemilia] milia *N*
III vi 26 rhombi] bombi *N*
III vi 39 consimili] -suli *N*
III vi 41 mihi si] nisi et *N*
III vii 18 tibi in ore *tr. N*
III ix 37 flebo] phebo *N*

---

[4] The word 'monobiblos' used in the opening title written into A has been taken from the (ancient) *titulus* to Martial 14.189. This has come to be used as a title for Book I, but it is not how Propertius saw Book I: Butrica's detailed analysis of the usage of *monobiblos* and its cognates at *ICS* 21 (1996), 90–4 shows that a monobiblos could never be called 'Liber primus', and yet at II iii 4 (a line Butrica unfortunately ignores) the poet marks our Book II as *liber alter*. Whatever Martial's *monobiblos Properti* was (I make suggestions at *PLLS* 8 (1995), 178), those who use the term to denote Book I are distorting the poet's *corpus*.

III x 25 que *om*. *N*
III xiii 33 antra] rara *N*
III xiv 33 Laconum] leo- *N*
III xvi 9 pulsus] portus *N*

The 82 verses of Propertius preserved in the 14th-century florilegium, Paris Bibl.Nat.lat.16708 (**Flor.2**), discovered by P.W.Damon (*CPh* 48 (1953), 96–7), are derived from A [**6**]:

I ii 1 uita *N*: uitta *A, Flor.2*: uicta *F*: uincta *ci*. *Colucius, P*
I ii 29 nec *N*: ne *A, Flor.2, Π*
I ix 8 posito *N, A p.c., Π*: apposito *A a.c.*: opposito *Flor.2*
*ad* II i 43 tractant fabrilia fabri *A m.2 mg.*: quomodo tractant fabrilia fabri *Flor.2*

The lines must be independent of Petrarch's copy (here called **Π**), and Butrica (38–9) shows that in one place at least the Flor.2 reading explains a corruption in the Π MSS:

III xvii 17 spument *ⵎ*: numen *NP*: numē *Flor.2*: nuīe (= numine) *F*: numerem *L p.c.*

I cite sporadic readings from Flor.2 where A is absent.

That F is a descendant of A was shown decisively by Ullman (*CPh* 6 (1911), 284–97). It follows that F (and any other descendants, such as L and P are agreed to be) should not be cited as having any weight in the portion of the text for which A is extant. But where A is not extant, we need to take notice of the manuscripts that are derived from it most closely. I use five manuscripts,[5] adding the pair LP to F from II xxi 3, where L, another partial manuscript, becomes available, and P plus BQ, which are derived from the exemplar of LP, for the portion where both A and L are missing.

[5] See Butrica 37–61 for discussion of the A family; my most significant deviation from his approach is to set aside Venice B.N.Marc.Lat.fond. ant.443 (Z), on grounds that I explained in my review, at *CR* 36 (1986), 46–7.

**F**: Florence Laur. plut.36,49 (Butrica no. 24). A copy of Petrarch's MS made for Coluccio Salutati by about 1380, with corrections from the exemplar by Lombardo della Seta (F2), conjectural additions by Salutati himself (traditionally F3, but here attributed to their author), and wholesale correction from a later manuscript (F4, dated by Butrica to *c.*1450; here ignored). The original scribe writes a Gothic bookhand, and made an enormous number of errors.

Poems are divided by rubricated titles written in interstices, with the traditional book divisions explicitly indicated.

Collated from microfilm, with details checked against previous editions and Ferguson's collation. The manuscript is not cited where its ancestor A is extant; where it is cited, from II i 64, individual errors are generally ignored (these can be found recorded in the apparatus of many past editions, such as Baehrens, Barber, Fedeli and, for Book II, Enk).

**L**: Oxford Bodl. Holkham misc.36 (Butrica no. 79). An indirect copy of Petrarch's manuscript, dated to 1421 and signed by Johannes de Campofregoso. A comparatively accurate copy of the original text of its exemplar, with little correction introduced before or after copying. (Also contains some Petrarch.)

L has lost its first gathering and the first folio of the second, and so the Propertian text begins at II xxi 3.

Poems are divided by rubricated titles written in interstices, with the traditional book divisions explicitly indicated.

Collation made from microfilm, and checked against the manuscript itself and Postgate's collation. Individual errors (recorded by Postgate and in past editions) are generally not cited here.

**P**: Paris Bibl. Nat. lat.7989 (Butrica no. 82). Dated to 1423, probably copied in Florence. Many corrections have been made to the original text of the exemplar, and many more were added by the scribe afterwards, mainly under the influence of the newly found manuscript sent by Poggio Bracciolini to Niccolò Niccoli in Florence in 1427. (Also contains Tibullus, Catullus, *epistula Sapphus*, Petronius, including the *Cena*, and other works.)

Poems are divided by rubricated titles written in interstices, with the traditional book divisions explicitly indicated.

Collation made from microfilm, and checked against previous editions. Individual errors are generally not cited here.

**B**: Brussels Bibl. Roy. 14638 (Butrica no. 11). Milan, *c*.1460. (Also contains Tibullus.)

Collation made from microfilm. (See below for the use made in the edition.)

**Q**: Naples Bibl. Naz. IV.F.19 (Butrica no. 70). Southern Italy (Naples?), second half of the 15th century. (Also contains Catullus, Tibullus, *epistula Sapphus*, and other works.)

Collation made from microfilm. (See below for the use made in the edition.)

That P shares F's descent through Petrarch's manuscript Π from A is shown by the fact that they both have all the errors in list **2**, and share further errors against A [**7**]:[6]

---

[6] P is sometimes contaminated from F; I employ BQ, the substitutes we shall use for L in Book II to show that the list does not present such cases. As B and Q are themselves contaminated from a non-Π source (ultimately T), the agreement of one of the pair with N is not significant, where the other gives the Π reading.

I xiii 34 limine *NAB*: lumine *FPQ*

I xvii 3 cassiope *NAB*: calliope *F, P a.c., Q*

I xx 21 heroum *N, A*(ħoum), *P ras., B*: hominum *FQE, scil.*
   *P primo*

Nor can the fact that now F, now P departs from the A
reading be taken against this hypothesis: P is heavily
interpolated; F was carelessly copied by an ignorant
scribe, and moreover draws on Petrarch's conjectures.
In his review of A.C.Ferguson, *The Manuscripts of
Propertius* (diss. University of Chicago, 1934), at *CR* 49
(1935), 234–5, Barber claimed that the evidence of I xiii
31 shows that 'P is derived from A independently not
only of F but also of Petrarch's manuscript':

I xiii 31 blandior—heroinis *A:* blandior—heroinis *P*:
   blandior erohinis *F* (*sine lacuna, pace Butricae p. 42*)

But this is by no means a necessary inference; the gap
will have been copied by Π, whence it was taken by P.
The lines drawn in A and P are probably independent
indications that the verse is not in fact defective. F
ignored the gap and, typically, misplaced that awkward
letter *h*. No one has produced stronger evidence than
this for there having been a second full copy of A.

L and P share a fair number of errors avoided by F.
Here is a complete list for II xxi 3–xxxiv 94, a mixture
of common slips and bold interpolations [**8**]:

II xxii 4 o nimis] o ninus *F* (*postea corr.*): omnis in *L*: o
   nimis // (nimis *ex corr.*) *P*

II xxii 11 aliquid] aliquis *LP*

II xxii 50 quem quae] quae quoque *LP*

II xxiv 18 formosam] formosa *LP*

II xxiv 27 libens] bibens *LP*

II xxiv 30 timidis] tumidis *LP*

II xxvi 5 agitatam] agitaui *F:* agitauit *LP*

II xxvi 9 tum[1]] cum *LP*

II xxvi 36 que in] que *NF*: quod *LP*

II xxix 10 nodus] nudus *LP* (*n.b.* nudi, 7)

II xxix 27 hinc] huic *LP*

II xxix 31 matutinus] matutimis *L*: matutinis *P*

II xxx 3 uecteris] necteris *LP*

II xxx 19 nunc dura paras *F*: nunc tu dura paras *LP*

II xxx 26 tenere] detenere *N*: tedere *L, P primo, ut uid.*

II xxxii 33 Martis] uixit *LP*

II xxxii 48 hic] haec *LP*

II xxxii 59 aerato] errato *LP*

II xxxiii 29 iugulate] iugulare *F*: uigilate *LP*

II xxxiii 31 que o] *om. F primo, spat. rel.*: quod o *suppl. F2*: quoque *LP*

II xxxiii 37 praependent] perpendent *L, P a.c.*

II xxxiv 4 raro] rato *LP*

II xxxiv 15 licebit] libebit *LP*

II xxxiv 17 lecto] lecte *LP*

II xxxiv 19 nil] uille *L*: uile *P*

Such readings led Butrica (52–3 and n.13) to the reasonable conclusion that L and P were derived from a common ancestor later than Π. However, agreement between F and one of the others does not necessarily give us the reading of Π. Consider the following case:

III iv 22 sacra] *om. L*: media *FP*

Since an omission, prompted by the homoearchon *sat erit sacra*, must have preceded the false interpolation of *media*, L clearly presents a stage prior to that in FP and not an attempt at correction. It remains possible, however, that *media* was Petrarch's conjecture, derived from Π independently by F and by P (one would suppose that the LP hyparchetype recorded the conjecture in the margin). On the other hand, amongst the interpolations in P are a number found written in F apparently in the hand of Coluccio Salutati, and thus presumably independent of Π [**9**]:

I ii 1 uita *N*: uitta *A*: uicta *F*: uincta *ci*. *Colucius, P* (*sic etiam ad* IV v 55)

I xv 7 Eois *ci*. *Colucius ut uid.*, *P*: et cois *N*: haec cois *AF*

II vi 8 nec desunt *N*: ue desunt *F*: ne desint *ci.Colucius, P* (*et Q*)

II vi 8 iure *N, ci*. *Colucius, P*: iura *F* (*etiam BQ, et T*)

II vi 24 uiri *ci*. *Colucius, P* (*et Q*): feri *NF* (*et BT*)

II xxvi 18 qui *ci*. *Colucius ut uid.*, *P:* quam *N*: quod *FL*

II xxix 4 hos *ci*. *Colucius ut uid.*, *P* (*sic primo, pace editorum*): hoc *NFL*

II xxxiv 72 ipse *ci*. *Colucius ut uid.*[7], *P*: ipsa *NFL*

III x 6 ponat *ci*. *Colucius, P*: ponet *NFL*

III xxii 1 annos *ci*. *Colucius ut uid.*, *P* (*L2 ras.*): annus *NF, scil. L primo*

IV x 45 nunc *N*: nec *FL*: haec *ci*. *Colucius, P*

Some of these conjectures might easily occur independently to two readers, but amongst them are Coluccio's more incisive attempts at correcting errors of $\Pi$ or $\Omega$ (as opposed to those of F), and we could hardly hope for better evidence for the contamination of P from F. Other Coluccian conjectures appear in P as variants or corrections, presumably taken from the same source, P's exemplar, when the scribe was correcting his copy, e.g. [**10**]:

II x 10 nunc *N*: nam *F, P primo*: namque *ci*. *Colucius, P p.c.*

II xi 1 uel *NP*: ue *F*: ne *ci*. *Colucius, P u.l.*

II xxix 40 laxa *ci*. *Colucius, P* (*l in ras.*): saxa *NFL*

If P is thus contaminated from F, it becomes possible that shared errors, as well as interpolations, have been transmitted horizontally. Here, for the section II xxi 3–xxxiv 94, is a complete list of errors not shared with L [**11**]:

---

[7] *ipse* was attributed to the fourth hand by Ferguson; but F4 is a collation of a Γ manuscript, and none of those I have consulted reads *ipse*.

II xxiv 31 tumidum] tumide *F, P* (in *omisso*)
II xxv 41 puellam] pueram *FP*
II xxvi 41 umquam] numquam *F, P a.c.*
II xxviii 41 miserere] misere *F* (*corr. F2*), *P*
II xxx 34 sit] scit *FP*
II xxxiv 37 Adrasti] adastri *FP*

There is no reason to assume that a single explanation fits every case; some of these could be coincidental slips; others may go back to corrected corruptions, or conjectures in Π. One cannot distinguish between those stemmatic anomalies that result from variants in the hyparchetype and those that proceed from contamination lower down the stemma.

It is, I think, clear that we cannot rely on the agreement of F and P to give us Π; L may preserve the Π reading in isolation. Because of the eclectic, interpolated nature of P's text, it is impossible to say whether L also has been contaminated from F. One might conceive, for example, that F readings were written into the LP hyparchetype before L was copied from it and that L's scribe ignored some that were taken up by P. Once again one looks to agreements with Coluccio's conjectures; but the evidence I have uncovered for a link between F and L is far more flimsy [12]:

II xxxii 52 hic *N, F primo* (*pace Ferguson*): is *ci. Colucius, P*: his *L*
II xxxiv 59 hesternis] externis *N*: ecternis *F*: aeternis *ci. Colucius, LP*

Consequently I suggest that the apparatus should be used in accordance with the hypothesis that the agreement of F and L reveals a reading of Π. However, I reserve the siglum Π for cases where FLP are (or were originally) all in agreement. But it should be borne in mind that amongst the readings of Π are conjectures made by Petrarch.

The earliest attempt to find manuscripts to substitute for L between II i 64 and II xxi 2 came in Ferguson's dissertation. A large part of her investigation dealt with the excerption (E) in Vat.Barb.lat.34 of an *antiquum manuscriptum exaratum in papiro*. The excerption was apparently made early in the 17th century: the same marginal hand draws on Passerat's commentary, published 1608. It gives readings from 102 lines set against the readings of the text; sometimes we find single words, sometimes whole lines. Of these 14 occur where L is extant;[8] all are, except for orthography, identical with L's readings.[9] It is therefore quite impossible to decide whether the paper MS was a descendant (Butrica), an ancestor (Ferguson), or a gemellus of L; any attempt to argue from the relationship with other MSS in the earlier part of the text is also doomed to failure because of the fragmentary nature of the evidence. Variants are given for 50 lines found in A. In only 3 examples does E stand alone (i.e. without P, B or Q) beside F as a pointer to the reading of Π [**13**]:

I i 29 ferte[2]] ferre *AE*: fere *F*
I xxi 6 tuis] ruis *AFE*
II i 63 iuuenis] uiuens *AFE*

Amongst the 38 variants between II i 64 and xxi 2 only one is the reading of F unsupported by P, B or Q:

II iii 47 detrectat] detractet *FE*

This may have stood in Π, may be a coincidental slip or a sign of contamination. At any rate, there seems to be

---

[8] II xxviii 19, 21, 22, 27, 29, 35, 40, 45, 48, 51, 53; III iii 22, ix 8; xxii 15; *Marmor* at IV vii 4 is more likely to have come from Passerat than from E's exemplar, and casts doubt on *euinctos* cited for IV vii 2; IV xi 102 *aquis* could have come from many a source.

[9] My collation concurs with Ferguson's in reading *quot* (*Achaia*) at II xxviii 53, not *quos* as reported by Butrica (48).

little point in encumbering the apparatus with compli-
cated indications of what E contains. Once or twice E
helps support another manuscript to suggest the read-
ing of Π; on those occasions alone do I cite it, in
parentheses.

B and Q are two related MSS of the third quarter of
the 15th century. They have conflated texts; an import-
ant element in their ancestry is the A/Π line [**14**]:

I ii 26 culta *NQ*: una *AFPB*
I xii 10 diuidit *N, P ras., B*: diuitis *AF, P a.c., Q*
I xx 13 frigida *N, P ras., Q*: turbida *AF, P a.c., B*
II i 21 nec[1] *N*: non *AFPBQ*
II i 41 conueniunt *N, A p.c., P p.c., B*: praeueniunt *A a.c., F,
    P a.c., Q*
II iii 29 tu nata *N*: limata *FPBQ*

They have Π readings not obtainable from F [**15**]:

I viii 2 sum *NF*: sim *APBQ*
I xii 8 amare *NF, P p.c.*: amore *A, P a.c., BQ*
I xx 31 Orithyiae] orithiae *N*: oriothiae *APBQ*: orionthiae
    *F*

and their independence from F is also demonstrated by
the lack of F's peculiar errors. They are closer to P [**16**]:

I i 7 toto . . . anno *NQ*: toto . . . annis *A* (annis *fort. ex corr.*),
    *F*: totis . . . annis *PB*
I i 37 monitis *NAF, P p.c.*: monitus *P a.c., BQ*
I xii 8 fide *NAF*: fides *PBQ*
I xx 17 ferunt olim *NAF*: olim ferunt *BQ*: olim fuerunt
    *P*
I xx 22 tegit *NF, P p.c.*: tegit *uel* regit *A*: regit *P a.c., BQ*
II v 13 facile *NF*: facili *PBQ*

but preserve A slips rectified or distorted by P [**17**]:

I i 13 uulnere *NQ*: arbore *AFB*: ab arbore *P*
I viii 4 me *NPQ*: *om. AFB*
I xx 29 ala *N, P* (*sed fort. p.c.*), *B*: ali *AFQ*
II i 61 et *NPB*: e *AFQ*

They are almost certainly descended from a hyparche-type later than Π, as there is a scattering of shared readings not found in the earlier Π MSS (fewer and less weighty than one might expect because they have each, often separately, taken up a large number of corrections from a non-Π source: see below) [**18**]:

I viii 22 limine *BQ*: lumine *NAFP*
I viii 28 tulit *NAFP*: tullit *BQ*
I xi 23 tu$^2$ *NAFP*: tua *BQ*
I xiv 11 sub tecta *NAFP*: subiecta *BQ*
II iv 18 gaudeat] candeat *BQ*

Very occasionally one or both present readings derived from A that both F and P have lost [**19**]:

I xv 24 quoque *N, P* (*fort. in spat. rel.*), *Q*: q̊ (= quo) *A*: quo *B*: qud (= quod?) *F*
II i 62 patriis *NFP*: patruis *ABQ*
II ix 38 promite] promitte *N*: prompte *BQ*: pincte *F* puer hic promit acuta *P*

Butrica especially draws attention to this final case (46). P has re-written the line, and its evidence is all but use-less. From BQ and F we can, however, surmise that Π offered 'ᵖmte'. Here we see the value of employing these two MSS.

Their value is much diminished by their having been thoroughly contaminated from a non-Π source. The non-Π strain derives from Panormita's manuscript T (on which see below) [**20**]:

IV i 43 cum] tum *TBQ*
IV ii 49 et] at *TBQ*
IV iv 42 stamine] stamina *TBQ*
IV vii 57 cressae] crassae *T primo, BQ*
IV viii 3 draconis] droconis *TB*
IV viii 69 eruitur] exuitur *TBQ*
IV x 40 parma] palma *TBQ*

IV xi 50 assessu] assensu *FLPSΓYC*: adscensu *TB*: ascensu *Q*

Individually these are not significant errors, but they make up a fair proportion of the discrepancies between T and its relatives (cited here on IV xi 50) in Book IV.

Butrica drew attention to this conflation (41, 110–11) and substantiated T's part in it by observing that B's gemellus, Hamburg Scrin.139.4, takes over three marginal notes directly from T. The T element, considerable from the first, increases throughout the text, and Q, in particular, has lost its Π affiliation before the end of Book II. This makes it difficult to answer the obvious question: is the Π element in BQ derived from L? Butrica believed it was, on the basis of the following LB agreements (48) [**21**]:

II xxvii 3–4 *inuerso ordine* L (*corr. mg.*), B
II xxviii 19 Ino *NT*: Imo *F a.c.*: Inno *P*: Iuno *LB*
II xxviii 51 uobiscum[2]] nobiscum *LB*
II xxix 3 pueri] puri *L a.c.*, B
II xxxiv 4 formosam *NT, P p.c.* (osam *in ras.*): et formam F: formaui *LB*
II xxxiv 19 nil] uille *LB*: uile *P*
III i 11 curru *FP*: currum *NTLB*
III i 33 memorator *F, P p.c.*: memorat̃ (= tur/tor) *N*: memorator *L, P a.c., TB*
III iii 4 posse] posce *LB*

Of these, III i 11 and 33 have not the slightest weight: B could be drawing on T rather than L. Butrica (53) lays special stress on II xxxiv 4; but he does not explain how he is able to make out that P originally read *formam* not *formaui*. Even if P did write *formam*, that would be no proof that *formaui* did not stand in the Π hyparchetype: *formaui* in L has usually been read as *formam*. None of the other readings need necessarily have reached B from L and not from its exemplar, and three readings

adduced by la Penna (*SIFC* 26 (1952), 6–7) but ignored
by Butrica suggest that the latter origin is more likely
[**22**]:

II xxix 36 uolutantis *LP*: uoluntatis *NFB*: uoluptatis *TQ*

III xi 47 tarquinii *T*: tarquini *NFPQ*: torquini *B*: tor-
quimini *L*

III xxii 12 trabis *NLPTQ*: turbis *FB*

The first and third cases in isolation might be attributed
to chance or contamination from F, but the second
makes it look as though B did have access to the exem-
plar of L. If it is true that BQ derive their Π element
independently of L, then strictly they ought to be cited
wherever the reading of Π is in doubt. But the pre-
dominance of T readings is so complete in III and IV
that regular quotation would merely waste space and
cause confusion. Since they reduplicate many T vari-
ants between II i 64 and xxi 2, I attribute to Π readings
present in FP supported by either or both; where one
has T's reading against F and P I do not report the fact.
Individual errors of either are ignored. No assumptions
should be drawn about the readings of BQ where they
are not specifically cited; but I have cited them in some
instances where the tradition is confused, placing them
in parentheses when they accompany other MSS but
not F or P.

The final matter to settle about the Π MSS is when
readings from another source started entering the fam-
ily. The common assumption that L took readings from
N was rightly neglected by Ullman.[10] He did so on
chronological grounds, but there is also no textual evi-
dence that points this way, once we see that F is a very
poorly copied MS. Ullman noted that P's text 'is closely
related to F, but later corrections and variants were

---

[10] *CPh* 6 (1911), 289–90.

added by the first hand, apparently from N'. He supposed that N was the MS referred to by Poggio Bracciolini in two letters of 1427, and that it could not have reached Italy by 1421 (the year in which L is dated) as Bracciolini was still in England. He had left Italy in the service of Henry Beaufort, Bishop of Winchester, in the late autumn of 1418, travelled via Paris to England, where he was disappointed by (among other things) the paucity of fresh classical texts. He left in the second half of 1422, found the *Cena Trimalchionis* of Petronius in Cologne on the way back, and was in Rome in February 1423, to be appointed papal secretary in May, a post he retained for the next 30 years.

Our knowledge of Poggio's copy of Propertius depends on two passages in letters written from Rome to Niccolò Niccoli in Florence:

> Propertium ad te misissem, sed nescio quis post reditum meum ueniens domum, ac libros uoluens, cum in illum incidisset, petiit eum paucos dies a me sibi concedi legendum: sed nec ille reddidit librum, et quisnam fuerit omnino excidit ex memoria. Denique cum omnes notos rogarim: heus tu, habesne Propertium meum? singuli negarant[11]; uereor igitur, ne hic bonus poeta alio migrauerit, et cum uir sit lasciuus, noluerit habitare in domo casta. Sed si redierit, dabo operam, ne eum pudeat penes me esse, aut causam habeat abeundi. (I.73.50–58 Harth)

> Propertius rediit ad nos; eum ad te mittam, cum primum aliquis dabitur, qui ferat. (1.74.17–18 Harth)

Niccoli's desire to see the codex is strong evidence that it was not a mere child of the Π family, of which he already had a copy (see below on T). The passages

---

[11] *negarunt?*

imply too that Niccoli had not used this copy of Proper-
tius before (though he may have seen it briefly, when he
visited Poggio in Rome in the summer of 1424). If the
MS was found during one of the excursions from Con-
stance, it must have lain dormant while Poggio was in
England, or else have travelled with him. It is perhaps
more likely that it was discovered during the second
sojourn abroad, but not sent back to Florence.[12]

It seems then that Poggio's manuscript belonged to
the non-A tradition, that it was the source of that trad-
ition in 15th-century MSS, and that effectively it did
not reach Italy till 1423. It can hardly have influenced L
(and there is no textual reason to believe it did so). P, on
the other hand, is a child of 1423, the very year of Pog-
gio's return, and only internal evidence will enable us to
decide whether its prime text is contaminated, or
merely interpolated. Here is a list for II xxi 3–xxxiv 94
of FL errors avoided by P (but excluding those already
listed as corrected by Coluccio) [**23**]:

II xxii 2 Demophoon] demophon *FL* (*sic etiam in* II xxiv
44)

II xxii 11 negarat] negaret *F2/3?, P:* negarent *FL*

II xxii 21 artus] arcus *FL*

II xxiii 8 ecquid] et quid *FL*

II xxiv 41 periisse] peperisse *FL*

II xxvi 3 fueras] fueris *FL*

II xxvi 9 fratri] ferri *FL*

II xxvi 53 mitescet] mutescet *FL*

II xxvii 9 ruinas] ruinam *FL*

II xxviii 33 poterit] poterat *FL*

II xxviii 45 operata *P*: operta *NFL*

II xxx 2 Tanaim *N, P* (*fort. in spat. rel.*): tantam *FL*

---

[12] Unlike the *particula Petronii* found in England. On Petronius, and P
in particular, see A.C.de la Mare, 'The return of Petronius to Italy', in
*Medieval Learning and Literature* (Oxford, 1976), 220–54.

II xxxiii 3 pereant] pereat *FL*: pereāt *P*

II xxxiii 19 fugabimus] fugauimus *F* (b *s.l. F2*), *L*

II xxxiv 16 admitto] amitto *FL*

II xxxiv 30 uester] noster *F, L a.c. ut uid.*

II xxxiv 43 angusto] augusto *FL*     torno] tno (= trino) *L*:
tuo (triuo) *F*: torno *P* (o¹ ex corr.)

II xxxiv 55 est *om. FL*: *suppl. P, fort. postea*

At least two of these errors were already corrected in F
(II xxii 11, xxxiii 19), some may have resulted from
coincidental slips in F and L, but the majority must
surely have arisen because of corrections written into
an ancestor, quite probably the exemplar, of P. And for
the most part they are just the sort of corrections one
would expect to have been made conjecturally by mem-
bers of the humanistic circle to which the scribe of P
obviously belonged: compare the conjectures of Coluc-
cio listed above [**9**, **10**], or Questa's list of Poggio's
interventions in the text of Plautus[13]. It is hard to
believe that these were the corrections made by some-
one comparing an independent text. The conjecture at
II xxviii 45 shows that whoever was responsible could
correct Ω as well as Π errors.

When the text of P was corrected from another
source, the quality of the changes is far more striking;
in particular we may note the insertion of lines and
words omitted by Π [**24**]: I vi 15; II viii 37 *sera*; II xii 3
*uiuere*; II xxi 5 *pudet*; II xxxi 3 *Poenis*; III xvi 13 *erit*; IV
i 144 *oculis*; IV xi 64 *uestro*; IV xi 68 *unum*. Each of
these insertions has been written after the bulk of the
text, as can be deduced from the squashing or broad
spacing of the letters. Presumably the scribe wrote out
the line with a space left originally, as he did at I xiii 31,

---

[13] C.Questa, *Per la storia del testo di Plauto nell' umanesimo I: La
'recensio' di Poggio Bracciolini* (Roma, 1968), 32–8.

where the gap goes back to A, though in fact nothing has been omitted.

There can therefore be no doubt about P's having been corrected from the non-A source, and, as it seems to be a Florentine MS, this presumably occurred after Poggio sent his copy to Niccoli in 1427, the year which is the *terminus ante quem non* for, and probable date of, Panormita's MS T, the earliest Italian copy to present a non-Π text, and likewise a Florentine MS.

## *Poggio's manuscript (Λ) and the 15th-century tradition*

The MS Poggio sent to Niccoli is most unlikely to have been N itself, for the hands of both humanists are well known, and neither has been found in N. Nor can we easily assume that the manuscript quickly passed into the hands of another, for the second apparently direct copy was made in the 1460s by Poggio's son Jacopo. I give this lost manuscript the siglum Λ.[14]

T: Vatican Vat.lat.3273 (Butrica no. 125). Written by Antonio Beccadelli (Panormita), probably in 1427 in Florence. It has been carefully written and corrected from the exemplar, with further corrections (in red ink) and some titles added from Florence Laur. San Marco 690 (Butrica no. 29), a copy of F apparently made by Poggio for Niccoli *c*.1400–05, and

[14] Butrica's arguments that this MS was independent of NA/Π have been rejected by a number of scholars: A.la Penna in his review at *Gnomon* 61 (1989), 120–3, G.P.Goold and G.Giardina in the introductions to their editions, C.E.Murgia at *MD* 45 (2000), 195–222. Some of the arguments, especially of Murgia, are based on false assumptions about what the Λ group reads; unfortunately he did not ask to see the complete collations. One scholar who has inspected them is H.-C.Günther: see *Quaestiones Propertianae* (*Mnemosyne* suppl. 169; Leiden, 1997), esp. p.IX; he follows the line established by Butrica, and in my unpublished thesis.

subsequently erased to provide parchment for Greek patristic texts.[15] Marginalia include some nonsensical but important glosses, presumably from the original exemplar, and a variety of later annotations and conjectures, together with a collation of a later manuscript (see Butrica 66–7, 109–10). (Also contains Panormita's *Elegia ad Lamolam*.)

Poems are divided by rubricated titles written in interstices, with the traditional book divisions explicitly indicated.

Collation made from microfilm, and checked against the manuscript itself. All errors are cited except a few that were both corrected immediately and are of no apparent importance.

The attribution of T to Panormita is now certain. The script matches known and suspected instances of his hand (the autograph collection of his letters in Vat.lat.3371; and marginalia in Vat.lat.3349, Antonio Cassarino's Latin translation of Plutarch, at fo.101v; Vat.lat.3270, Tibullus and Ovid, *Rem.*, at fo.2r); and, as Butrica points out (91, n.11), the scribe who used red ink to draw attention to the form *retulit* in verse 19 of the *Elegia ad Lamolam* is the same who wrote 'RETV-LIT. prima syllaba breui. quod nos secuti in Elegia' in Vat.lat.3276, fo.191v, referring to Lucretius 6.672. If we take Panormita's comment literally, then he must have read Lucretius attentively by the time he

---

[15] On this manuscript and the use made of it by Panormita, see Heyworth (thesis), 16–17, 71–3, 164–5. Murgia (197, n.54) suggests that S.Marco 690 was the exemplar for T. It certainly was not the exemplar for the text as a whole, as, e.g., it had only 19 verses in I xix (F omits I xix 8–11 and 15–17); but it was apparently the *exemplar* referred to by Panormita when in red ink he notes of II xi 'Erat et haec cum superioribus eadem in exemplari', and of IV ix 70, written in a gap originally left between 69 and 71: 'Sic stat in exemplari'.

composed the *Elegia ad Lamolam*. But that poem presents its author as being dissuaded from leaving Bologna by his mistress Elegia (Bologna is not specifically mentioned in the text, nor in the title in T, but the individuals referred to make identification of the city secure). And if the content of the epistolary elegy is taken seriously, it must refer to Panormita's sojourn in Bologna in 1426–7, and presumably was written then, before his removal to Florence at the very end of July. However, it is unlikely that he could have seen a Lucretius by this time, as knowledge of the poet was apparently restricted to Poggio in Rome and Niccoli, to whom Poggio had sent his copy ($\pi$), in Florence. Rather more probable is that Panormita read Lucretius, and Propertius, for the first time when he went to Florence in 1427. Someone presumably criticized his use of the form *retulit* as unclassical, so when he found the form in an ancient poet, he was quick to use it to justify his own diction and versification. He copied the new Propertius Poggio had sent to Niccoli and decided the elegist would properly be accompanied by his own elegy, with attention drawn to the form that his recent reading of Lucretius enabled him to defend (falsely, as we now know).

The independence of T is demonstrated in the first place by its avoidance of the vast majority of errors of A (and its descendants) on the one hand (e.g. all items in **2**, **8**, **11**, **12**, **14**), and of N on the other (e.g. all items in **4**, **5**); a full demonstration will come from examining the apparatus of the edition. Various critics have scorned the evidential value of such an avoidance of error, la Penna regarding the text as typical of the process of contamination and revision that the text underwent in the 1420s (*L'integrazione difficile*, 264), and Murgia pointing out that 'the same arguments ...

would work to prove that any modern critical edition is an independent witness' (*MD* 45 (2000), 154, n.14). There is a MS from the 1420s that we know to have undergone concerted contamination and revision: P. At times the changes bring that MS closer to what we can judge to have been in the archetype than its exemplar was, but it also retains persistent signs of its basic descent from Π, and it also has many false conjectures that build on the errors of ancestors, e.g. (from one small portion of the text) [**25**]:

> II ix 38 promite] promitte *N*: prompte *BQ*: pincte *F* puer hic promit acuta *P*
>
> II x 10 nunc] nam *F, P primo*: namque *P p.c.*
>
> II xi 1 scribant de te alii] scribebant alii de te *F primo, P primo, Q*: scribebant alii *F p.c, P p.c.*
>
> II xiii 13 contigerint] confug- *FP*: cum fuerint *P mg.*
>
> II xiii 31 ubi *om. F*: ut *PBQ*
>
> II xiii 38 fuerant . . . busta] fuerant . . . fama *F*: fuerat . . . fama *P*

T is very different.[16] For example, at II x 10 Π had *nam* (so FP); Salutati conjectured *namque* (a change P subsequently accepts); Q corrects the metre with *non*. T simply has the correct *nunc*: contrast PQ, which had *nunc* available, but show unmistakable signs of their Π origin. So the base text here was N: but T does not follow N in writing *collo* for *colla* in verse 15. The few apparent interpolations are attempts to deal with archetypal problems, not to correct slips in N or Π; and, though T shares a small number of false readings with each of the earlier MSS, these are mainly such as occur by chance [**26**]:

> I xvi 2 uota *A*: nota *NT*

---

[16] Very different also from Mons Bibl.Mun.218/109, an extant (partial) descendant of P, cited as 'n' by Hanslik, which retains clear signs of its affiliation with the Π family.

I xviii 18 non ulla *AF*: non nulla *NT*: non illa *P*

I xviii 19 arbor *NP*: ardor *AFT* (*n.b.* 17 colore] calore *A primo, T u.l.*)

II vi 8 ne desint *ci. Colucius, PQ*: ue desunt *F*: nec desunt *NT*    iure *N, ci. Colucius, P*: iura *FT*: cara *Heinsius*

II vii 11 tibi *om. F, T primo* (*ante* tibia)

II ix 21 duxistis *N*: duxisti *ΠT*

II ix 44 sis *Π*: sic *NT*: sit *Colucius*

II xxii 33 poterant *N*: poterat *ΠT*

II xxvi 47 dum *N*: cum *ΠT*

II xxvii 7 caput *NF*: capiti *ci. Colucius, ut uid., LPT*

II xxx 18 Palladis *N, T u.l.*: pallidus *Π, T t.*

II xxxii 2 habent *NFL*: habet *PT*

II xxxii 5 cur ita te *Richmond*: curua te *N*: cur uatem *ΠT*

II xxxii 21 famae *Π*: fama *N*: fama et *T*

II xxxii 22 meretur *N*: mereris *ΠT*

II xxxiii 3 pereant *NP*: pereat *FLT*

II xxxiii 37 demissae . . . sertae *Charisius, N*: -a . . . -a *ΠT*

II xxxiv 31 memorem musis *N, P p.c.*: musis mem- *ΠT*

II xxxiv 54 fulmina *Π, T mg.* (*m.incert.*): flumina *NT*

III vi 22 et qualem *N*: aequalem *ΠT*    nolo *Palmer*: nullo *N*: nulla *ΠT*

III vii 25 est *N*: que *ΠT* (*fort. ex* aquae *s.l. scripto*)

III vii 49 thalamo *N*: calamo *ΠT*

III viii 19 in iurgia *N*: iniuria *ΠT*

III xi 25 quam *Π*: qua *NT*

III xiii 26 quorum *N*: quarum *ΠT* [*n.b.* diuitiae]

III xiv 33 fores *Π, T s.l.*: feres *N, T t.*

III xv 3 praetexti *N*: praetexta *ΠT*

III xviii 9 his pressus *NFL*: bis p- *PT*

III xix 12 abiegnae *F, P* (b *ex corr.*), *L m.2*: a...... *L primo*: abiegno *Λ*: aiegno *N*

III xxiii 20 duras *Π*: diras *NT*

IV i 41 omina *NLP*: omnia *FT*

IV i 66 aestimet *NL*: extimet *FPT*

IV ii 19 uaces *ς*: uoces *Π*: noces *NT*

IV ii 49 et *N*: at *ΠT*

IV ii 52 contudit *N*: contulit *ΠT*

IV iii 52 meas *N*: tuas *ΠT*
IV v 25 quae] q; (= que) *N*: q *L*: quam *PT*: *de F incert.*
IV v 40 alterius *Π*: alternis *NT*
IV vi 21 Teucro *NLP*: teutro *FT*
IV vi 85 carmine *Π*: carmina *NT*
IV vii 16 trita *NF, T p.c.*: trista *LT*: certa *P*
IV vii 20 tepidas *N, P p.c.*: trepidas *ΠT*

A range of causes is likely to be in play here: coincidence in error (perhaps I xviii 19; II vii 11, ix 21; III xi 25, xviii 9; IV i 41, 66, ii 49, 52, vi 21), chance or deliberate introduction of a correct reading (I xvi 2, xviii 18; II vi 8, ix 44, xxxii 21, xxxiii 3, xxxiv 31, 54; III vi 22, vii 49, viii 19, xix 12, xxiii 20; IV iii 52, v 25, 40, vi 85, vii 16), coincidence in acceptance of an interpolation of a false reading (II xxii 33, xxvi 47, xxvii 7, xxxii 2, 5, 22, xxxiii 37; III vi 22, xv 3; IV vii 20), the presence of variants in the archetype (II xxx 18; III vii 25, xiv 33), and contamination of Λ with Π readings after it reached Italy. This list could be extended a little with difficult cases such as III xv 32 (see *Cynthia ad loc.*), but it would remain a list of not more than 50 shared errors.

Against this background, is there an alternative to supposing that Λ and therefore T was independent of N and Π? We would have to suppose that a copy of N was used to correct a descendant of Π, or else that a copy of N was corrected from such a manuscript; that this was done in such a way that almost all the errors were rendered illegible (so that the subsequent copyists were unable to choose the false readings); and that it was done with extraordinary sensitivity, for errors in the manuscript from which the collation was made were ignored and only the true readings chosen. This is unlike any collation I have seen in a humanistic manuscript, both in the general obliteration of discarded readings and, above all, in the precision of the selection.

Murgia (*MD* 45 (2000), 208, n.65) attempts to illustrate
a careful selection of the kind he imagines has hap-
pened in the Propertian tradition by describing how
Pomponio Leto in MS A of Tacitus's *Agricola* sup-
pressed the correct reading in only 27 out of 145 places
where the exemplar E offers a choice of readings.[17] This
is very different from the situation in T of Propertius:
as we have seen, it does not agree now with N and now
with A/Π variants. Moreover, if the exemplar's basic
text were derived from Π, it would have had 600 errors
from that source, plus (typically) 100 or more of its
own; if from N, 250 plus about 100. Murgia's thesis
requires that the scholar doing the collation considered
about 1000 alternatives, missing none or very few, and
made the correct choice not in 82 per cent of cases, but
in something more like 96 per cent; and that in intro-
ducing the correct, but only the correct, readings, he
obliterated what stood in the original text; and did all
this while never, or very rarely, introducing an error
instead of a correction. One way to account for the loss
of the corrupt readings from the main exemplar would
be to assume the choices were realized in a copy: but
that compounds improbabilities, for we shall see that
T and the other descendants of Λ share virtually no
errors that separate them from the other branches, and
therefore that they do not have a common ancestor later
than the archetype.

One minor point is that there are no signs that T
derives its non-N readings from any of the extant Π
MSS, or from the exemplar of LP. (Thus anyone who
believes it does descend from a conflation will have to
give careful consideration to citing T as a witness to Π,
absurd as that seems.) It is striking too that when the Π

---

[17] Cf. Murgia, *CPh* 72 (1977), 324–5, 329–31.

MSS are divided, but with one element in agreement with N in error, T does not choose, or emend to, the correct reading, but presents what is more likely to be archetypal [**27**]:

II vi 23 Admeti *P*: ameti *NFT*
II xiii 12 puris *P*: pueris *NFT*
II xxvi 29 cogitat *P*: cogitet *NFLΛ*
II xxviii 45 operata *P*: operta *NFLT*
II xxxii 23 nostras *F, P p.c.*: nostra *NL, P a.c.*, *T*
III i 11 curru *FP*: -um *NLT*
III i 13 mecum *P*: in me *NFLT*
III xii 38 Penelopes *P*: -e *NFL*
III xiii 32 uersicoloris *P*: uiri- *NFLT*
III xv 3 amictus *LP*: -cus *NFT*
III xxi 11 aequora *F*: aequore *NLPT*
IV i 65 cernet *F*: cernit *NLPT*
IV viii 47 caeco *FP*: caeto *NLT*
IV ix 32 minora *FP*: minore *NLT*

T does not share any of the omissions of phrases and lines in A/Π (see **24**); however, none of these seems to reflect loss higher up the tradition. The issue is very different with N [**28**]:[18]

II xxii 50 *om*. *N*      quem quae *FT*: quae quoque *LP*      fata *Π*: plura *T*
II xxxiv 53 restabimus undas *Wassenbergh*: restabit *N*: -bit aerumnas *ΠΛ, contra metrum*
II xxxiv 83 minor ore canorus *om*. *N*
III i 27 cum prole scamandro *Wolff*: *om*. *N*: cunabula (can- *L*) parui *ΠT*
III v 39 reorum *Housman*: *om*. *N*: gigantum *ΠT*

---

[18] See the discussion by Günther (67–81). Murgia (*MD* 45 (2000), 198–205) also makes much of the titles that T, and its congeners, share with the Π MSS; but if the exemplar had no titles originally, these are the easiest thing to find in another copy. In the case of T it is clear that Panormita supplemented the titles he found initially (which seem to come from an LP source) by consulting San Marco 690.

III ix 35 *om. N*

III x 17–18 *om. N*

III xi 58 *om. N*: femineas territa (-te *F*) Marte minas *FL*: femineas timuit territa (-te *FS*) Marte minas *P* (timuit *add. in spat. rel., ut uid.*) *PT*

IV iii 7 Bactra per arcus *Housman*: b- p- ortus *T*: bl- p-ortus *Π*: *om. N*

On the one hand, it is quite clear that T shares interpolations with the Π MSS (II xxxiv 53, III i 27, III v 39, III xi 58), but these are hardly evidence for a thorough conflation: an obvious first act for a scholar making use of a different source is to supplement gaps. Alternatively, it is possible that the additions were made in the archetype itself, either before the copying of the N line but in such a way that they were ignored, or after. On the other, the list also contains an instance of a securely correct reading that T did not derive from any extant earlier MS: it has *polles* at III x 17, where FLP have *pelles*. Such a conjecture would have been within the compass of the age of humanism; yet *pellere* is not absurd here (cf. Cic. *Cael.* 36) and *pellas* would be a more obvious correction. (See also my note on II xxii 50.)

Moreover, as one would hope, T has a number of true readings absent from N and A/Π, and others suggestive of archetypal error [29]:

I ii 7 tuae est *T*: tua est *NA(Π)*

I viii 27 erit *T* (*P p.c.*): erat *NA(Π)*

I viii 44 seu *T*: siue *NA(Π)*

I xvi 18 tam *T*: iam *NA(Π)*

II i 31 tractus *T* (*P ras.*): att- *NA*

II iii 10 sunt *T*: sint *NΠ*

II iii 18 Ariadne] añiagna *T*: adriagna *N*: adrianna *FP*

II ix 38 promite *T*: promitte *N*: pincte *F*: prompte *BQ*: (puer hic) promit *P*

II xiv 16 condicio *T*: condito *NF, P* (iam *suppl. s.l.*): conditi *B*

II xv 14 menelaeo *T*: -lao *NF*: -laneo *P*

II xvi 12 illa *T*: una *NΠ, T u.l.*

II xxv 40 uestra *T*: nos- *NΠ*

II xxvi 36 que in *T*: que *NF*: quod *LP*

II xxvii 7 flemus *Π*: fletuᵒ *T* (*sic Ω, ut uid.*): fletu *N primo*: fletus *N p.c.*

II xxviii 40 caerula *NY*: gar(r)- *Π*: ger- *T* (*sic Ω, ut uid.*)

II xxx 15 onerentur *P p.c., T*: -antur *NΠ*

II xxx 30 uolarit *P p.c., T*: -ri *N*: -ret *FP*: -res *L*

II xxxii 8 tibi me *T*: time *N*: timeo *Π*

III i 22 reddet *T*: -it *NΠ*

III ii 6 in muri *T u.l.*: in numeri *NLPT*

III iii 32 rostra *T u.l., P p.c.*: n- *NΠT*

III v 6 aera *T*: aere *N*: ire *Π*

III v 24 sparserit et nigras] -eritˣintegras *T* (*sic Ω*): -erit integras *P mg.*: -erit et integ- *N*: -it et integras *Π*

III v 35 plaustra bootes] p- boetes *T* (boone[ *in mg.ext.*), *P ras.*: flamma boon *N*: flamma palustra *Π*

III xii 14 sic redeunt *T*: si credunt *N*: si credent *Π*

III xv 27 uago *T*: -a *NΠ*

III xvi 2 Tibure *T*: -ri *NΠ*

III xvi 29 humer *T*: -eri *N*: -or *Π*: humet *P ras.*

III xxiv 10 eluere *P p.c., T*: fl- *NFL*: fle- *P primo*

IV i 146 limina *T*: lumina *NΠ*

IV vi 25 Nereus *T*: neruis *NΠ*

IV viii 8 ima *T, P ras.*: una *NΠ*

IV viii 69 prostratus *T*: -tractus *NΠ*

IV viii 81 leges *T*: legem *NΠ*

IV ix 11 manifestaque *Luck*: -ta *T primo*: -tae *NΠ, T p.c.*

In a few cases the correct text may be in doubt (for discussion, see *Cynthia*, notes on II i 31, iii 10, xvi 12, xxvii 7; IV viii 69); but in most it is not. Some of the readings may be conjectural (but the larger we assume this number to be, the more extraordinary becomes the high proportion of correct innovations in T). But some occur where N and Π happen to have made separate errors (II ix 38, xxx 30; III xii 14, xvi 29), and others in just the kind of case where it is easy to imagine both other branches making the same mistake (I xvi 18; II iii 10, xvi 12, xxv 40, xxvi 36; IV i 146, viii 8). At II xxxii 8 T even has the form (*íme*) that led to *time* in N and in some lost ancestor of FLP, which have the feeble correction *timeo*. What is most striking (especially given what has been said about the closeness of T to the archetype in its avoidance of errors) is the presence here of a number of readings that cannot be conjectural and yet stand between the Propertian original and the readings in N and Π: II iii 18 (where *Ariagna* is an ancient form of the name, regularly banalized into *Adriagna* in the Middle Ages), III v 24 (where the anagram *integras* is anterior to the half-baked correction *et integras*), and above all III v 35. Before considering this final case in detail, I shall introduce the relatives of T.

**S**: Munich Univ. Cim.22 (Butrica no. 69). Written by Jacopo Bracciolini, *c*.1460–70, Florence. The few interlinear corrections and variants all appear to be in Jacopo's hand. A number of lines and phrases that were difficult or unmetrical in the exemplar were omitted originally, with gaps left, and some of these have been made good by a second hand. (Also contains Tibullus, *epistula Sapphus*.)

Poems are divided by rubricated titles written in interstices, with the traditional book divisions explicitly indicated.

Collation made from microfilm. All errors are cited except a few that were both corrected immediately and are of no apparent importance.

The independence of S from T is suggested by the name of the scribe, and by its avoidance of T's errors, e.g. [**30**]:

I ii 9 summittat] -it *T*

I ix 11 Mimnermi] minnermi *NA*: numerini *T* (*sic etiam*
  *P*)

I ix 33 fatere] -ri *T*

II i 35 te] et *T*    contexeret ς: -rit *NASΓYC*: -ris *T*

II iii 19 temptat] -ant *T*

II vi 8 ferant] -unt *T*

II xvi 55 ne] te *T*

II xx 10 domo] modo *T*

II xxiv 31 se *om*. *T*

II xxxii 13 creber platanis pariter *ΠSΓYC*: pl- c- p- *N*: c-
  p- pl- *T*

III xiv 33 imitata] inimica *T*

III xxii 15 ora] orta *T*

III xxiii 10 promeruere] per- *T*

IV vii 94 ossibus *om*. *T*

IV viii 3 draconis] dro- *T*

IV viii 69 eruitur] ex- *T*

IV ix 2 Erythea] -ee *T*

(None of the other descendants of Λ shares any of these
slips.) Moreover, in addition to sharing many of the T
readings in **29,** S exhibits apparent vestiges of truth at
the following points [**31**]:[19]

II xx 24 numquam non *S*: non n- *ΠWC*: non um-
  *NTȲKY*

II xxv 12 saeue *S*: saepe *NΠTΓYC*

II xxv 47 suis *Foster*: *om*. *S*: tuis *NΠTΓYC*

II xxvi 54 uocans (*i.e.* uac-, *quod coniecerat Ayrmann*) *S*:
  uor- *NΠTΓYC*

II xxxii 4 Telegoni *C* (*scil. e coniectura*): tela- *P*: letho-
  *NFTΓY*: lotho- *L*: legoni (th *supra* g) *S*

III vi 3 num *SΓY*: non *N*: dum *ΠTC*

III viii 13 grege si *Butrica 1984* (grege seu *iam Heinsius*):
  gregi *SΓ*: gregis *Y*: que gregi *C*: gregibus *NΠT*

III xi 51 uaga *S*: uada *NΠTΓYC*

---

[19] From this point I cite all the MSS used in the apparatus: some of
the other Λ MSS certainly antedate S, which is dealt with first as the only
one that seems to have had direct access to Λ itself.

Again, some of these may be chance slips or conjectures, but three show intermediate stages in the corruption (II xxvi 54, xxxii 4; III viii 13).[20] S has a comparatively large number of unique errors, including metrical substitutions of unconnected words, especially at line end [**32**]:

I xvi 36 muneribus] carminibus *S*
II xix 12 comas] manus *S*
II xxx 12 uiderit] dixerit *S*
II xxxiii 9 iussit] dixit *S*
II xxxiv 36 uias] rates *S*
III viii 14 uias] comas *S primo*
III xii 24 morae] uiae *S primo*
III xxiv 11 et ipsa] inani *S*
IV i 96 cruenta] superba *S*
IV iii 19 carpsit] traxit *S*

None of these is in the other Λ MSS.

**J**: Parma Palat.140 (Butrica no. 90). Written by Johannes Andreae de Colonia, *c*.1430–45, Florence. Many contemporary corrections, often in erasures. (Also contains *epistula Sapphus*.)

Poems are divided by interstices (of single lines between poems, several lines between books); no titles have been executed.

Collation made from the manuscript, and checked against a microfilm. Cited in the apparatus under the hyparchetype Γ; individual errors are generally ignored.

**K**: Wrocław Univ. Akc.1948 KN 197 (Butrica no. 139). Paper. 'Padue 1469', according to a subscription written by the hand that added titles and made corrections, apparently from the exemplar. Johannes Mendel was an early owner, but probably

---

[20] On II xxvi 54 see *Cynthia ad loc.*; on III viii 13 see Butrica 84–5.

not the corrector, as Butrica believed: that hand is different from the one that wrote the signature of ownership on an early flyleaf.

Poems are divided by rubricated titles written in interstices, with the traditional book divisions explicitly indicated.

Collation made from a microfilm, and checked against the collation of P.Köhler, *Philologus* 64 (1905), 414–37. Cited in the apparatus under the hyparchetype Γ; individual errors are generally ignored.

**W**: Vatican Capponianus 196 (Butrica no. 111). Italy, probably 1450–75. (Also contains Tibullus, and other works.)

The final folio of the Propertius has been lost, containing IV xi 63–102.

Poems are divided by interstices; rubricated titles have been executed only occasionally; book divisions are explicitly indicated between I and II, II and III.

Collation made from the manuscript, and checked against a microfilm. Cited in the apparatus under the hyparchetype Γ; individual errors are generally ignored.

JKW were identified by Butrica (96–100) as the purest members of a group of slightly interpolated, slightly contaminated descendants of Λ. They avoid errors of T and S, such as those listed at **30** and **32**, and share a common ancestor later than Λ and here called **Γ** [**33**]:

I iii 37 consumpsti] -sisti *JKW*
I viii 27 manet] manet et *JKW*
I viii 30 destitit] destit *JKW*
I ix 25 te *om. JKW*
I xvii 18 quaerere] quaere *JKW*
II i 77 mutae] mitte *J a.c., ut uid., KW*
II xiii 7 magis] magna *JKW*
II xvi 1 uenit] ueniet *JKW*
II xxviii 16 ueniat ç: -it *NΠTSYC*: -iet *JKW*

II xxxii 3 dubias] -ius *JKW*
II xxxii 42 dedit²] l- *JKW*
III i 28 campos] -po *JKW*
III xi 6 metum] mecum *JK, W a.c., ut uid.*
III xi 8 disce] -co *JKW*
III xix 6 fontis *om. JKW*
III xxi 29 capient] -ti *JKW*
III xxii 18 ubique] ubi *JKW*
IV iv 78 traicit] tai- *JKW*
IV vi 37 0 *om. JKW*
IV vii 67 sorores] sores *J a.c., ut uid., KW*
IV viii 53 pocula] -lo *JKW*
IV xi 17 non noxia] inn- *JKW*

The palaeographical date of J places it earlier than any of the Λ MSS bar T; as it avoids T's errors, it must have independent access to Λ, and so must its exemplar Γ. Butrica nevertheless judges that the group does not deserve to be cited, because it has been contaminated with readings from a Π MS. This is true, but it is not much more significant for this group than for others. Here is a list of the more substantive items [**34**]:

II i 70 bracchia] -chide *ΠΓ*
II x 7 Veneres *NTC, P u.l.*: ueneros *F ut uid.*: ueteres *PSΓΥ*
II xxii 11 aliquid *NFTSY*: aliquis *LPΓC*
II xxiv 27 taetra] terra *ΠΚC*
II xxvi 53 mitescet *NPTSKWYC*: mut- *FLJ*
II xxxiv 16 admitto *NPTS*: am- *FLΓYC*
III ix 9 effingere] f- *ΠΚ*
III xii 34 lacus *NTSYC*: latus *F (ras. supra* t): latreus *LPΓ*
III xxii 25 Nemorensis] m- *LPΓ*
IV iii 7 Bactra] bla- *ΠJ*
IV iv 5 Siluani] siluam *LK*
IV vii 72 Chloris] chor- *LPΓ*
IV x 46 omine *NTSYC*: crimine *ΠΓ*     certo] circo *LΓ*

IV xi 43 exuuiis tantis] exuuii st- *LPΓ*: eximii st- *F*

Again there are a few new correct readings, but, with the exception of III xxiii 11 (see *Cynthia ad loc.*), they are likely to be conjectural [**35**]:

II xv 7 lapsos *W*: lassos *NΠTSJKYC*
II xvi 46 fiat *W*: fiet *NΠTSJKYC*
II xxxi 3 columnis *JK*: -mbis *NΠTSWYC*

More significance should be attached to cases where these MSS give insight into the reading of Λ, and sometimes beyond[21] [**36**]:

II iii 24 candidus *apud Macrobium*: ardi- *NΠY*: ardri- *Γ*: ari- *TS*: ar..... *C* (*scil.* aṛḍidus *Λ*)
II xxxii 5 esseda] essida *T*: essedra *Γ* (*scil.* esseḍa *Λ*; cf. II i 76 essedi *Y*)
IV i 31 soloni *N, P u.l., TJC*: coloni *Π, T u.l., S, J s.l., K*: scoloni *W*: seloni *Y* (*scil.* ṣoloni *ΛΓ*)
IV viii 31 i- .... *N* (est *add. m. rec. in spat. rel.*): est i-...... *LJK*: est i- *FPTSWYC*
IV ix 11 manifestaque *Luck*: -ta *T primo, KM*: -tae *NΠ, T p.c., SJWURC*

There is no reason to think either of the later MSS is descended from J or the other. Many verbal slips are avoided; here are some omissions found in only one of the group [**37**]:

I ii 25 ne *om. K*
I xi 6 in *om. J*
I xiv 5 intendat *om. J*
I xv 18 *om. J*
II ix 26 hoc *om. J*
II xxiv 37–8 *om. K*
II xxviii 18 quae *om. W*
II xxxiv 58 ego *om. W*

---

[21] See my notes in *Cynthia* on IV viii 31 (where the omission is archetypal, and unlikely to have been transmitted by collation) and IV ix 11.

It is, however, possible that KW share a common ancestor later than Γ [**38**]:

I viii 19 praeuecta *NATSJMU*: prou- *RC*: praeuectam *W*: peruectam *K*

I ix 24 ille] illa *KW*

II vi 18 Pirithoum *FQB*: per- *NPTSJYC*: pyerithorum *KW*

II vii 7 paterer] -ere *K a.c.*: -eret *W*

II ix 52 morte] mortem *KW*

II xx 16 heu *om. KW*

II xxix 27 narratum *NTSJYC*: -bat *Π*: -batur *W*: -bitum *K a.c.*

II xxx 30 ad Troiae] a troiae *W*: troiae *K*

II xxxi 15 interque] uterque *KW*

III i 13 habenis] abtenis *K*: abtemis *W* (t *scil. ex ăb*)

III xi 13 ausa] ansa *KW*

III xiii 32 uersicoloris *PKWC*: uiri- *NFLTSJY*

III xix 20 infamis] -ntis *KW*

III xxiv 5 uaria] -am *KW*

III xxv 1 risus] u- *KW*

IV iii 43 papilla] pu- *KW*

IV x 23 Veiens] uere- *LP*: uenie- *KW*: uehie- *YC*

However, the number of shared errors in this list is not great compared with the number of unique errors in these MSS (J and W have about 40 in Book I alone, K about 70), and as both JK and JW share errors I suspect the list is made up of coincidental slips, errors that have been corrected in J, and places where there were variants in Γ (which may have increased after the time at which J was copied). At any rate where all three MSS agree, the reading is entered in the apparatus as Γ; but where one is at odds with the other two nothing is said unless there is evidence of uncertainty elsewhere in the stemma or reason to think the reading doubtful.

**M**: Paris Bibl. Nat. lat.8233 (Butrica no. 120). Florence, 1465; Gherardo del Ciriagio. Very few corrections in the text, with some manifest slips allowed to stand as if the main concern was the appearance of the book (e.g. II xvi 56 *Vt*] *Tt*; III xv 32 *Eerus*). (Also contains Catullus and Tibullus.)

Poems are divided by rubricated titles, with the traditional book divisions explicitly indicated.

Collation made from a microfilm. Cited in the apparatus under the hyparchetype Y; individual errors are generally ignored.

**U**: Vatican Urb. lat.641 (Butrica no. 120). Florence, probably 1465–70; the script was attributed by A.C. de la Mare to 'Sinibaldus C.'. The text has been widely and carefully corrected, with many of the readings written in erasure coming from T or a descendant of T. (Also contains Catullus and Tibullus.)

Poems are divided by rubricated titles, with the traditional book divisions explicitly indicated.

Collation made from a microfilm; some details checked against the manuscript itself. Cited in the apparatus under the hyparchetype Y; individual errors are generally ignored.

**R**: Cologny-Genève Bibliotheca Bodmeriana Bod.141 (Butrica no. 14). Florence, May 1466; Johannes Petrus de Spoleto. A few 15th-century corrections and marginal comments.

Poems are divided by rubricated titles, with the traditional book divisions explicitly indicated.

Collation made from a microfilm. Cited in the apparatus under the hyparchetype Y; individual errors are generally ignored.

MUR also avoid the errors of T and S, and share errors that indicate a common ancestor (here Y) later than Λ, e.g. (from the first book and a half) [**39**]:

I i 10 contudit] -lit *MUR*
I iii 41 stamine] fla- *MUR*
I viii 5 tune] tunc *MUR*
I viii 37 maiora] minora *MUR*
I xviii 25 consueui] -ent *MUR*
I xx 17 ferunt] fertur *MUR*
I xx 42 imaginibus *NATSΓ*: magi- *C*: ungui- *MUR* (*ex* 39)
II i 76 esseda] -di *MUR*
II iii 18 euhantes *NTSΓC*: eufantes *P*: enfautes *F*: cubantes *MUR*
II viii 6 mea dicta *tr. MUR*
II xii 18 si] sed *MUR*
II xiv 28 amans] amnis *MUR*

This list could easily be lengthened with errors from later in the text. But the individual MSS were very carefully copied, and they have few slips, and very few uncorrected. However, each does have a few significant errors, uncorrected and avoided by the other two [**40**]:

I xii 11 longa uia *tr. U*
I xiv 20 Tulle] mille *U*
I xvii 23 puluere] funere *R*
II xxix 6 etiam] est *M*
III i 17 legas] longas *R*
III xiv 12 protegit] procidit *M*
IV vi 39 terra *om. U*

There are moreover no positive indications that any one descends from another. Butrica (67) makes the entirely plausible suggestion that the three were copied for the Florentine bookseller, Vespasiano da Bisticci, for whom the scribes of M and U are known to have worked.[22]

---

[22] Cf. also M.D.Reeve, *CQ* 27 (1977), 203–5, on a similar group in the tradition of Statius' *siluae*.

These are deluxe items, and we might imagine their lost exemplar was a cheap paper copy, now lost. In any case it seems entirely reasonable to cite the three under the single siglum Y, thus ignoring individual errors and in particular corrections.

Here (additional to many of the T readings in **29**) are a couple of instances where the Y MSS seem to preserve or reflect archetypal corruptions [**41**]:[23]

> I xi 11 Teuthrantis *ς*: teutantis *NTΓ*: tueta- *A*: těta- *M*
> (*sic Ω, ut uid.*): te ta- *UR*    Teuthrantis in unda *om.*
> *SC*
>
> II xxx 37 te *ς*: *om. Y*: me *NΠTSΓC*

Butrica suggests (99) that Y might be the source of the Γ group too; but lists **33** and **39** serve to show that even if JKWMUR share a common source later than Λ, Γ cannot derive from Y, nor Y from Γ, nor can the two hyparchetypes be identical. Possibly both groups may have derived from a common hyparchetype, but the evidence (including cases where contamination plays a part) is not strong [**42**]:

> II xxii 33 classes *NTSC*: calces *F, L fort. ex corr.*: casces *P*:
> calses *ΓY*
>
> III iii 5 admoram] ad moram *LΓU*
>
> III x 27 iactu] t- *FLΓY*
>
> III xiii 5 mittit] nutrit *ΓY*
>
> III xvi 29 cumulis *NTSMUC*: -us *FΓR*: tumulis *L, P a.c.,*
> *ut uid.*
>
> IV xi 19 Aeacus] aeatus *F, ut uid.*: aearus *L primo, ut uid.,*
> *ΓY*

It is, however, an attractive notion that one or other of these two branches stems from Niccoli's copy of Poggio's MS.

---

[23] See also my discussions of I xx 32, II xxiii 21 and II xxxii 61.

**C**: Rome Biblioteca Casanatense 15 (Butrica no. 97). Rome, *c*.1470–1; written by Pomponio Leto, probably for his pupil Fabio Mazzatosta. Few corrections; some marginal signs and comments. (Also contains Tibullus and Catullus.)

Poems are divided by interstices (of single lines between poems, several lines between books); very few titles have been executed.

Collation made from a microfilm, with some details checked from the MS itself. Individual errors are generally ignored.

The final member of the group identified by Butrica shows its independence by avoiding the vast majority of the errors listed for TSJKWMUR. However, it contributes less than any of the other four branches because it is so afflicted with error and interpolation. In I viii, for example, my collation records the following fresh errors [**43**]:

I viii 13 non] no *C*    uentos] fạuentos *C*
I viii 15 patiatur] spatiatur *C*
I viii 21 non me *tr. C*
I viii 22 tuo] tua *C*    limine ς: lu- Ω: luminet *C*
I viii 24 clausa puella] lausa pella *C*
I viii 25–6 *post* 28 *C* (*ob homoeoteleuton*[24])
I viii 26 mea] me *C*
I viii 28 non tulit illa] olet non tulit *C primo*
I viii 30 uias] uices *C a.c.*
I viii 32 sine] si *C* (*corr. mg.*)
I viii 36 pararat] pararet at *C*
I viii 42 mea] me *C*

Leto often omits nonsensical phrases and unmetrical verses, as well as words over which the other Λ MSS show signs of uncertainty. His learning has regularly corrected names that are wrong in the other prime MSS

---

[24] An especially frequent cause of error in C.

(see the Index Orthographicus), but not surprisingly introduces errors too, such as IV i 33 *epiolae*. Here are some interpolations [44]:

II xv 1 o nox] et o nox C (*ut hiatum remoueat*)

II xxxii 5 cur ita te *Richmond*: curua te N: cur uatem *ΠΤSΓΥ*: cur quater C

III iv 5 sera sed] Seres et C

III v 24 sparserit et nigras C: -erit&integras T (er *postea expunct.*): -erit integras P *mg.*: -erit et integ- *NSΓΥ*: -it et integras Π

To avoid wasting excessive space on such a manuscript, I therefore cite C only where the authorial or the archetypal reading is in doubt.

*The stemma* (see page lxxviii)

As the apparatus shows, TSJKWMURC hang together in repeatedly displaying whichever of the N and A/Π readings is archetypal. Given the availability of Π MSS, especially in Florence, it would be surprising if the proportion of contamination did not increase in the later MSS, as it does; but the presence of Π readings does not demonstrate that the whole group has arisen from a conflation. Nor, to my mind, does horizontal transmission explain the fact that the nine MSS share only one error not present in NA/Π (and that one could easily come from mistaken expansion of an abbreviated 'aṕco' under the influence of the adjacent *frigida*):

IVx 18 a parco *Jacob*: a porco *LP*: aporco *NF*: aprico *Λ*

As a group these MSS have omitted no portion of text present in the archetype; they share a single error and a few interpolations that are also in another branch. Much the most probable explanation is that their latest

common ancestor was the archetype itself; not of course
the archetype in the form in which it was when N (or
more likely, N's exemplar) was copied, but with more
variants and corrections added, and perhaps titles. It is
too rarely acknowledged that manuscripts are not
unchanging objects, that readers leave their traces in
them. Virtually every MS carries alternative readings,
even if it has only been corrected against its exemplar.
As a result shared errors make most traditions appear
bipartite.[25] We can be confident that Ω already had vari-
ants before the N branch was copied from it [**45**]:

II iii 40 Priamo *N primo*: priamus *N p.c.* (*m.aeq.*), *ΠΛ*
III v 35 flamma boon *N*: flamma palustra *Π*: p- boetes *T*
(boone[ *in mg. ext.*), *P ras.*: plaustra bootes *SC*: p-
boones *Y*: palustra boetes *Γ*

Among the true readings in T [**29**] this second case
stands out; *boetes* is an attempt to restore medieval
orthography for the constellation, but if the phrase as a
whole is a conjecture on the basis of the separate read-
ings of N and Π, it is extraordinary that *flamma*, the
word they share, was dropped entirely. Even more
untypical is that a scholar of this period should have
made a palmary conjecture, and yet left traces of the
truncated *boon* found in N. But Ω contained all three
words in some form, as we know from N and Π, pre-
sumably in the form *flamma boones* with the correction
*plaustra* written above.[26] To N comes, as usual, simply
the base text, with the final syllable lost; the Π branch
has taken *plaustra* to be a correction of the nonsensical
*boones*. Panormita was able to make sense of the arche-

<hr>

[25] Cf. Reeve on the tradition of Silius, *CQ* 28 (1978), 227.
[26] Housman (*CP* 287) saw *flamma* as a literal corruption of *plaustra*,
Enk (*Mnemosyne* 2 (1949), 161) as a reminiscence of *flamine* (29); perhaps
*igne* in the pentameter sparked off in place of *plaustra* a word of similar
shape.

typal text; he did not need to make a conjecture far more radical than any he attempted elsewhere.

The Propertian tradition appears then to have seven branches.[27] It might be argued that I should drop the siglum Λ, which implies a shared common ancestor later than the archetype; but, if we are to save space, the alternative would be to write Ω″ (or some such) to indicate that this was the form of the manuscript after the other two branches were copied from it, and the gain in precision would come at a cost of clarity. Moreover, it makes no basic difference to the use of the apparatus whether or not Λ is identical with Ω. As a result of variants in the archetype, and contamination later, correct readings and pointers to archetypal vagaries can turn up in a single scion of a single branch. The vital point is to cite the new group of manuscripts accurately, and that is what this edition attempts to do.

## *Indirect transmission*

The only other sources for the text used in this edition are citations in other ancient authors and on ancient walls: see Butrica 30–2 for a list of passages in the ancient grammarians; II xxxiv 65–6 appears in Donatus's *uita Vergiliana* and in the codex Salmasianus (*anth. Lat.* 1.1.258); IV i 11–14 is cited by Lactantius,

---

[27] Butrica's survey builds the case that no other 15th-century MS as a whole had independent derivation from the archetype; but we cannot be sure that scattered readings from lost sources have not reached some of the later MSS. After all, we would not give weight to the eccentricities of Milan Ambr.I.167.sup and its brethren at II xviii 5, II xxiii 22, II xxx 19, II xxxii 33 (e.g.) if N were not extant as their origin (see Butrica 63–4). But proof would be hard, and it is unlikely we are missing anything significant.

IV i 13 by Isidore; II v 9–10, III xvi 13–14 and IV v 47–8 by writers of graffiti in Pompeii.[28]

## *The constitution of the apparatus criticus*

The apparatus criticus is primarily designed to provide the sources for the readings printed and other readings worth consideration, whether because they are found in manuscripts that at times carry authority or as plausible conjectures. But an apparatus can have other functions too. As a whole it can help readers come to a judgement on the value of the individual MSS and their inter-relationships. The errors of manuscripts can also illustrate the mistakes and misjudgements that scribes and readers make; it is partly for this reason that in the case of MS readings I have always made a positive statement of what stands in the text, so that readers looking for types of errors can simply read the apparatus itself. (The one exception is where words have been transposed: it seems clear enough to say 'mea dicta *tr. Y*', as at II viii 6, with the implication that the correct reading transmitted elsewhere is *dicta mea*.) It is to serve such readers in particular that I regularly comment on the causes of errors that have occurred under contextual pressures (e.g. at I vi 19 'tu] tui *S* (*n.b.* patrui)' and I xv 8–11 '*om. C, ob homoeoteleuton*').

Where there is no particular reason to doubt the text (i.e. where I cite no conjectures or other variants), I ignore the individual errors of MSS collected under the hyparchetypal labels ΠΓΥ, as e.g. at II xxix 1 where P has *mea*, with the second and third letters written in an erasure; there is no reason to doubt that the MS origin-

---

[28] On these see Butrica, *CQ* 47 (1997), 181–2.

ally read *modo*, as F and L do; nor would anything of significance be lost if the judgement happened not to be true on this occasion. However, where text or tradition is less certain, I cite the individual discrepancies, even if there is no reason to think they are significant, e.g. at II xxi 17 *nunc* 5: *huic* NLP$A$: *hinc* F.

Assumptions should not be made about details not explicitly attested. For example at III i 11 the apparatus reads 'uectantur] n- *LP$\Gamma$*'; one of the three $\Gamma$ MSS, W, has the common slip *nectamur* here, but this is not stated any more than is W's isolated slip *ab ugno* for *abiegno* in line 25.

The apparatus does not (as a rule) note corrections by later hands in the authoritative MSS. For example, F contains (besides the corrections of Lombardo and the conjectures of Salutati) a collation of an unimportant MS derived from the $\Gamma$ family (Butrica 1984, 98, and n.3); this collation is commonly reported as F4, but there is no more reason for editors to list these readings than those of the many derivative MSS of the mid 15th century.

Published conjectures not found in Smyth's *Thesaurus criticus* are cited with a date following the author's name (e.g. *Luck 1962*); references are given in the bibliography. Previously unpublished conjectures (except my own) are marked with an asterisk: I am grateful to their authors for bringing them to my attention and allowing me to mention them here.


## Punctuation and spelling

The punctuation of a classical text involves the imposition of modern conventions upon an alien environment. This is perhaps most obvious where the *dixerat* with which a narrative poet marks the end of a speech is made to appear redundant because of the introduction of inverted commas. Abandoning the conventions makes reading more difficult, however. I have therefore punctuated in the style that is most familiar to me as a writer of English, with defining and non-defining relative clauses distinguished by the absence and presence of commas, for example.

Propertius did not distinguish between proper names and other words, but a modern editor has to decide whether in each case to write *amor* or *Amor*: with this word I have generally preferred the personification (the programmatic instance at I i 4 encourages the reader to look for it thereafter), but Goold capitalizes *luna* rather more often than I do. On the other hand, printing *Crassi* at III v 48 superficially denies the delightful possibility of reading the word as a vocative plural. I can only encourage readers to use their own judgement.

The orthography of the edition is in line with modern conventions too; in cases of doubt I have followed the spelling of *OLD*. One choice should be noted in particular: because it is the form most familiar to students, at least in England, I have consistently used *-es* for the accusative plural of the third declension. Like other conventions[29] this may well not reflect Propertius's own practice: it adds to Shackleton Bailey's short lists of homoeoteleuton between adjacent words I xiii 25 *una dies omnes* and IV ii 53 *labentes acies*.[30]

The spelling of MSS as late as those of Propertius

---

[29] Such as the use of *uacare* rather than *uocare*: at II xxvi 54 and IV ii 19 the old orthography has led to corruption in some MSS; cf. the effect of the use of *l* for *i longa* at II vi 5 and elsewhere.

[30] The only parallel given by Shackleton Bailey for the latter, with descriptive epithet and noun juxtaposed, is *ueris animis* at III vi 35. For the form *-is* see also Butrica, *CQ* 47 (1997), 181.

will rarely reflect the poet's own orthography; an apparatus should therefore ignore orthographical minutiae. The more interesting and unusual alternatives are listed in the Index Orthographicus (including all those instances where names are corrupted, and the name itself is not in doubt). Except where something may hang on the details, orthography is normalized in the reporting of variants: thus at III vi 28 the apparatus has *exsectis* NLPΛ, where these MSS actually read *exectis*. The alternatives commonest in medieval orthography are generally ignored (or, in some cases, relegated to the orthographical index):

*ae/ę/e/oe* (e.g. *moestus*, *lętum*)
*e/i* for ει in Greek words (e.g. *Perithous*)
*i/u* (e.g. *cimba*, *lacruma*, *obstupui*)
*i/y* (e.g. *sysiphio*)
*o/u* after semi-uowels (e.g. *uolt*, *iocundus*)
*u/y* (e.g. *minuis*)
*c/qu* (e.g. *loquuta*)
*c/t* before *i* (e.g. *puditicia*)
*d/t* (e.g. *capud*, *haut*)
*f/ph* (e.g. *eufrates*)
omission or addition of *h*
*h/ch* (e.g. *michi*, *nichil*)
*-m/-n* in Greek names (e.g. *ulixen*)
*mn/nn/n* (e.g. *agamenon*)
*mn/mpn* (e.g. *sompnus*)
*mpt/nt/nct* (e.g. *contenta*, *percunctari*)
*t/tt/ct* (e.g. *littora*, *micto*)
single/double consonants, especially in proper names (e.g. *bache*, *pupis*)
*-is/-es* in accusative plurals
assimilation/non-assimilation of prefixes (*adpono*, *exequiis*)
*di/dii*
other peculiarities of individual scribes

I have tacitly interpreted abbreviations where these

are straightforward, but where the interpretation is uncertain I have depicted the abbreviation, usually giving the interpretation I should favour.

Errors and lack of clarity in word division are also endemic in medieval MSS. Much space can be wasted over issues that are both uncertain and unimportant, such as whether or not N separates *sub* from *limine* in II xxv 18 and *in* from *uitis* two verses later. NSΓURC all read the unmetrical *aqua* for *a qua* at II xxvii; again such information is of no critical value. Errors of divisions are therefore generally ignored here, even in a case like II xxii 1 *here mi*] *heremi* Ω, where the error has led to the nonsensical title *ad Heremium* in the majority of MSS.

## The editions and textual criticism of Propertius

Readers will have made conjectures in an attempt to correct the text of Propertius ever since copies of individual books first circulated. A scribe copying a text of several hundred lines makes mistakes, and readers naturally wish to read poems that are free of mistakes. They correct in two main ways: (i) by comparing other MSS, including (very frequently) the MS which the scribe originally used as the exemplar; (ii) by suggesting (or imposing) alternatives or additions where the text seems to be at fault. Scholars frequently use for these the terms 'contamination' and 'interpolation', terms that unfortunately carry a taint of disapproval; we should rather see the processes as inevitable elements of a MS culture. There is no direct evidence for acquaintance with Propertius in the early medieval period besides the lost archetype, and any correction that the text underwent in this period is likely to have come from the minds of readers. Some sign that this correction may have been considerable comes from comparing the state of the Propertian paradosis with that of the similarly obscure Catullus. In Catullus there are many nonsense words; in Propertius very few, but much that is unstylish and hard to understand (so Günther 1997, 113–14, citing Reeve).

The MSS that have independent access to the archetype also contain conjectures. We cannot always tell which these are (but see the lists above, especially **3**, **9**, **12**, **25**, **26**, **27**, **28**, **35**, **44**, and my accompanying discussions). Far more conjectures come from the other MSS and the early editions. I continue to use the old practice of citing the conjectures found in these under the catchall symbol ς (stigma). The symbol gives no aid to someone who wishes to discover the age or provenance of renaissance conjectures; but I am not persuaded that the labour and the space required for other methods of citation provide significant benefits to readers. Hanslik's apparatus shows how unwieldy it can be to cite the individual MSS that offer a particular reading. A better attempt is made by Butrica (1984, 173); he suggests adapting the chronological system of Greek letters devised by Mynors for Catullus, with the names of individuals given where they can be identified. Though a version of the Mynors approach may turn out to be practicable, it is unfortunate that Butrica uses the same sigla as Mynors for the classes that contain both authors, as this disturbs the chronological order, which is a strength of the system in Catullus. Moreover, there are basic differences between the two traditions: in Catullus the three MSS counted as authoritative are the three oldest; in Propertius, there are more than three, their relationships cannot be worked out so precisely, and some of them come from late in the tradition.

Consequently there is a less clear-cut distinction between the tralatitious and the conjectural. For editors of Catullus the Traguriensis is $\beta$; but it will remain P to Propertian critics.

About the identification of individual scholars, I have greater doubts. We can be fairly sure that those suggestions written into F by Salutati are his own conjectures, and I have thus attributed to him what previous editions allocated to F3. But even here identification of the hand is not always straightforward, and later conjectures can rarely be attributed with confidence. For example, Butrica in Appendix 3 of his thesis gives as Pontano's the emendation *sparserit et nigras* at III v 24; but it is also written by Pomponio in C. Are we to cite both names, and which has priority? The conjecture may well have been made more than once, perhaps by a third scholar whose name will remain hidden. Butrica seems to me too sanguine when he claims (174): 'A conjecture confined to a single manuscript whose copyist is known can be attributed to the copyist if he shows enough understanding to have been the author of the conjecture.' A scribe can rarely produce anything but the most elementary corrections in the course of writing, and he is therefore unlikely to be the author of an incorporated conjecture unless he is copying an exemplar with which he has himself worked (as may be the case with Pomponio Leto and C). Problems of assessing priority in this period are also brought out by Butrica's review of Rose's book on Beroaldus, author of the first significant commentary to be published on Propertius. It is figures like him, Pomponio, and Pontano whose contributions are left hidden by the use of $\varsigma$; but the composition of scholarly monographs, such as Rose's, should help to illuminate their distinction. Reading Beroaldus's commentary one discovers the deep learn-

ing and earnest attempts to understand of a fine human-
ist; but one also sees what progress has been made in the
intervening centuries.

Useful work was done on the text in the 16th century
by Muretus and the Dousas, father and son; but the
major achievement of this period was Scaliger's (1577).
As Günther brings out (1997, 1, n.2), his conjectures
are some of the sharpest ever made on Propertius; he
also brought to the fore the practice of re-arranging the
text. His theory that many couplets are not transmitted
in their original order, especially in Book II, is a com-
mendable one, and some of the attempted reconstruc-
tions are acute; but the text had a damaging effect in
that his re-organization became the vulgate, and it is
still followed in Burman's edition two centuries later.
Similar comments can be made about Lachmann's edi-
tion (1816): this first brought N to the fore, and con-
tributed many important conjectures, including the
marking of many lacunae in Book II, but, in renumber-
ing the text to fit in with his theory that the original
third book began with II x, he started a practice that
persisted for decades, and in the long run hampered
acceptance of what was correct in the hypothesis.

Between Scaliger and Lachmann comes the most
important contribution to the emendation of the text,
that of Nicolaus Heinsius, whose name features more
than any other in the apparatus: his sense of Latin
poetic style has never been equalled, and the willing-
ness to try out conjectures is inspiring even in the fairly
curt setting of the 'Notae ad Propertium' published at
the end of the *aduersaria*. Burman's edition (1780)
draws together ideas of Heinsius and other important
critics such as Guyetus and Francius, and provides
what is still one of the most concerted efforts to deal
with the problems of this difficult text. Less important

critically, but still valuable, are the earlier editions of Passerat (1608), Broukhusius (1702, 1727) and the later ones of Kuinoel (1805) and Hertzberg (1843–5). I commend Passerat's commentary in particular: it is large-scale and very detailed, despite its mistakes an honest and thoughtful attempt to understand and to illustrate the text couplet by couplet.

After Lachmann's edition the next major step forward came with that of Baehrens, which provided the text with its first truly critical apparatus, and introduced A and F (and, less happily, DV). Baehrens was also one of a number of scholars whose conjectures did much to improve the text in the last three decades of the 19th century: L.Müller (who had a good eye for transpositions), Palmer, Postgate (who discovered L), and especially Housman. In the 20th century, by contrast, the main thrust of scholarship was conservative, with the commentaries of Rothstein, Butler & Barber, Enk (after his Housmanic *Commentarius criticus*), Shackleton Bailey and Fedeli in their different ways trying to explain and defend the oddities in the text. Important gains were made, especially in establishing the literary background to Propertius's elegy and style; and this direction has been taken further by many articles and increasing numbers of monographs in more recent decades. However, there were also more radical approaches to the text. Richmond attributed inappropriate value to some dislocated MSS (Cambridge UL Add.3394 and its congeners) and tried to reconstruct a lost archetype with 16 lines to the page; mostly his work can be ignored, but there are some good conjectures, and he uncovered P as another representative of the A tradition. More influential was the *Interpolationsforschung* of Jachmann and Knoche, which has been revived recently by Bernhard Georg and others following in the footsteps of Zwierlein. It is clear to most editors that inauthentic couplets have intruded into the text, but there seems no reason for preferring to delete whole couplets and poems when verbal emendations can remove problems. Moreover, many of the problems seem imaginary (why should the Propertian text not share phrasing with Ovid?); and I can find not the slightest plausibility in a theory that makes Book IV as a whole an interpolation. A better account of interpolation in this text is given by Günther (chapter 2; see also his review of Georg).

The modern period in the criticism of Propertius begins with George Goold's *Noctes Propertianae* (*HSCPh* 71 (1966), 59–106); this adds nothing of substance on the MS tradition, but it sets out a strong case for emendation and transposition to correct the anomalies of the current vulgate. This approach was further explored by Goold in later publications, culminating in his Loeb edition. Günther (1997) and Butrica (at *CQ* 47 (1997), 176–208) have also produced detailed arguments for a radical approach. A good rationale for the treatment of the text in this edition can be found in the works of these three scholars. A similar approach has been pursued by many other recent scholars, working in a variety of traditions, among them Luck, Morgan, Liberman, Giardina.

An important contribution came from the publication, shortly after Goold's paper, of Smyth's *Thesaurus criticus*: this is a work of commendable fullness and accuracy[31], and gives a bibliographical resource and a compendium of (mainly) intelligent suggestions, which will continue to serve as a stimulation for future work. At some point a supplement will be desirable.

---

[31] I have tacitly corrected the few errors I have noticed.

## *Divisions, numeration, omissions, fragments, transpositions*

In the marking of divisions between elegies the MSS have many errors of omission and commission; the original text in the oldest (N) marks a division at IV v 1 and then only one other (IV vii 1) before the end of the text. Such evidence suggests that for Propertius (as for some other classical Latin poets whose work consists of poems collected into books) the only separations transmitted from antiquity are the book divisions themselves. Even one of the book divisions has been lost, between what we now number II iii 4 (*liber alter*) and xiii 25 (which speak of three rolls making up the poet's funeral cortège);[32] and N does not mark any greater division than normal between I xxii 10 and II i 1.

The division of poems is thus a matter to be decided by the judgement of each editor, in the same way as other punctuation. For my decisions in individual cases see *Cynthia* (and works referred to there). The convenience of readers requires the retention of the traditional numeration, even though it is based neither on the divisions in the archetype nor any modern editor's arrangement of the text. However, where sequences unified by the numeration can be separated into two poems complete enough for the beginning and end to be identifiable, I have labelled the pair A and B: I viii; II xvi, xxii, xxvi, xxix, xxxiii; IV i. There is no solution as neat available for poems that the conventional numbering divides (II xxxi–ii; III xxiv–v) nor for those

---

[32] For debate about the placing of the division (put before II x by Lachmann, and by Skutsch, *HSCPh* 79 (1975), 229–33), see Heyworth, *PLLS* 8 (1995), 165–71 (after II x and before II xiii, with II xi and xii displaced), Murgia, *MD* 45 (2000), 147–91; Lyne, *JRS* 88 (1998), 21–36; *PCPhS* 44 (1998), 158–81 (both dividing between II xi and xii).

cases where the division was made in the wrong place (I iv/v; II xxiii/xxiv).

Where some text has been lost within a poem, triple asterisks mark the gap, except that when single lines or couplets are in question, pointed brackets are used to mark the omission. Pointed brackets also enclose a few *exempli gratia* corrections such as at III xviii 2, 5.

The text also contains many fragments, some of them stray couplets (whether by Propertius or another) that have been introduced into poems where they do not belong; and in Book II the text is manifestly lacunose. I have normally placed stray couplets at the end of the poem into which the tradition has inserted them, so that they do not break up the run of authentic couplets for the reader. But II xxviii 7–8 I have bracketed and left where transmitted, as a verbal change is there a strong alternative to the deletion. Square brackets enclose all couplets that I think unlikely to be Propertian. Fragments have not been denominated by letters, but their incomplete state is shown by the placing of '. . .' before the first line and by the lack of *coronis* at the end. Occasionally fragments that seem to belong in the same poem have been placed together, even where they cannot have been contiguous originally (II xxii B, xxx).

Satisfactory explanations of the state of Book 'II' are hard to come by. At *PLLS* 8 (1995), 168–71 I suggested that an interested reader of some pre-archetypal copy found that the text was defective, perhaps because either it or an ancestor had lost leaves. He had no other complete text from which to supplement the book he was reading; only a florilegium or a miscellany containing Propertian passages was available to him, and with this he did the best job he could. Murgia (*MD* 45 (2000), 182–3) argued that a florilegium would not have whole poems like II xii, but in N all bar two of the 24 verses of II xii are marked by the marginal letters that relate to material selected for florilegia (as argued above); these letters also mark (and thus show the attraction of) a number of other passages that seem to be fragments or part of fragments (II iii 51–4; xi 2–4, 6; xvii 1–4, 9–12; xviii 1–2, 4, 21–2, 25, 27–8, 30, 33–4, 36, 38; xxii 41–2; xxiv 19–22, 47–8; xxxiii 43–4). Alternatively, a scribe may have copied from a complete MS, barely legible for large sections of Book II, only those couplets that were marked worthy of special attention.

In other books too there are signs of dislocation, mainly from omission and attempted correction. The following passages have apparently been omitted from their original positions together with other lines still lost: III iv 17–18, vi 3–4, perhaps ix 21–2, xi 65–8, xiii 39–40, xxii 15–16; IV ii 51–4, iii 51–6, ix 65–6, xi 65–6. After III xv 10; IV i 52, iv 14, xi 62 I detect more complicated dislocations; but the most disrupted poem for me, as for many previous editors, is III vii. Any attempt to restore order here is necessarily going to be tentative, and as an appendix I therefore print the text of the elegy in the form in which N transmits it (but with modern spelling and punctuation). This will also give readers the opportunity to consider for once a sample of uncorrected text.

## The text

I have printed what I think the most probable text in each couplet. (In some cases, especially where one of a number of possible adjectives has to be chosen, e.g. at II xxx 20, the probability may be low.) This being the principle behind the edition, obeli are nowhere attached to the text, but occasionally in the apparatus I draw attention to *loci desperati* where I have not been able to find any conjecture that seems more probable than the paradosis, though the paradosis itself does not seem at all likely to be what Propertius wrote (e.g. IV v 11–12). I hope that readers will respond to any problematic sections of the text by considering alternative readings in the apparatus or attempting their own conjectures. Housman described his editions of Juvenal and Lucan as *editorum in usum*; this text is rather *lectorum in usum*, but, in the case of Propertius at least, every reader needs to edit the text anew. *Quot editores, tot Propertii* is an inevitable truism, at least if editors are doing their job with conscientious independence. But it would be as true to say *quot lectores, tot Propertii*: just as the modern age celebrates diversity and openness of interpretation, so we should celebrate diversity and openness in textual choice.

This may be thought a radical edition; it is certainly not an edition that tries to plot a middle course. But I suspect that there are more couplets that should be deleted, more *lacunae* marked, and far more places where we need rather to deviate from the MS tradition than to return to it. Without an extraordinary papyrus find, or time travel cheap enough to be exploited by the editors of classical texts, future investigation of the MSS is likely to increase our knowledge of the activities of the humanists while barely affecting our investigation of the text of Propertius. However, even if I am right, and future editors do not fundamentally change the account of the MS tradition given by Butrica, they will have much else to do.

## Acknowledgements

A day before writing the previous sentence I received news of Jim Butrica's grimly young death, which has robbed the classical world of a scholar of learning, acuteness, and distinction. But it is not because of the timing that I put his name first in acknowledging my many debts. Nor is it because of close acquaintance: we met for a few days in 1993, and exchanged occasional letters. However, as I hope this preface adequately reveals, this edition has built with confidence and pleasure upon the solid foundations laid by his thesis and his book, and any small advances I have made in understanding the MS tradition depend upon his work. And in his article 'Editing Propertius', he gave a detailed explanation of how the task is to be approached, and why.

Many others have helped in ways large and small with the writing and production of this book, and the companion commentary. Those to whom I owe expressions of warmest thanks for engaging in conversations (often prolonged) about the text, or showing me their written views, or both, include Archibald Allen, Joan Booth, Sergio Casali, Gian Biagio Conte, Ted Courtney, Peta Fowler, Bernhard Georg, Giancarlo Giardina, George Goold, Hans-Christian Günther, Barrie Hall, Stephen Harrison, Michael Hendry, Stephen Hinds, Adrian Hollis, Gregory Hutchinson, Jennifer Ingleheart, Rosamond Ions, Ted Kenney, Allan Kershaw, Daniel Kiss, Bert Lain, Andrew Laird, Gauthier Liberman, Oliver Lyne, John Morgan, James Morwood, Charles Murgia, Stephen Oakley, Alison Orlebeke, Chris Parrott, Meghan Reedy, Michael Reeve, Thomas Riesenweber, Anna Ritchie, Ursula Taylor, Harry Sandbach, Paul Waring, W.S.Watt, Michael

Winterbottom; and those who attended an Oxford class, and in some cases gave papers, on I vii–xii in Trinity Term 1996. A number of the scholars listed also supplied important books or articles, as did Mario Citroni, Niklas Holzberg, Georg Luck, Roland Mayer and Anna Rose. Access to books and other help was given by a number of libraries, especially those of Trinity College and the Faculty of Classics in Cambridge, the Bodleian and the Sackler in Oxford, the University of Leiden, the Vatican, the Palatine in Parma, and the Laurentian in Florence. My college and university generously granted periods of sabbatical leave and research assistance. Helen and Harriet Heyworth checked the *index nominum*, and with Lucy provided all the support a loving family can.

Among these friends and colleagues are some to whom I have particularly significant debts of gratitude, as is explained in the preface to *Cynthia*, the companion volume to this edition, to be published by Oxford University Press at the same time. Mention of the Press leads me finally to thank John Cordy, who commissioned this text nearly 20 years ago, and then copyedited and proof-read what I eventually delivered; Hilary O'Shea and the OCT committee, who have waited for it with patience and timely encouragement; and Barrie Hall, Anna Ritchie, Meghan Reedy, Chris Parrott, Bert Lain for reading the proofs.

I dedicate this volume to the memory of three now deceased scholars and teachers to whom my interest in textual criticism and my advancement in the study of Propertius owe so much: to David Hughes, Harry Sandbach, George Goold.

*Wadham College, Oxford*
*July 2006*

# BIBLIOGRAPHY

*Editions of Propertius consulted by the editor*

(a) *Complete*

Beroaldus, P. (Bologna, 1487)
Muretus, M.A. (Venezia, 1558, 1562)
Scaliger, J.J. (Paris, 1577; Antwerpen, 1582)
Variorum (Paris, 1604)
Passerat, J. (Paris, 1608)
Variorum, attributed to J.G.Graevius (Utrecht, 1680)
Broukhusius, J. (Amsterdam, 1702, 1727)
Vulpius, J.A. (Padova, 1710; reprinted with notes of Passerat and
    Broukhusius, 2 vols., Padova, 1755)
Barth, F.G. (Leipzig, 1777)
Burman, P. (completed by L.van Santen) (Utrecht, 1780)
Kuinoel, C.T. (Leipzig, 1805)
Lachmann, K. (Leipzig, 1816)
Jacob, F. (Teubner; Leipzig, 1827)
Walker, W.S., in *Corpus poetarum Latinorum* (London, 1827)
Hertzberg, W.A.B. (2 vols, Halle, 1843–5)
Müller, L. (Teubner; Leipzig, 1870)
Paley, F.A. (London, ²1872)
Baehrens, E. (Leipzig, 1880)
Palmer, A. (Dublin, 1880)
Postgate, J.P., in *Corpus poetarum Latinorum*, vol. 2 (London,
    1894)
Phillimore, J.S. (OCT; Oxford, 1901)
Butler, H.E. (London, 1905)
Hosius, C. (Teubner; Leipzig, 1911, ³1932)
Butler, H.E. (Loeb C.L.; London, 1912)
Rothstein, M. (Berlin, 1898, ²1920–4)

## BIBLIOGRAPHY

Richmond, O.L. (Cambridge, 1928)
Butler, H.E., & Barber, E.A. (Oxford, 1933)
Barber, E.A. (OCT; Oxford, 1953, ²1960)
Luck, G. (Zürich, 1964)
Richardson, L. (Norman, Okla., 1976)
Hanslik, R. (Teubner; Leipzig, 1979)
Fedeli, P. (Teubner; Stuttgart, 1984)
Goold, G. (Loeb C.L.; Cambridge, Mass., 1990)
Luck, G. (Zürich, 1996)
Giardina, G. (Roma, 2005)


(*b*)  *Selected Poems*

[Willymott, W.]: *Electa minora ex Ouidio, Tibullo et Propertio usui scholae Etonensis* (London, 1705)
Postgate, J.P.: *Select Elegies* (London, 1881)


(*c*)  *Book I*

Enk, P.J. (Leiden, 1946)
Camps, W.A. (Cambridge, 1961)
Fedeli, P. (Firenze, 1980)
Baker, R.J. (Armidale, Australia, 1990)


(*d*)  *Book II*

Enk, P.J. (Leiden, 1962)
Camps, W.A. (Cambridge, 1967)
Giardina, G. (Torino, 1977)
Fedeli, P. (Cambridge, 2005)


(*e*)  *Book III*

Camps, W.A. (Cambridge, 1966)
Fedeli, P. (Bari, 1985)

(*f*) *Book IV*

Fedeli, P. (Bari, 1965)
Camps, W.A. (Cambridge, 1965)
Pasoli, E.: (Bologna, ²1967)
Hutchinson, G.O. (Cambridge, 2006)[1]

*Sources of conjectures*

This list contains only those items not cited (or, in a few cases, not fully cited) in W.R.Smyth, *Thesaurus criticus ad Sexti Propertii textum* (*Mnemosyne* suppl. 12; Leiden, 1970)

Allen, A.W.: 'Wild flowers in Propertius', in E.N.Borza & R.W.Carubba (eds.), *Classics and the Classical Tradition* (Festschrift R.E.Dengler; University Park, Penn., 1973), 3
—— 'The moon's horses', *CQ* 25 (1975), 153–5
—— 'Propertius' "paternal ashes"', *CQ* 39 (1989), 264–5
—— 'Epistolary woes in Propertius', *Hermes* 117 (1989), 479–84
—— 'Propertius II vii on love and marriage', *AJPh* 113 (1992), 69–70
—— 'Propertius and "Coan Philitas"', *CQ* 46 (1996), 308–9
—— previously unpublished conjectures*
anon.1*: marginalia in Cambridge, Trinity Coll.Lib. Z 11 72, edition of Cat., Tib., Prop. (Cambridge, 1702)
Birt, T.: *Propertius: codex Guelferbytanus Gudianus 224 olim Neapolitanus phototypice editus* (Leiden, 1911)
Butrica, J.L.: *The Manuscript Tradition of Propertius* (Ph.D. dissertation, University of Toronto, 1978)
—— 'Propertius III vi', *EMC* 2 (1983), 17–37
—— *The Manuscript Tradition of Propertius* (*Phoenix* suppl. 17; Toronto, 1984)
—— 'Propertius III xi 33–8 and the death of Pompey', *CQ* 43 (1993), 342–6

---

[1] Listed here for convenience, but not in fact used for this edition.

—— 'The *amores* of Propertius: unity and structure in Books II–IV', *ICS* 21 (1996), 87–158

—— 'Two two-part poems in Propertius Book 1 (I viii; I xi and xii)', *PLLS* 9 (1996), 83–91

—— 'Editing Propertius', *CQ* 47 (1997), 176–208

—— 'Propertius on the Parilia (IV iv 73–8)', *CQ* 50 (2000), 472–8

Castiglioni, L.: 'Properzio III xviii', in *Vt pictura poesis: studia latina P.J.Enk septuagenario oblata* (Leiden, 1955), 53–7

Cecchini, E.: 'Properzio II xxxiv', *RFIC* 112 (1984), 154–66

Cicerale, M.G.: 'Properzio IV xi 53', *Giornale Filologico Ferrarese* 2 (1979), 79–81

Clausen, W.: 'Propertius IV xi 53', *AJPh* 96 (1975), 271

—— 'Propertius II xxxii 35–6', *HSCPh* 100 (2000), 423

Courtney, E.: 'The structure of Propertius Book I and some textual consequences', *Phoenix* 22 (1968), 250–8

—— 'Three poems of Propertius', *BICS* 16 (1969), 70–87

—— 'A miscellany on Latin poetry', *BICS* 29 (1982), 49–54

—— *Musa Lapidaria* (Atlanta, Ga., 1995)

Damon, P.W., & Helmbold, W.C.: 'The structure of Propertius, Book II', *UCpublCPh* 14 (1952), 215–54

Diggle, J.: rev. of Willis 1972, *JRS* 65 (1975), 242–3

Fuchs, H.: 'Textgestaltungen in Properzens Lob Italiens', *MH* 31 (1974), 234–5

Georg*, B.: previously unpublished conjectures

Giardina, G.: 'Prop. III v 3ss.', *MCr* 19–20 (1984–5), 203–4

—— 'Note a Properzio', *MCr* 23–4 (1988–9), 311–16

—— *Contributi di critica testuale da Catullo all'* Historia Augusta (Roma, 2003)

Goold, G.P.: '*Noctes Propertianae*', *HSCPh* 71 (1966), 59–106

—— 'On editing Propertius', in N.Horsfall (ed.), *Studies in Celebration of Otto Skutsch's 80th Birthday* (*BICS* suppl. 51; London 1988), 27–38

—— 'Problems in editing Propertius', in J.N.Grant (ed.), *Editing Greek and Latin Texts* (New York, 1989), 97–119

—— '*Paralipomena Propertiana*', *HSCPh* 94 (1992), 287–320

Grant, J.N.: *'dolor, dolet* and dislocation in Propertius I xvi', *EMC* 1 (1982), 68–72

Günther, H.-C.: *Quaestiones Propertianae* (*Mnemosyne* suppl. 169; Leiden, 1997)

Hall*, J.B.: previously unpublished conjectures

Harrison*, S.J.: previously unpublished conjectures

Hartman, J.J.: unpublished conjectures discovered by J.L.Butrica (diss. [1978], p.468), in copy of ed. Paldami (1827)

Helm, R.: rev. of Butler & Barber, *BPhW* 54 (1934), 783–93

Helmbold, W.C.: *'Nugae Propertianae* II', *UCpublCPh* 14 (1951), 61–74

Hendry, M.E.: *Problems of unity and design in Propertius II* (unpublished Ph.D. dissertation, University of Virginia, 1990)

—— 'Guzzling poison and draining the sea: a conjecture on Propertius II xxiv B 27', *Phoenix* 50 (1996), 67–9

—— previously unpublished conjectures*

Heyworth, S.J.: 'Notes on Propertius Books I and II', *CQ* 34 (1984), 394–405

—— 'Notes on Propertius Books III and IV', *CQ* 36 (1986), 199–211

—— 'Some allusions to Callimachus in Latin poetry', *MD* 33 (1994), 51–79

—— 'Textual notes on Propertius IV iii, iv, v', *PCPhS* suppl. vol. 22 (1999), 71–93

Hollis*, A.S.: previously unpublished conjecture

Hopf*, N.: unpublished conjectures discovered by J.L.Butrica (diss. [1978] p.464) in copy of ed. Dousa f. 1592 (now Leiden 755.H.24)

Housman, A.E.: *The Classical Papers of A.E.Housman* (3 vols., ed. J.Diggle & F.R.D.Goodyear, Cambridge 1972) = *CP*

—— previously unpublished conjectures in ed. Baehrens (Leipzig, 1880), Trin.Coll.Camb.Adv.c.20.41 (*)

Hutchinson, G.: 'Propertius and the unity of the book', *JRS* 74 (1984), 99–106

—— rev. of Fedeli III, *CR* 36 (1986), 234–5

Ions*, R.S.: previously unpublished conjecture

Kenney, E.J.: 'Notes on Ovid: II', *CQ* 9 (1959), 240–60

—— rev. ed. Hanslik, *CR* 31 (1981), 200–202

—— previously unpublished conjectures*

Kershaw, A.: 'On elegiac *en*', *CQ* 42 (1992), 282–4

Kidd, D.A.: 'Propertius consults his astrologer', *G&R* 26 (1979), 169–79

Kiss*, D.: previously unpublished conjecture

la Penna, A.: 'Marginalia et hariolationes philologae', *Maia* 5 (1952), 93–112 (102–4)

Lee, G.: 'Six conjectures', *MPhL* 1 (1975), 65–70

—— *Propertius: the Poems. A New Translation* (Oxford, 1994)

Liberman, G.: 'En lisant Properce', *RPh* 66 (1992), 337–44

—— 'En lisant Properce, II', *MEFRA* 107 (1995), 315–34

—— 'Remarques sur le premier livre des *Élégies* de Properce', *RPh* 76 (2002), 49–100

Luck, G.: 'Beiträge zum Text der römischen Elegiker', *RhM* 105 (1962), 337–51

—— 'Notes on Propertius', *AJPh* 100 (1979), 73–93

Marr, J.L.: 'Notes on Propertius IV i and IV iv', *CQ* 20 (1970), 160–73

Morgan, J.: '*Cruces Propertianae*', *CQ* 36 (1986), 182–98

—— *apud* ed. Goold 1990

—— previously unpublished conjectures*

Müller = L.Müller

Müller[2] = C.F.W.Müller

Murgia, C.E.: 'Propertius IV i 87–8 and the division of IV i', *HSCPh* 92 (1989), 257–72

—— 'The division of Propertius 2', *MD* 45 (2000), 147–242

—— previously unpublished conjecture*

Newman, J.K.: *Augustan Propertius: the Recapitulation of a Genre* (Hildesheim, 1997), 492–516

Page*, D.L.: previously unpublished conjectures in various editions of Propertius now in the library of Trin.Coll.Camb.

Papanghelis, T.D.: 'Some thoughts on Propertius II xix 31', *Latomus* 48 (1989), 601–3

Perrone, G.: 'Tarpeia regina: una crux in Prop. IV iv 55', *CCC* 12 (1991), 285–95

Pinotti, P.: 'Properzio e Vertumno: anticonformismo e restaurazione augustea', *Colloquium Propertianum* III (Assisi, 1983), 75–96

# BIBLIOGRAPHY

Reedy*, M.: previously unpublished conjecture

Richmond, J.A.: 'Hylas going to the well: Propertius I xx 23–32', *Mnemosyne* 27 (1974), 180–2

Richter, W.: 'Divus Iulius, Octavianus und Kleopatra bei Aktion. Bemerkungen zu Properz IV vi 59 ff.', *WSt* 79 (1966), 451–65

Ritchie*, A.: previously unpublished conjecture

Sandbach, F.H.: 'Notes on Propertius', *CR* 52 (1938), 211–15

—— previously unpublished conjectures*

Schmeisser, B.: *A Concordance to the Elegies of Propertius* (Hildesheim, 1972)

Shackleton Bailey, D.R.: *Propertiana* (Cambridge, 1956)

Skutsch, O.: *apud* ed. Goold 1990

Smyth, W.R.: 'Propertiana', *Hermathena* 87 (1956), 67–80

Stahl, H.-P.: *Propertius: 'Love' and 'War' – Individual and State under Augustus* (Berkeley, 1985)

Stroh, W.: *Die römische Liebeselegie als werbende Dichtung* (Amsterdam, 1971)

Tränkle, H.: *Die Sprachkunst des Properz und die Tradition der lateinischen Dichtersprache* (*Hermes* Einzelschriften 15; Wiesbaden, 1960)

Vannini, G.: 'Nota a Prop. III ix 17', *RFIC* 130 (2002), 457–8

Walsh, T.J.R.: 'Propertius' Paetus elegy (III vii)', *LCM* 12 (1987), 66–9

Watt, W.S.: 'Propertiana', *MH* 49 (1992), 233–8

Wellesley, K.: 'Propertius' Tarpeia poem (IV iv)', *ACD* 5 (1969), 93–103

Willis, J.: *apud* Goold 1966

—— *Latin Textual Criticism* (Urbana, 1972)

Winterbottom*, M.: previously unpublished conjecture

Wistrand, E.: *Miscellanea Propertiana* (Göteborg, 1977)


*Other works cited in the Preface*

Barber, E.A.: review of Ferguson, *CR* 49 (1935), 234–5

Butrica, J.L.: review of Rose, *BMCR* 2002.09.26

Damon, P.W.: 'A second Propertius Florilegium', *CPh* 48 (1953), 96–7

de la Mare, A.C.: 'The return of Petronius to Italy', in J.J.G. Alexander & M.T.Gibson (eds.), *Medieval Learning and Literature: Essays Presented to R.W.Hunt* (Oxford, 1976), 220–54

Dziatzko, K.: 'Die Beischriften des wolfenbütteler Propertius-codex Gud. 224', *NJbklPh* 153 (1896), 63–70

Enk, P.J.: 'De codicibus Propertianis Daventriensi (D) et Ottoboniano-Vaticano (V)', *Mnemosyne* 2 (1949), 157–69

Fedeli, P.: *Propertius. Codex Guelferbytanus Gudianus 224 olim Neapolitanus* (Assisi, 1983)

Ferguson, A.C.: *The Manuscripts of Propertius* (diss. University of Chicago, 1934)

Georg, B.: *Exegetische und schmückende Eindichtungen im ersten Properzbuch* (Paderborn, 2001)

Günther, H.-C.: review of Georg 2001, *Gymnasium* 110 (2003), 187–91

Harth, H.: *Poggio Bracciolini,* Lettere (3 vols; Firenze, 1984–7)

Heyworth, S.J.: review of Butrica (Toronto, 1984), *CR* 36 (1986), 45–8

—— review of Fedeli (Assisi, 1983), *CR* 36 (1986), 48–9

—— *The elegies of Sextus Propertius: Towards a Critical Edition* (Univ. of Cambridge, Ph.D. thesis 1986)

—— 'Propertius: division, transmission, and the editor's task', *PLLS* 8 (1995), 165–85

—— *Cynthia: A Companion to the Text of Propertius* (Oxford, 2007)

Hosius, K.: 'Die Handschriften des Properz', *RhM* 46 (1891), 577–88

Köhler, P.: 'Eine neue Properzhandschrift', *Philologus* 64 (1905), 414–37

la Penna, A.: 'Studi sulla tradizione di Properzio II', *SIFC* 26 (1952), 5–36

—— *L'integrazione difficile: un profilo di Properzio* (Torino, 1977)

—— review of Butrica (Toronto, 1984), *Gnomon* 61 (1989), 118–26

Lyne, R.O.A.M.: 'Propertius II x and II xi and the structure of books "IIA" and "IIB"', *JRS* 88 (1998), 21–36

——'Introductory poems in Propertius: I i and II xii', *PCPhS* 44 (1998), 158–81

Murgia, C.E.: 'The Minor Works of Tacitus: a study in textual criticism', *CPh* 72 (1977), 323–43

Patterson, S.: 'Minor initial decoration used to date the Propertius fragment', *Scriptorium* 28 (1974), 235–47

Postgate, J.P.: 'On certain manuscripts of Propertius with a facsimile', *TCPhS* 4 (1894–9), 1–83

Questa, C.: *Per la storia del testo di Plauto nell' umanesimo I: La 'recensio' di Poggio Bracciolini* (Roma, 1968)

Reeve, M.D.: 'Statius' *siluae* in the fifteenth century', *CQ* 27 (1977), 202–25

—— 'The textual tradition of Calpurnius and Nemesianus', *CQ* 28 (1978), 223–38

Reynolds, L.D. (ed.): *Texts and Transmission* (Oxford, 1983)

Robathan, D.M.: 'The missing folios of the Paris Florilegium 15155', *CPh* 33 (1938), 188–97

Rose, A.: *Filippo Beroaldo der Ältere und sein Beitrag zur Properz-Überlieferung* (Leipzig, 2001)

Rouse, R.H.: 'The *A* text of Seneca's tragedies in the thirteenth century', *RHT* 1 (1971), 93–121

—— 'Manuscripts belonging to Richard de Fournival', *RHT* 3 (1973), 253–69

Shackleton Bailey, D.R.: *Homoeoteleuton in Latin Dactylic Verse* (Stuttgart, 1994)

Skutsch, O.: 'The Second Book of Propertius', *HSCPh* 79 (1975), 229–33

Smyth, W.R.: *Thesaurus criticus ad Sexti Propertii textum* (*Mnemosyne* suppl.12; Leiden, 1970)

Ullman, B.L.: 'The manuscripts of Propertius', *CPh* 6 (1911), 282–301

# BIBLIOGRAPHY

*Microfilms and photographs*

The late Professor Rudolf Hanslik kindly presented me with his collection of some 70 Propertian microfilms, and I subsequently acquired a few more with the financial aid of classical trust funds of Trinity College, Cambridge. I also have photographs of A. At some future point these will all be passed to the Bodleian Library. These are the 83 MSS for which I have microfilms (using the numbers from Butrica's catalogue): 2, 3, 4, 5, 6, 7, 8, 9, 11, 12, 14, 16, 17, 18, 19, 20, 21, 23, 24, 25, 26, 30, 35, 40, 51, 52, 53, 54, 55, 56, 57, 58, 59, 60, 61, 62, 63, 64, 68, 69, 70, 71, 72, 73, 76, 77, 78, 79, 80, 82, 84, 90, 91, 95, 97, 101, 102, 103, 107, 108, 109, 110, 111, 112, 113, 114, 116, 117, 118, 119, 120, 121, 122, 123, 124, 125, 126, 127, 128, 131, 136, 138, 139.

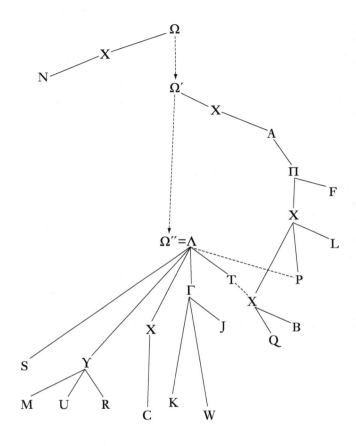

*A possible stemma of the Propertian tradition*

Only MSS cited in the apparatus criticus are included. **X** indicates a lost hyparchetype not otherwise named; Greek capitals lost hyparchetypes cited in the apparatus criticus.

# SIGLA

*Codices*

**N**    codex olim Neapolitanus nunc Guelferbytanus Gudianus 224. s.xii in Gallia septentrionali scriptus. (IV xi 17–76 caret)

**A**    codex Leidensis Vossianus lat.O.38 (desinit II i 63). c.1230–60 pro Ricardo Furniualensi scriptus.

**F**    codex Florentinus Laurentianus plut.36,49. c.1380 pro Colucio Salutato, cuius coniecturae proprio nomine citatae sunt, scriptus. a Lombardo Serico (F2) e Π ipso correctus.

**L**    codex Oxoniensis Bodleianus Holkhamicus misc.36 (incipit II xxi 3). anno 1421 ab Iohanne de Campofregoso scriptus.

**P**    codex Parisinus Bibl.Nat.lat.7989. anno 1423 Florentiae ut uidetur scriptus.

**B**    codex Bruxellensis Bibl.Reg.14638. c.1450–60 pro Iohanne Matteo Bottigella Papiensi scriptus.

**Q**    codex Neapolitanus Bibl.Nat.IV F 19. s.xv$^2$ in Italia, fort. Neapoli, scriptus.

**T**    codex Vaticanus Vat.lat.3273. anno 1427 ab Antonio Beccadelio, aliter Panormita, Florentiae scriptus.

**S**    codex Monacensis Vniu.Cim.22. c.1460–70 a Iacopo Poggii filio Bracciolinio scriptus.

**J**    codex Parmensis Palatinus Parm.140. Florentiae a Iohanne Andrea de Colonia c.1430–45 scriptus.

**K**    codex olim Lusaticus nunc Vratislauiensis Vniu.Akc.1948 KN 197. anno 1469 Patauii scriptus, ut uidetur.

**W**    codex Vaticanus Capponianus 196. c.1450–75 in Italia scriptus. (IV xi 63–102 caret)

**M**    codex Parisinus Bibl. Nat. lat.8233 (olim Memmianus). anno 1465 a Gerardo Cerasio scriptus. ab editoribus $\mu$ adhuc appellatus.

**U**    codex Vaticanus Vrbinas lat.641. c.1465–70 a 'Sinibaldo C.' scriptus. ab editoribus $\upsilon$ adhuc appellatus.

**R**     codex Genauensis Bodmerianus 141 (olim Abbey 5989). anno 1466 a Iohanne Petro Spoletino scriptus.

**C**     codex Romanus Casanatensis 15. c.1470 a Pomponio Laeto scriptus.

*Excerpta*

**E**     lectiones ex 'antiquo manuscripto exarato in papiro' in Vat.Barb.lat.34 post 1608 descriptae

*Florilegia*

**Flor.1** uersus Propertiani in Vat.Reg.lat.2120 seruati.
**Flor.2** uersus Propertiani in Parisino B.N.lat.16708 seruati.

*Codices non iam exstantes*

**Ω**     codex archetypus, uel certe codicum N et A/Π et Λ consensus.

**Π**     codex hyparchetypus, in usum Petrarcae ex codice A c.1333 descriptus, ex quo FLP(BQ) deriuati sunt.

**Λ**     codex a Poggio Bracciolinio in Italiam anno 1423 inuectus, uel codicum TSΓYC consensus.

**Γ**     codex hyparchetypus ex quo JKW deriuati sunt.

**Y**     codex hyparchetypus ex quo MUR deriuati sunt.

**ς**     nescioquis per coniecturam ante annum 1600.

///     litterae oblitteratae
....     spatium quattuor litteris aequum relictum
u.l.     uaria lectio, signo *l* (e.g.) inducta
s.l.     lectio supra lineam (sine *l* uel sim.) scripta
mg.     lectio uel nota (sine *l* uel sim.) in margine scripta
t.     lectio in textu principali scripta, ubi altera lectio adest
rub.     littera uel uerbum rubricatum
a.c.     ante correctionem
p.c.     post correctionem
ex corr.   ex correctione
ras.     lectio ubi litterae rasae erant scripta
m.rec. manus recentior

carminum initia ita notata:

l.m.    littera prima quam solita maiore
int.    interstitio in quo titulus scribi potuisset
tit.    titulo
<>    spatium inane in quo littera pingi potuisset


a  I i 1 ad II i 63 $\Omega$ = N, A, $\Lambda$ (= TS, $\Gamma$ (=JKW), $\Upsilon$ (= MUR),C)

a  II i 64 ad II xxi 2 $\Omega$ = N, $\Pi$ (= FP(BQ)), $\Lambda$ (= TS, $\Gamma$ (= JKW),
$\Upsilon$ (= MUR), C)

a  II xxi 3 ad IV xi 16 $\Omega$ = N, $\Pi$ (= FLP), $\Lambda$ (= TS, $\Gamma$ (= JKW),
$\Upsilon$ (= MUR), C)

IV xi 17–76, codice N absente, siglo $\Omega$ non utor

a  IV xi 77 ad finem $\Omega$ = N, $\Pi$ (= FLP), $\Lambda$ (= TS, $\Gamma$ (= JK),
$\Upsilon$ (= MUR), C)

# LIBER I

CYNTHIA prima suis miserum me cepit ocellis,       i
    contactum nullis ante Cupidinibus.
tum mihi constantis deiecit lumina fastus
    et caput impositis pressit Amor pedibus
donec me docuit castas odisse Puellas        5
    improbus et nullo uiuere consilio.
ei mihi, iam toto furor hic non deficit anno,
    cum tamen aduersos cogor habere deos.
Milanion nullos fugiendo, Tulle, labores
    saeuitiam durae contudit Iasidos.       10
nam modo Partheniis amens errabat in antris
    <. . . . . . . . . . . . . . . . . . . . . . . . . . . >
<et modo. . . . . . . . . . . . . . . . . . . . . . >
    ibat et hirsutas ille ferire feras.
ille etiam Hylaei percussus uulnere rami
    saucius Arcadiis rupibus ingemuit.
ergo uelocem potuit domuisse puellam:       15
    tantum in amore preces et benefacta ualent.
in me tardus Amor non ullas cogitat artes
    nec meminit notas, ut prius, ire uias.

---

    *a* I i 1 *ad* II i 63 *Ω* = *N*, *A*, *Λ* (= *TS*, *Γ* (= *JKW*), *Y* (= *MUR*), *C*)
1 cepit] fecit *A*     3 tum] tunc *AS*     lumine *ς*     5 cunctas
*Fontein*: cultas *Hartman 1978*     Castalias docuit me *Ayrmann*
puellas] sorores *Heyworth*     7 ei *Rossberg*: et *Ω*     anno] -is *A* (*ex*
*corr., ut uid.*)     9 Milanion *ς*: minalion *Ω*     nullos] -lo *A*
10 contudit] -lit *Y*     *post* 11 *lacunam Housman*     12 ille ferire
*ς*: ille uidere *Ω*: saepe uidere *ς*: comminus ille *Palmer*     rursus in hirsu-
tas ibat et ille feras *Courtney 1968*     13 Hylaei *ς*: psilli *Ω*     uulnere
*NΛ*: arbore *A*: uerbere *Baehrens*     16 preces] fides *Fontein*
17 ullas *SW*: nullas *NATJKYC*     18 meminit] -ni *A*

at uos, deductae quibus est fallacia lunae
    et labor in magicis sacra piare focis,                              20
en agedum, dominae mentem conuertite nostrae
    et facite illa meo palleat ore magis.
tunc ego crediderim uobis et sidera et umbras
    posse Cytinaeis ducere carminibus.
et uos, qui sero lapsum reuocatis, amici,                              25
    quaerite non sani pectoris auxilia.
fortiter et ferrum saeuos patiemur et ignes,
    sit modo libertas quae uelit ira loqui.
ferte per extremas gentes et ferte per undas
    qua non ulla meum femina norit iter.                               30
uos remanete quibus facili deus annuit aure,
    sitis et in tuto semper amore pares.
nam me nostra Venus noctes exercet amaras,
    et nullo uacuus tempore defit Amor.
hoc, moneo, uitate malum: sua quemque moretur          35
    cura, neque assueto mutet amore locum.
quod si quis monitis tardas aduerterit aures,
    heu, referet quanto uerba dolore mea! ⊗

19 deductae] -to *A*        pellacia *Fruterius, Palmerius*        20 fata
*Fontein: fort.* ossa        litare *Giardina 2005*        22 meo] mea *N* (*corr.*
*s.l.*)        palleat] plac- *A*        23 umbras *Jeverus*: amnis *Ω*        et manes
et sidera uobis *Housman* (et[1] *del. Morgan 1990*)        24 nosse *Jeverus*
Cytinaeis *Hertzberg*: cytalinis *Ω* (cytainis *N postea*): Cytaeines *ς*: Cytaei-
adis *Leo*        25 aut *Hemsterhusius*: at *ς*        29 ferte . . . ferte] forte
. . . ferre *A*        30 qua] sua *N*        femina] se- *A*        31 remanete]
-re *A*        32 et] ut *Richards*        33 nam *Heyworth 1984*: in *Ω*
34 defit *N p.c., Λ*: desit *N primo, A*        36 assueto] -ro *A*        torum
*Otto*: nouum *van Eldik*        37 aduerterit] au- *Y*

QVID iuuat ornato procedere, uita, capillo              **ii**
    et tenues Coa ueste mouere sinus,
aut quid Orontea crines perfundere murra,
    teque peregrinis uendere muneribus,
naturaeque decus mercato perdere cultu,                   5
    nec sinere in propriis membra nitere bonis?
crede mihi, non ulla tuae est medicina figurae;
    nudus Amor formae non amat artificem.
aspice quos summittat humus non fossa colores,
    ut ueniant hederae sponte sua melius,              10
surgat et in solis formosius arbutus antris,
    et sciat indocilis currere lympha uias.
litora natiuis praelucent picta lapillis,
    et uolucres nulla dulcius arte canunt.
non sic Leucippis succendit Castora Phoebe,              15
    Pollucem cultu non Helaira soror;
non Idae et cupido quondam discordia Phoebo
    Eueni patriis filia litoribus;
nec Phrygium falso traxit candore maritum
    auecta externis Hippodamia rotis;                  20
sed facies aderat nullis obnoxia gemmis,
    qualis Apelleis est color in tabulis.

---

I ii 1 *nou. el. indic.* N (*l.m.*), A (*l.m., tit.mg.*), TSKY (*tit.*), *JWC* (*int.*)
2 mouere] mutare *SC*          7 tuae est *TC*: tua est *NASΓY*: ualet *Phil-*
*limore*      nil illa iuuat *Liberman 2002*          8 *habet Flor.1*      formam
*Heinsius*      9 quo *Lachmann*      summittat] -it *T*      non fossa *Allen*
*1973* (non culta *iam ς*, non uersa *Wakefield*): formosa *Ω*: dumosa *Surin-*
*gar*: generosa *Giardina 2005*          10 ut *ς* (*sic etiam in* 11, 12): et *Ω*
13 praelucent *Hertzberg*: persuad- *Ω*: praefulg- *Baehrens*: praegaud-
*Otto*: resplend- *Postgate*      superant depicta *Housman*: *fort.* gaudent de-
15 non] noon *N*      Leucippis] -upis *A* (up *ex corr. ut uid.*): -ippus *S a.c.*,
*Γ*          16 Helaira] telaira *AΛ* (*scil. ex* ˩elaira): telaria *N* (*corr. m.rec.*)
17 Idae *C*: ida *N* (*corr. m.rec.*), *ATSΓY*: idan *Burman* (et *om.*)
18 Eueni *C*: euenit *ATSΓ*: et uenit *N* (*corr. m.rec.*), *Y*          20 auecta]
adu- *S*

non illis studium uulgo conquirere amantes:
   illis ampla nimis forma pudicitiae.
ergo ego nunc uereor ne sim tibi uilior istis:        25
   uni si qua placet, culta puella sat est;
cum tibi praesertim Phoebus sua carmina donet
   Aoniamque libens Calliopea lyram,
unica nec desit iucundis gratia uerbis,
   omnia quaeque Venus, quaeque Minerua probat.   30
his tu semper eris nostrae gratissima uitae,
   taedia dum miserae sint tibi luxuriae. ⊗

QVALIS Thesea iacuit cedente carina           **iii**
   languida desertis Cnosia litoribus;
qualis et accubuit primo Cepheïa somno
   libera iam duris cotibus Andromede;
nec minus assiduis Edonis fessa choreis        5
   qualis in herboso concidit Apidano:
talis uisa mihi mollem spirare quietem
   Cynthia non certis nixa caput manibus,
ebria cum multo traherem uestigia Baccho
   et quaterent sera nocte facem pueri.        10
hanc ego, nondum etiam sensus deperditus omnes,
   molliter impresso conor adire toro;
et, quamuis duplici correptum ardore iuberent
   hac Amor hac Liber, durus uterque deus,

   23 uulgo] fuco *van Eldik*: cultu *Nodell*     conquirere] aq- *A*
amantes] amittes *A*     24 forma ... ampla *tr. A*     nimis *Heyworth*:
satis *Ω*    pudicitiae *Bonazzi*: pudicitia *Ω*    25 ergo *Heyworth*: non
*Ω*    nunc] non *N a.c.*    uereor] ueror *S*    ne] nec *Y*: *om. K*    sis *Wehle*
*post* 25 *lacunam Havet*    26 culta] una *A*    29 nec] ne *A*
31 uitae] curae *Heinsius*    32 sint] sunt *Γ*
   I iii 1 *nou. el. indic. N* (*l.m.*), *A* (*l.m., tit.mg.*), *TSKY* (*tit.*), *JWC* (*int.*)
7 spirare] sper- *N a.c.*    8 consertis *Guyetus*    11 etiam *om. S*
12 conor] -gor *S*    toro] gradu *Palmerius*

subiecto leuiter positam temptare lacerto                    15
  osculaque admota sumere et arma manu,
non tamen ausus eram dominae turbare quietem,
  expertae metuens iurgia saeuitiae,
sed sic intentis haerebam fixus ocellis
  Argus ut ignotis cornibus Inachidos.                    20
et modo soluebam nostra de fronte corollas
  ponebamque tuis, Cynthia, temporibus,
et modo gaudebam lapsos formare capillos;
  nunc furtiua cauis poma dabam manibus:
omnia quae ingrato largibar munera somno,                    25
  malaque de prono saepe uoluta sinu.
et quotiens raro duxti suspiria motu
  obstupui uano credulus auspicio,
ne qua tibi insolitos portarent uisa timores,
  neue quis inuitam cogeret esse suam;                    30
donec diuersas praecurrens luna fenestras,
  luna moraturis sedula luminibus,
compositos leuibus radiis patefecit ocellos.
  sic ait in molli fixa toro cubitum:
'tandem te nostro referens iniuria lecto                    35
  alterius clausis expulit e foribus?
namque ubi longa meae consumpsti tempora noctis,
  languidus exactis, ei mihi, sideribus?
o utinam tales producas, improbe, noctes
  me miseram quales semper habere iubes.                    40

---

16 et arma] grata *Rossberg*: *alii alia*        17 quietem] capillos *S*
20 ignotis] ignotae ς: in notis *Hailer*: insomnis *Jacobs*        23 passos
*Giardina 2005*        24 nunc tibi (*uel* et nunc) furtiuis *Morgan**
25 quae] -que *Ω*        26 malaque *Heyworth*: munera *Ω*        27 raro]
uario ς: rapido *Ruhnken*        duxti ς: duxit *Ω*        29 tibi] illi *Fontein*
(duxit *in* 27 *retento*)        30 cogeret] -rit *A*        31 diuisas *Scaliger*
praecurrens *NA, C primo*: p̄c- (= prae/per) *T*: perc- *SΓY, C p.c.*
33 compositos . . . ocellos] -is . . . -is *A*        34 fixa] tixa *N primo*: nixa
*Passerat*        37 consumpsti] -sisti *Γ*        39 producas ς: per- *Ω*

5

nam modo purpureo fallebam stamine somnum,
  rursus et Orpheae carmine fessa lyrae;
interdum leuiter mecum deserta querebar
  externo longas saepe in amore moras;
dum me iucundis lapsam Sopor impulit alis:                45
  illa fuit lacrimis ultima cura meis.' ⊗


QVID mihi tam multas laudando, Basse, puellas        **iv**
  mutatum domina cogis abire mea?
quid me non pateris uitae quodcumque sequetur
  hoc magis assueto ducere seruitio?
tu licet Antiopae formam Nycteidos, et tu              5
  Spartanae referas laudibus Hermionae,
et quascumque tulit formosi temporis aetas;
  Cynthia non illas nomen habere sinat.
nedum, si leuibus fuerit collata figuris,
  inferior duro iudice turpis eat.                    10
haec sed forma mei pars est extrema furoris;
  sunt maiora quibus, Basse, perire iuuat:
ingenuus color et motis decor artubus et quae
  gaudia sub tacita discere ueste libet.
quo magis et nostros contendis soluere amores,        15
  hoc magis accepta fallit uterque fide.


41 stamine] fla- *Y*        42 carmine] -a *Γ*        45 lassam *ς*
sopor] sapor *N primo*        46 ille *van Lennep*
    I iv 1 *nou. el. indic. N (l.m.), A (l.m., tit.mg.), TSKY (tit.), JWC (int.)*
1 *fortasse* me        7 at *uel* sed *Struve*        famosi *Struve*        corporis
*Rossberg*        8 sinit *ς*        9 Latiis *Giardina 2005*        fuerit] -at *A*
10 iusto *Heyworth*: quouis *Kenney**        eat *ex* eris (?) *corr. A*
13 motis *Goold 1966*: multis *Ω*        decor *ς*: decus *Ω*        artubus *Marcilius*:
arti- *Ω*        quae] q̄; (=?) *N*        14 discere *Heinsius*: dic- *Ω*: duc- *ς*
16 accepta *N* (p *ex* r, *ut uid.*), *AΛ*: et certa *Otto*

non impune feres: sciet hoc insana puella
    et tibi non tacitis uocibus hostis erit;
nec tibi me post haec committet Cynthia nec te
    quaeret; erit tanti criminis illa memor,            20
et te circum omnes alias irata puellas
    differet: heu nullo limine carus eris.
nullas illa suis contemnet fletibus aras
    nec quicumque sacer, qualis ubique, lapis.
non ullo grauius temptatur Cynthia damno            25
    quam sibi cum rapto cessat amore decus,
praecipue nostro. maneat sic semper, adoro,
    nec quicquam ex illa quod querar inueniam.
inuide, tu tandem uoces compesce molestas            v
    et sine nos cursu quo sumus ire pares. ⊗            2


QVID tibi uis, insane? meos sentire furores?
    infelix, properas ultima nosse mala,
et miser ignotos uestigia ferre per ignes,            5
    et bibere e tota toxica Thessalia.
non est illa uagis similis collata puellis:
    molliter irasci non solet illa tibi.

17 hoc *YC*: haec *ATSΓ*: ħ (= haec *uel* hoc) *N*            19 me] se *Hous-man*    nec te] post haec *N primo*            22 differet] -fert *A*: -ferret *JK* heu] et *Heinsius*            limine] lu- *AW*            gratus *Liberman 2002* 23 nullas] -os *A*    multas ... consperget *Ruhnken*, consternet *Giardina 1988*            non tinguet *Heinsius*            24 nec *Hoeufft*: et *Ω*    qualis] quaeret *Housman*: stabit *Liberman 2002*            26 decus *Kraffert*: deus *Ω*: Venus *van Eldik*            27 nostro *ς*: -ri *Ω*            I v 1–2 *cont. Enk: nou. el. indic. N (l.m.), A (l.m., tit.mg.), TSKY (tit.), JWC (int.)*

    I v 3 *nou. el. Hartman: cont. Ω*            3 meos] tuos *A primo*, m̃os *p.c.*(= meros?): meos *K* (m *in ras.*): meae *Hemsterhusius*            5 misera *Hall\**    occultos *Burman*            6 e bibere *ante* et b- *A*            e *ex* ÷ (= est) *N*    taetra *Liberman 2002*            Thessalia] -ica *A*            7 uagis] m- *AYC*: aliis *Liberman 2002*            8 tibi] uiris *Eichstadt*: mihi *ς*

quod si forte tuis non est contraria uotis,
   at tibi curarum milia quanta dabit!          10
non tibi iam somnos, non illa relinquet ocellos:
   illa ferox animis alligat una uiros.
a, mea contemptus quotiens ad limina curres!
   cum tibi singultu fortia uerba cadent,
et tremulus maestis orietur fletibus horror,       15
   et timor informem ducet in ore notam,
et quaecumque uoles fugient tibi uerba querenti,
   nec poteris, qui sis aut ubi, nosse miser,
tum graue seruitium nostrae cogere puellae
   discere et exclusum quid sit abire domo.      20
nec iam pallorem totiens mirabere nostrum,
   aut cur sim toto corpore nullus ego.
nec tibi nobilitas poterit succurrere amanti:
   nescit Amor priscis cedere imaginibus.
quod si parua tuae dederis uestigia culpae,      25
   quam cito de tanto nomine rumor eris!
non ego tum potero solacia ferre roganti,
   cum mihi nulla mei sit medicina mali;
sed pariter miseri socio cogemur amore
   alter in alterius mutua flere sinu.         30
quare, quid possit mea Cynthia, desine, Galle,
   quaerere: non impune illa rogata uenit. ⊗

9 tuis *ς*: ruis *Ω*    uotis *ς*: nostris *Ω*     10 a *ς*      11 ocellis *ς*
12 ferox *Luck 1979*: -os *Ω*      14 tum *Liberman 2002*
15 maestus   tremulis   *nescioquis*: tremulus mixtis *Burman*
16 ducet] do- *A*      20 domo *Heinsius*: -um *Ω*     21 nostrum]
-am *N primo*     22 sim] sint *Y*   *inter* sim *et* corpore *spat. rel. A,*
toto *suppl. postea*    23 *habet Flor.1*    nec] non *Flor.1*    poterit]
-errit *N*    succurrere] -curres *N primo*    24 nescit] ne sit *N primo*
26 erit *Liberman 2002*     27 tum] cum *A*    31 quid *N p.c., Λ*:
quod *N a.c., A*    32 uocata *Markland*

NON ego nunc Hadriae uereor mare noscere tecum,    **vi**
  Tulle, neque Aegaeo ducere uela salo,
cum quo Rhipaeos possim conscendere montes
  ulteriusque domos uadere Memnonias;
sed me complexae remorantur uerba puellae          5
  mutatoque graues saepe colore preces.
illa mihi totis argutat noctibus ignes,
  et queritur nullos esse relicta deos;
illa meam mihi iam se denegat, illa minatur
  quae solet ingrato tristis amica uiro.           10
his ego non horam possum durare querelis:
  a pereat, si quis lentus amare potest.
an mihi sit tanti doctas cognoscere Athenas
  atque Asiae ueteres cernere diuitias,
ut mihi deducta faciat conuicia puppi              15
  Cynthia et insanis ora notet manibus,
osculaque opposito dicat sibi debita uento,
  et nihil infido durius esse uiro?
tu patrui meritas conare anteire secures,
  et uetera oblitis iura refer sociis.             20
nam tua non aetas umquam cessauit amori,
  semper at armatae cura fuit patriae.
et tibi non umquam nostros puer iste labores
  afferat et lacrimis omnia nota meis.

---

I vi 1 *nou. el. indic.* N (*l.m.*), A (*l.m., tit.mg.*), TSKY (*tit.*), JWC (*int.*)
1 nunc] tunc A        2 Aegaeo] aeḡo (=?) N        pandere *Guyetus*: cre-
dere *Heinsius*        3 cum quo ς: cum co- NTSΓY: cum cor- AC:
tecum ς: tecum ego *Burman*        ausim *Dousa f.*        4 domo ... Mem-
nonia *Lachmann*        5 remorantur] mem- A        6 colore] d- A
9 meam mihi iam] mihi iam nunc *Günther 1997*        se iam *tr. Heinsius*
10 ingrato ς: irato Ω        11 has ... querelas *Liberman 2002*
12 amare Λ, *et iam ci.* Colucius: amore N (*postea corr.*), A        15 *om.* A
(*add. m.rec. mg.*)        iaciat *Passerat*        19 tu] tui S (*n.b.* patrui)
secures] -ras A *primo*        21 umquam] num- AΓ        22 et ς
23 at ς: *an* sic?        24 limina (*Heinsius*) lota *Giardina 2005*

me sine, quem semper uoluit fortuna iacere,                    25
    hanc animam aeternae reddere nequitiae.
multi longaeuo periere in amore libenter,
    in quorum numero me quoque terra tegat.
non ego sum laudi, non natus idoneus armis:
    hanc me militiam fata subire uolunt.                    30
at tu seu mollis qua tendit Ionia, seu qua
    Lydia Pactoli tingit arata liquor,
seu pedibus terras seu pontum remige carpes,
    ibis et accepti pars eris imperii.
tum tibi si qua mei ueniet non immemor hora,                    35
    uiuere me duro sidere certus eris. ⊗


Dvm tibi Cadmeae dicuntur, Pontice, Thebae                    **vii**
    armaque fraternae tristia militiae,
atque, ita sim felix, primo contendis Homero
    (sint modo fata tuis mollia carminibus),
nos, ut consuemus, nostros agitamus amores,                    5
    atque aliquid duram quaerimus in dominam;
nec tantum ingenio quantum seruire dolori
    cogor, et aetatis tempora dura queri.
hic mihi conteritur uitae modus, haec mea fama est,
    hinc cupio nomen carminis ire mei.                    10

25 quem] iam *A*        26 aeternae *Heyworth*: extremae *Ω*        huic...
extremam *Housman*        extrema ... nequitia *Fontein*        27 *habet*
*Flor.1* (libenter *om.*)        multi] mult *A*        longaeuo *Fontein*: -inquo *Ω*,
*Flor.1*        29 natus nec *Burman* (*cf. Ou.* am. *2.3.7*)        33 remige
carpes *Skutsch*: carpere remis *Ω*        34 eris] etis *N a.c.*        acceptis par
eris -iis *Passerat* (-to ... -io *Vulpius*)
    I vii 1 *nou. el. indic. N* (*l.m.*), *A* (*l.m., tit.mg.*), *TSKY* (*tit.*), *JWC* (*int.*)
3 *om.* K        sim *NATSJKMRC*: sum *WU*: sis *Burman*        prisco *ς*
4 carminibus m- fata tuis (*uel* meis) *tr. Dousa*        6 aditum ... ad
*Burman*        7 tantum] tamen *A*        9 sic *ς*        conteritur] -tus *Γ*

me legat assidue post haec neglectus amator,          13
  et prosint illi cognita nostra mala.          14
me laudet doctae solitum placuisse puellae,          11
  Pontice, et iniustas saepe tulisse minas.          12
te quoque si certo puer hic concusserit arcu          15
  (quam nolim nostros te uiolasse deos!),
longe castra tibi, longe miser agmina septem
  flebis in aeterno surda iacere situ;
et frustra cupies mollem componere uersum,
  nec tibi subiciet carmina serus Amor.          20
tum me non humilem mirabere saepe poetam;
  tunc ego Romanis praeferar ingeniis;
nec poterunt iuuenes nostro reticere sepulcro:
  'ardoris nostri magne poeta, iaces?'
tu caue nostra tuo contemnas carmina fastu:          25
  saepe uenit magno faenore tardus honos. ⊗


TVNE igitur demens, nec te mea cura moratur?          **viii A**
  an tibi sum gelida uilior Illyria?
et tibi iam tanti, quicumque est, iste uidetur,
  ut sine me uento quolibet ire uelis?

11–12 *post* 14 *Heyworth*          14 ut *ς, fort. recte*          11 laudet *Heyworth*: -ent *NΛ*: -ant *A*          doctae] -tu *A primo, ut uid.*          solitum *Markland*: solum *Ω*          placuisse] doc- *N* (*corr. s.l.*)          15 percusserit *Lipsius*          16 *sic Rothstein*          quam *Heinsius*: quod *Ω*: quo *ς*: a *Heyworth*          nolim *AΛ*: nollim *N*: nollem *Tappe*          te uiolasse *ς*: eui- *Ω*: me ui- *Otto*: heu (sic *anon.1\**) uoluisse *Markland*          17 tibi] sibi *A*          18 surda *bis A*          20 serus] uerus *A*: saeuus *ς*          21 tum] tu *A*          nunc *Baehrens*          miraberis ipse *Markland*          *lac. post* 21 *uel* 22 *Heyworth*          22 Romanus ... Inachiis *van Eldik*          23–4 *post* 10 *Housman, post* 14 *Shackleton Bailey, ante* III i 35 *Courtney 1968;* 23–6 *post* 14 *Baehrens*          24 taces *ς*: uale *ς*          25 caue] cane *A fastu] faustu *T a.c.*          26 *habet Flor.1*          honos (honor *iam Rossberg*) *Heyworth*: amor *Ω, Flor.1*

I viii 1 *nou. el. indic. N (l.m.), A (l.m., tit.mg.), TSKY (tit.), JWC (int.)*          2 sum] sim *A*          4 me *om. A*

tune audire potes uesani murmura ponti                    5
    fortis et in dura naue iacere potes?
tu pedibus teneris positas calcare pruinas,
    tu potes insolitas, Cynthia, ferre niues?
o utinam hibernae duplicentur tempora brumae,
    et sit iners tardis nauita Vergiliis,               10
nec tibi Tyrrhena soluatur funis harena,
    neue inimica meas eleuet aura preces             12
et me defixum uacua patiatur in ora                   15
    crudelem infesta saepe uocare manu.
sed, quocumque modo de me, periura, mereris,
    sit Galatea tuae non aliena uiae;                 18
atque ego non uideam faciles subsidere uentos,        13
    cum tibi prouectas auferet unda rates;            14
et te felici post uicta Ceraunia remo                 19
    accipiat placidis Oricos aequoribus.              20
nam me non ullae poterunt corrumpere taedae
    quin ego, uita, tuo limine fata querar.
nec me deficiet nautas rogitare citatos:
    'dicite, quo portu clausa puella mea est?'

5 tune] tunc *Y*    murmura] -e *Γ*        6 mollis *Giardina 1988*
naue] mane *A*        7 positas *bis A*      calcare *Passerat*: fulcire *Ω*
pruinas *ς*: r- *Ω*      11 ne *Burman*: neu *ς*      puppis *ς*      ab ora *Bur-
man (cf.* 15)        13–14 *post* 18 *Carutti (post* 16 *Scaliger,* 10 *Cartault);
fortasse delendi sunt*        15 ut *Livineius*      patietur *ς*: -aris *ς*: -antur
*Giri*      in ora] in aura *N primo*: arena *ς*        16 infesto . . . mari
*Huschke*: fessa . . . manu *Liberman* 2002      17 quocumque *S* (*iam Π*):
quod- *NATΓYC*      quodcumque malum *Giardina* 2005      mereris
*ATΓC*: mor- *N a.c., SY*      13 faciles *Heinsius*: talis *Ω*: laetos *Hous-
man*: tacitos *Burman*      tum . . . tali sub sidere *Graevius* (sub s- *T*)
14 ut . . . auferat *Ayrmann*        19 et *Livineius*: ut *Ω*      post uicta
*Heinsius*: praeuecta *NATSJMU*: prou- *RC*: praeuectam *W*: peruectam
*K*: post lecta *Müller*      praeuectam felice *ς*        20 placidis] -os *A*
21 at *Winterbottom**      taedae *ς*: de te *Ω*        22 uita *NΛ*: tuta *A*:
sueta *Dousa*: multa *Keil*: trita *Housman**      ego uita] arguta *Baehrens*
limine *ς*: lu- *Ω*      fata *Henry*: uerba *Ω*: acerba *Scaliger*: dura *Heinsius*:
uera *Passerat*      loquar *ς*        23 deficiet] -at *A*        24 mea est]
latet *Burman*

et dicam: 'licet Artaciis considat in oris,                    25
et licet Hylaeis, illa futura mea est.' ⊗


Hɪᴄ erit: hic iurata manet; rumpantur iniqui!        **viii B**
uicimus: assiduas non tulit illa preces.
falsa licet cupidus deponat gaudia Liuor:
destitit ire nouas Cynthia nostra uias.                    30
illi carus ego, et per me carissima Roma
dicitur, et sine me dulcia regna negat.
illa uel angusto mecum requiescere lecto
et quocumque modo maluit esse mea,
quam sibi dotatae regnum uetus Hippodamiae        35
et quas Elis opes apta pararat equis.
quamuis magna daret, quamuis maiora daturus,
non tamen illa meos fugit auara sinus.
hanc ego non auro, non Indis flectere conchis
sed potui blandi carminis obsequio.                    40
sunt igitur Musae, neque amanti tardus Apollo;
quis ego fretus amo: Cynthia rara mea est.
nunc mihi summa licet contingere sidera palmis:
siue dies seu nox uenerit, illa mea est;
nec mihi riualis certos subducet amores:            45
ista meam norit gloria canitiem. ⊗


25 Artaciis *Palmer*: atr- (*uel* a tr-) Ω: Autaricis ⱽ        26 aut *Hall*\*
*sunt qui* Hylleis *legant*
    *ante* 27 *nou. el. Lipsius*: cont. Ω        27 sic *Heinsius*        erit *T* (*P
p.c.*): erat *NASΓΥC*        manet] manet et *Γ*        30 destitit] destit *Γ*
35 sibi] sic *Ayrmann*        dotari *Otto*        36 apta *Phillimore*: ante Ω
emi *Heinsius*        37 quamuis² *bis A*        maiora] minora *Y*
38 auara *NTSC*: amara *AΓΥ*        41 surdus ⱽ        42 ouo *Baeh-
rens*: amor *Otto*        43 palmis *Scaliger*: plantis Ω        44 seu *Λ*:
siue *NA*        45–6 *post* 36 *Fischer*        45 certos] summos *A* (*ex* 43)
subducet ⱽ: -it *NATΓΥC*: -is *S*        46 decoret *Cornelissen*

DICEBAM tibi uenturos, irrisor, Amores,                    **ix**
  nec tibi perpetuo libera uerba fore:
ecce taces supplexque uenis ad iura puellae
  et tibi nunc quiduis imperat empta modo.
non me Chaoniae uincant in amore columbae                    5
  dicere quos iuuenes quaeque puella domet;
me dolor et lacrimae merito fecere peritum:
  atque utinam posito dicar amore rudis!
quid tibi nunc misero prodest graue dicere carmen
  aut Amphioniae moenia flere lyrae?                    10
plus in amore ualet Mimnermi uersus Homero:
  carmina mansuetus lenia quaerit Amor.
i quaeso et tristes istos sepone libellos
  et cane quod quaeuis nosse puella uelit.
quid si non esset facilis tibi copia? nunc tu                    15
  insanus medio flumine quaeris aquam.
necdum etiam palles, uero nec tangeris igni:
  haec est uenturi prima fauilla mali.
tum magis Armenias cupies accedere tigres
  et magis infernae uincula nosse rotae                    20
quam pueri totiens arcum sentire medullis
  et nihil iratae posse negare tuae.

---

I ix 1 *nou. el. indic.* N (*l.m.*), *A* (*l.m., tit.mg.*), *TSKY* (*tit.*), *JWC* (*int.*)
3 taces *Heyworth*: iaces *Ω*        4 et] quod *C*        quiduis *Postgate*:
quaeuis (*uel* quae uis) *Ω*: quouis *ς*        saeuis . . . modis *Heinsius*        illa
*Fontein*: *fort.* ista        5 uincunt *Harrison*\*        6 quas iuuenis
*Heyworth*        quosque *Francken*        7 habet *Flor.1*        merito] ueri
*Burman*        8 posito] app- *A a.c.*        9 ducere *ς*        12 *habet*
*Flor.1*        lenia *Flor.1, C*: leuia *NTSΓY*: *de A incertum est*: tenuia *Newman*
*1997*        13 et *del. Hall*\*: i *Heinsius*        sepone *Heinsius*: comp-
*Ω*: dep- *ς*: iam p- *Baehrens*        14 et] e *N*        cane] caue *JK*
15 quid] quod *Γ*        16 insanus] -nis *N a.c.*        19 cuperes *ς*
20 uincula] -le *S*        nosse (*fort. ex* 14)] ferre *Heyworth*        uincla subisse
*Heinsius*        21 totiens] totis *Dousa f.*: teneris *Giardina 2005*: *an*
tostis?        22 ingratae *uel* -te *Lachmann*        irata . . . rogare tua
*Ayrmann*

nullus Amor cuiquam faciles ita praebuit alas
  ut non alterna presserit ille manu.
nec te decipiat quod sit satis illa parata:         25
  acrius illa subit, Pontice, si qua tua es,
quippe ubi non liceat uacuos seducere ocellos
  nec uigilare alio limine cedat Amor.
qui non ante patet donec manus attigit ossa:
  quisquis es, assiduas heu fuge blanditias.      30
quare, si pudor est, quam primum errata fatere:  33
  dicere quo pereas saepe in amore leuat. ⊗

[illis et silices et possint cedere quercus,       31
  nedum tu possis; spiritus iste leuis.]


O IVCVNDA quies primo cum testis amori      **x**
  adfueram uestris conscius in lacrimis!
o noctem meminisse mihi iucunda uoluptas,
  o quotiens uotis illa uocanda meis,

---

23–4 *seclusit Postgate*      23 praebet habenas *Jacobs*    aures *Fontein*    24 austera *uel* et dura *Fontein*: lasciua *Harrison\**: alternas *Struve*    alternam senserit … manum *Phillimore*    ille] illa *KW*    25 te *om*. *Γ*    26 ille *Hetzel*    27 uacuo *Fontein*    subducere *Hall\**    28 limine *Heinsius*: nom- *Ω*    cedat] cedit *A*    29 cui *Scaliger*    malus *Modius*: media *Heinsius*: cutis *ς*    30 heu fuge *Markland*: auf- *NATSJKYC*: aut f- *W*: tu f- *Tappe*    31–2 *del. Heyworth* (29–34 *alienos iam censuerat Struve*)    33 ni *ς*    fatere] -ri *T*    34 qua *ς*    iuuat *ς*
    31 silices] sal- *A*    possint *NAΓY*: possunt *TSC*    nec s- nec possunt sistere *Enk*    32 nedum] necdum *AΓ*    tutus erit *Housman*: sit tutus *Liberman 2002*: tu: certe est *Heyworth*
    I x 1 *nou. el. indic. N* (*l.m.*), *A* (*l.m., tit.mg.*), *TSY* (*tit.*), *ΓC* (*int.*)    2 in thalamis *Huschke*: alloquiis *Giardina 2005*    3 noctem] nox quam *Liberman 2002*    *post* noctem, iocunda *add. N a.c.*    4 uocata *Liberman 2002*

cum te complexa morientem, Galle, puella                          5
  uidimus et longa ducere uerba mora.
quamuis labentes premeret mihi somnus ocellos
  et mediis caelo luna ruberet equis,
non tamen a uestro potui secedere lusu:
  tantus in alternis uocibus ardor erat.                          10
sed quoniam non es ueritus concredere nobis,
  accipe commissae munera laetitiae:
non solum uestros didici recitare calores;
  est quiddam in nobis maius, amice, fide.
possum ego diuersos iterum coniungere amantes,               15
  et dominae surdas possum aperire fores,
et possum alterius curas sanare recentes:
  nec leuis in uerbis est medicina meis.
Cynthia me docuit semper quaecumque petenda
  quaeque cauenda forent: non nihil egit Amor.                    20
tu caue ne tristi cupias pugnare puellae
  neue superba loqui neue tacere diu,
neu si quid petiit, ingrata fronte negaris,
  neu tibi pro uano uerba benigna cadant.
irritata uenit quando contemnitur illa,                          25
  nec meminit iustas ponere laesa minas;
at quo sis humilis magis et subiectus Amori,
  hoc magis effectu saepe fruare bono.
is poterit felix una remanere puella
  qui numquam uacuo pectore liber erit. ⊗                          30

---

5 marcentem *Heinsius*      6 in longas ... moras *Markland* (in -am
... -am *iam ς*)      dicere *ς*      8 nitidis *Giardina 2005*      caeli *Hein-
sius*      10 alternis] -rius *AƷW*      11 concredere *ς*: concedere *Ω*:
confidere *Enk*      13 recitare *Heyworth 1984*: reticere *Ω*      calores
*Dousa f.*: dol- *Ω*      14 quiddam] quidam *N primo, W*
15 diuisos *ς*: diuulsos *Passerat*      16 surdas *Heinsius*: tardas *Ω*: duras
*Burman*      19 quae cuique *Müller*      20 egit] aeger *T* (*scil. ex*
e͞g, *quod habent NA*)      21 caue] cane *A*      tristis *Kraffert*
23 rugata *Haupt* (*potius* rugosa): contracta *Cornelissen*: irata *Burman*
25 irritata] -tatura *A*      28 effectu *ς*: effecto *Ω*: euentu *Heinsius*:
officio *ς*      fruere *Hartman*

Ecqvid te tepidis cessantem, Cynthia, Bais  **xi**
 qua iacet Herculeis semita litoribus,
et modo Thesproti mirantem subdita regno
 <. . . . . . . . . . . . . . . . . . . . . . . . . >
<et modo. . . . . . . . . . . . . . . . . . . . . . . . >
 proxima Misenis aequora nobilibus,
nostri cura subit, memores adducere noctes?  5
 ecquis in extremo pectore restat amor?
an te nescioquis simulatis ignibus hostis
 sustulit e nostris, Cynthia, carminibus?  8
ut solet amoto labi custode puella  15
 perfida communes nec meminisse deos.  16
atque utinam mage te remis confisa minutis  9
 paruula Lucrina cumba moretur aqua,  10
aut teneat clausam tenui Teuthrantis in unda
 alternae facilis cedere lympha manu,
quam uacet alterius blandos audire susurros
 molliter in tacito litore compositam;  14
non quia perspecta non es mihi cognita fama,  17
 sed quod in hac omnis parte ueretur amor.
ignosces igitur, si quid tibi triste libelli
 attulerint nostri: culpa timoris erit.  20

---

I xi 1 *nou. el. indic.* N (*l.m.*), A (*l.m., tit.mg.*), TSWY (*tit.*), *JKC* (*int.*)
1 Ecquid *Λ*: Et quid *NA*  tepidis *Heinsius*: mediis *Ω*  2 patet
*Burman*  in aggeribus *Burman*  *lac. post* 3 *Heyworth* (*lac. post* 2
*uel* 4 *iam Sandbach 1938*)  4 proxima] et modo *ς*  culminibus
*Heinsius*: uerticibus *Senger*  5 iubet *Liberman 2002*  educere
*Barber*: perd- *Liberman 2002*: ded- *Hall**  6 ecquis *NΛ*: et quis *Λ*:
ecquid *Kraffert, Rossberg*  in *bis* T: *om.* *J*  externo *Passerat*
pectore restat amor *Heimreich*: r- amore locus *Ω*: r- a- calor *Giardina
2005*: r- amor iecore *Housman*: r- amare loco *Kraffert, Rossberg*
7 hospes *Fontein*  8 luminibus *Markland*  15 ut] nam *Hey-
worth*  amoto S (*iam* P): amota *NATΓYC*  11 Teuthrantis *ς*:
teutantis *NTΓ*: teˇta- *M*: te ta- *UR*: tueta- *A*  Teuthrantis in unda *om.*
SC  12 facilis] -li *A*  13 iuuet *ς*  15–16 *post* 8 *trans-
tulit Housman*  17 perspectae . . . famae *Markland*  flamma *Hein-
sius*  18 sorte *Watt 1992*  ueretur *Lachmann*: timetur *Ω*

ei mihi, non maior carae custodia matris
  aut sine te uitae cura sit ulla meae.
tu mihi sola domus, tu, Cynthia, sola parentes,
  omni tu nostrae tempore deliciae.
seu tristis ueniam seu contra laetus amicis,                    25
  quicquid ero, dicam: 'Cynthia causa fuit.'
tu modo quam primum corruptas desere Baias:
  multis ista dabunt litora discidium,
litora quae fuerunt castis inimica puellis.
  a pereant Baiae, crimen Amoris, aquae. ⊗          30


QVID mihi desidiae non cessas fingere crimen          **xii**
  quod faciat nobis Cynthia, Roma, moram?
tam multa illa meo diuisa est milia lecto
  quantum Hypanis Veneto dissidet Eridano.
nec mihi consuetos amplexu nutrit amores                    5
  Cynthia nec nostra dulcis in aure sonat.
olim gratus eram: non ullo tempore cuiquam
  contigit ut simili posset amare fide.
inuidiae fuimus: num me deus obruit? an quae
  lecta Prometheis diuidit herba iugis?                    10

21 ei *Heyworth*: an *Ω*: at *ς*: nam *Nodell*    nunc *Beck*: sit *ς*
24 omni ... tempore *Fontein*: omnia ... -ra *Ω*    deliciae *Fontein*:
laetitiae *Ω*    nostra es ... laetitia *Housman**    25 contra] nostris
*Heyworth*    elatus *Baehrens*    29 fuerunt *ς*: -rant *Ω*: -rint *Luck*
*1962*    30 ualeant *Unger*
I xii 1 *nou. el. ς* (*m.rec. in N, e.g.*): *cont. Ω, quod def. Butrica, PLLS 1996*
2 Cynthia *ς*: conscia *Ω*    C- nostra *Graevius*: C- amore *Muretus*:
4 quanta *Heinsius*    5 ei mihi, non sueto (*uel* solito) complexu
(*ς*) *Heyworth*    6 nostro ... ore *Guyetus*    7 ullo *ς* (*m.corr.*
*in T*): illo *Ω*    8 amare] amore *A*    9–10 *post* 12 *Carutti*
9 fuimus] sumus *A* (*sed* fuimus *ut reclamans in pagina praecedenti*)
num *ς*: non *Ω*: nunc *ς*: quis *Delrio*    quae *NSΓYC*: quem *A*: *de T incert.*
10 Prometheis] -eus *A*    diuidit *NΛ*: diuitis *A*: deuouet *Scaliger*

non sum ego qui fueram: mutat uia longa puellas.
    quantus in exiguo tempore fugit amor!
nunc primum longas solus cognoscere noctes
    cogor et ipse meis auribus esse grauis.
felix qui potuit praesenti flere puellae:      15
    non nihil aspersus gaudet Amor lacrimis;
aut si despectus potuit mutare calores,
    sunt quoque translato gaudia seruitio.
mi neque amare aliam neque ab hac desistere fas est:
    Cynthia prima fuit; Cynthia finis erit. ⊗      20


Tv, quod saepe soles, nostro laetabere casu      **xiii**
    Galle, quod abrepto solus amore uacem.
at non ipse tuas imitabor, perfide, uoces:
    fallere te numquam, Galle, puella uelit.
dum tibi deceptis augetur fama puellis,      5
    certus et in nullo quaeris amore moram,
perditus in quadam tardis pallescere curis
    incipis, et primum lapsus abire gradu.
haec erit illarum contempti poena doloris:
    multarum miseras exiget una uices.      10
haec tibi uulgares istos compescet amores,
    nec noua quaerendo semper inultus eris.

---

11 quod *Burman*      13 perducere *Heinsius*      16 *habet Flor.1*
non nihil] nam nimis *Flor.1*      aspersus *Palmer*: -sis *Ω*, *Flor.1*
17 si] qui *Heinsius*      despectos *ς*      calores *N p.c.*, *A*, *T u.l.*, *SKW*
*MUC*: colores *N a.c.*, *TJR*      19 desciscere *Heinsius*: discedere *ς*
    I xiii 1 *nou. el. indic. N (l.m.)*, *A (l.m., tit.mg.)*, *TSKWY (tit.)*, *JC (int.)*
2 abrupto *Fruterius*      3 imitabor] muta- *A*      5 fama] forma *A*
7 perditus] queritis *A*      8 primum *Heyworth*: -us *Ω*: firmo *Barber*
lapsus *NA*: -sis *A*: lassus *ς*      abire *ς*: adire *Ω*      10 seras *Markland*
uices] uoces *A primo*      11 haec] nec *A*      istos] i- *ex ?ca- corr. A*
compescet] -ponet *A*      12 inultus *Watt 1992*: amicus *Ω*

quae cano non rumore malo, non augure doctus:
   uidi ego. me quaeso teste negare potes?
uidi ego te toto uinctum languescere collo          15
   et flere iniectis, Galle, diu manibus,
et cupere optatis animam deponere labris,
   et quae deinde meus celat, amice, pudor.
non ego complexus potui diducere uestros:
   tantus erat demens inter utrosque furor.         20
non sic Haemonio Salmonida mixtus Enipeo
   Taenarius facili pressit amore deus;
nec sic caelestem flagrans amor Herculis Heben
   sensit ab Oetaeis gaudia prima rogis.
una dies omnes potuit praecurrere amores:         25
   nam tibi non tepidas subdidit illa faces;
nec tibi praeteritos passa est succedere fastus,
   nec sinet: addictum te tuus ardor aget.
nec mirum, cum sit Ioue digna, et proxima Ledae
   et Ledae partu, gratior una tribus.         30
illa sit Inachiis et blandior heroinis,
   illa suis uerbis cogat amare Iouem.
tu uero quoniam semel es periturus amore,
   utere: non alio limine dignus eras.
qui tibi sit felix, quoniam nouus incidit error;      35
   et quotcumque uoles, una sit ista tibi. ⊗

---

13 quae cano non *Heyworth* (haec c- n-*iam Baehrens*): haec non *N* (ego *add. s.l. m.rec.*): haec ego non *AΛ*: h- non sum *Rossberg*    augere] augere *N a.c.*    16 furere *van Herwerden*    17 labris ς: uerbis *Ω*: membris *Scaliger*    19 complexu . . . secedere uestro *van Herwerden*    23 caelesti f- a- H- Hebe *Markland*: caelestis f- amore H- Hebe *Giardina 2005*    24 ab *Scaliger*: in *Ω*    rogis *Schrader*: iugis *Ω*    25 amores *Lachmann*: amantis *Ω*: amanti ς: menses *Giardina 2005*    26 nam] iam *uel* nunc *Baehrens*    28 addictum *Skutsch*: adduci *Ω*: abduci ς    29 dignae p- *Heinsius*    30 *post* gratior *interpungunt multi*    31 illa uel Inachiis sit *Burman*    32 amare *NTSΓY*: amore *AC*    34 limine *NATℐWY*: lu- *T s.l., SKC* (*et sic FP*)    35 qui *Palmer*: quae *Ω*    36 quotcumque *Fruterius*: quoc- *Ω*: quaec- *et* quodc- ς

Tv licet abiectus Tiberina molliter unda                    **xiv**
  Lesbia Mentoreo uina bibas opere,
et modo tam celeres mireris currere lintres
  et modo tam tardas funibus ire rates;
et nemus omne altas tibi tendat uertice siluas              5
  urgetur quantis Caucasus arboribus;
non tamen ista meo ualeant contendere amori:
  nescit Amor magnis cedere diuitiis.
nam siue optatam mecum trahit illa quietem,
  seu facili totum ducit amore diem,                        10
tum mihi Pactoli ueniunt sub tecta liquores,
  et legitur Rubris gemma sub aequoribus;
tum mihi cessuros spondent mea gaudia reges:
  quae maneant, dum me fata perire uolent!
nam quis diuitiis aduerso gaudet Amore?                      15
  nulla mihi tristi praemia sint Venere.
illa potest magnas heroum infringere uires;
  illa etiam duris mentibus esse dolor;
illa neque Arabium metuit transcendere limen,
  nec timet ostrino, Tulle, subire toro,                    20
et miserum toto iuuenem uersare cubili:
  quid releuant uariis serica textilibus?
quae mihi dum placata aderit, non Lyda uerebor
  regna uel Alcinoi munera despicere. ⊗

I xiv 1 *nou. el. indic.* N (*l.m.*), A (*l.m., tit.mg.*), TKWY (*tit.*), S (*spat.
l.m. rel.*), 𝔍C (*int.*)     2 uina] b- S     3 *et* 4 tam] iam A
4 funibus] fin- A     5 ut ς     omne] unde *Lachmann*     altas *Bar-
ber*: satas Ω     umbriferas *Koch*: innumeras *Giardina 2005*     tibi tendat
*Barber*: intendat *NATSKWYC*: om. 𝔍: ut t- *Rothstein*     6 quantis]
-tus A     8 habet *Flor.1*     11 ueniunt] -iant A     14 perire]
manere *Francius*     16 praedia *Francius*     sint *NTSΓY*: sunt *AC*
19 auratum *Heinsius*     metuit] -unt A     limen *om.* A     21 hac
... uersante ς     22 releuant] -ent A     23 Lyda *Markland*:
ulla Ω     24 nec ς     iugera *Francius*

Saepe ego multa tuae leuitatis dura timebam,                    **xv**
    hac tamen excepta, Cynthia, perfidia.
aspice me quanto rapiat fortuna periclo:
    tu tamen in nostro lenta timore uenis,
et potes hesternos manibus componere crines                    5
    et longa faciem quaerere desidia,
nec minus Eois pectus uariare lapillis
    ut formosa nouo quae parat ire uiro.
at non sic, Ithaci digressu mota, Calypso
    desertis olim fleuerat aequoribus:                    10
multos illa dies incomptis maesta capillis
    sederat, iniusto multa locuta salo,
et quamuis numquam post haec uisura dolebat,
    illa tamen longae conscia laetitiae.                    14
nec sic Aesoniden rapientibus anxia uentis                    17
    Hypsipyle uacuo constitit in thalamo:
Hypsipyle nullos post illum sensit amores,
    ut semel Haemonio tabuit hospitio.                    20
coniugis Euadne miseros ablata per ignes
    occidit, Argiuae fama pudicitiae.
quarum nulla tuos potuit conuertere mores,
    tu quoque uti fieres nobilis historia.

---

I xv 1 *nou. el. indic. N (l.m.), A (l.m., tit.mg.), TSKWY (tit.), JC (int.)*
1 dura] iura *et* iure *T s.l. pro u.l.*: signa ⸚: damna ⸚        2 hac] ac *N, litt.*
*init. uersus secundi, ut solet, omisso,* F *add. m. rubricatoris*        3 quanta
... procella *Markland*        5 hesternos] ext- *S*        manibus] acubus
*Fontein*        6 quaerere desidia] quaere -iam *A*        7 eois *ci. Colu-*
*cius, ut uid.,* T (*fort. ex* cois *corr.*), *KYC*: et cois *NSJW*: haec cois *A*
8–11 *om.* C, *ob homoeoteleuton*        8 ut *NΛ*: et *A*: ac *Nodell*: *fort.*
quam        9 at] et *A*        immota *Graevius*        12 infesto *Giardina*
*2005*        multa] uana *Müller*        13–14 *fort. delendi        sunt qui post*
uisura *et* tamen *interpunxerint*        14 nequitiae ⸚        15–16 *secl.*
*Pescani; post* 20 *Markland, post* 22 *Lachmann*        18 *om. J, ob*
*homoearchon*        19 illum *Burman*: illos *Ω*        21 seros ⸚: medios
*Francius*        ablata *Lachmann*: e- *Ω*: de- ⸚: laetata *Peerlkamp*
24 quoque] q̊ (= quo) *A*

desine iam reuocare tuis periuria uerbis,      25
   Cynthia, et oblitos parce mouere deos;
audax a nimium, nostro dolitura periclo,
   si quid forte tibi durius inciderit!
nam prius e uasto labentur flumina ponto
   annus et inuersas duxerit ante uices      30
quam tua sub nostro mutetur pectore cura:
   sis quodcumque uoles, non aliena tamen.
tam tibi ne uiles isti uideantur ocelli,
   per quos saepe mihi credita perfidia est!
hos tu iurabas, si quid mentita fuisses,      35
   ut tibi suppositis exciderent manibus:
et contra magnum potes hos attollere Solem?
   nec tremis admissae conscia nequitiae?
quis te cogebat multos pallere colores
   et fletum inuitis ducere luminibus?      40
quis ego nunc pereo, similes moniturus amantes:
   non ullis tutum credere blanditiis! ⊗

[Alphesiboea suos ulta est pro coniuge fratres,      15
   sanguinis et cari uincula rupit amor.]

---

25–6 *post* 32 *Housman:* 27–32 *damnauit Georg\*:* 29–32 *alicnos censuit Postgate*    25 renouare *Francius*    26 monere *Passerat*
27 nimium et *Lachmann*    28 si] sed *A*    quid *Λ*: quod *NA*
mihi *ς*    29 nam prius e *Heyworth:* multa p- *Ω:* nulla p- *ς:* alta
p- *Burman:* pulsa p- *Wakefield: alii alia*    uasto] retro *Burman*
30 inuersis . . . uicis *A*    31 mutetur] imitetur m- *A*    33 tam
*Madvig:* quam *Ω*    tibi] mihi *ς*   *an* ei mihi?    34 est *om. S*
35 quid] quod *A*    39 quid *ς, fort. recte*   fictos *Heinsius*   multo
(*uel* pulso *uel* uerso *Liberman 2002*) . . . colore *ς*    40 ducere *bis*
*N primo*    41 moniturus] mori- *N primo*    42 non ullis
*Wyngaarden:* o nullis *Ω*   *fort.* tutum est

QVAE fueram magnis olim patefacta triumphis,           **xvi**
    ianua Patriciae uota Pudicitiae,
cuius inaurati celebrarunt limina currus,
    captorum lacrimis umida supplicibus,
nunc ego nocturnis potorum saucia rixis,                5
    pulsata indignis saepe queror manibus,
et mihi non desunt turpes pendere corollae,
    semper et exclusi signa iacere faces.
nec possum infames dominae defendere uoces,
    nobilis obscenis tradita carminibus.                10
has inter grauibus cogor deflere querelis,              13
    supplicis a longis tristior excubiis.
ille meos numquam patitur requiescere postes,          15
    arguta referens carmina blanditia:
'Ianua uel domina penitus crudelior ipsa,
    quid mihi tam duris clausa taces foribus?
cur numquam reserata meos admittis amores,
    nescia furtiuas reddere mota preces?                20
nullane finis erit nostro concessa dolori,
    turpis et in tepido limine somnus erit?
me mediae noctes, me sidera prona iacentem,
    frigidaque Eoo me dolet aura gelu.
tu sola humanos numquam miserata dolores              25
    respondes tacitis mutua cardinibus.

---

I xvi 1 *nou. el. indic. N* (*l.m.*), *A* (*l.m., tit.mg.*), *TKWY* (*tit.*), *SꝐC* (*int.*)
2 patriciae *Phillimore*: tarpeiae *Ω*: praeteritae *Allen\**     uota *A*: nota *NΛ*
3 celebrabant ς: -arant *Hall\**     limina] lum- *AK*     6 indignis *om.*
*A primo*           7 putres *Burman*          8 exclusi ς: -sis *Ω*
9 possum] -sim *A*     uoces *Housman*: noctes *Ω*       11–12 *seclusit*
*Lachmann*          13 haec ς     grauius ... querelas *Scaliger*
15 numquam] nuq- *N*          17 precibus *van Eldik*          18 tam *T*:
iam *NASꝐYC*     surdis *Francius*          22 turpis] tristis ς: semper
*Baehrens*     rigido *Heinsius*: gelido *Burman*     limine] lu- *K primo, C*
23 mediae] -ice *A*     noctis *Housman*     prona ς: plena *Ω*          25–6 *post*
36 *Richmond*          26 cardinibus *NTSꝐMUC*: carm- *A primo, R*

o utinam traiecta caua mea uocula rima
   percussas dominae uertat in auriculas.
sit licet et saxo patientior illa Sicano,
   sit licet et ferro durior et chalybe,                    30
non tamen illa suos poterit compescere ocellos,
   surget et inuitis spiritus in lacrimis.
nunc iacet alterius felici nixa lacerto,
   at mea nocturno uerba cadunt Zephyro.
sed tu sola mei, tu maxima causa doloris,               35
   uicta meis numquam ianua muneribus.
te non ulla meae laesit petulantia linguae,
   quae solet ingratos dicere pota iocos.
ut me tam longa raucum patiare querela
   sollicitas triuio peruigilare moras,                    40
at tibi saepe nouo deduxi carmina uersu,
   osculaque innixus pressa dedi gradibus.
ante tuos quotiens uerti me, perfida, postes,
   debitaque occultis uota tuli manibus.'
haec ille et si quae miseri nouistis amantes,          45
   et matutinis obstrepit alitibus.
sic ego, nunc dominae uitiis, nunc semper amantis
   fletibus, alterna differor inuidia. ⊗

[nec tamen illa suae reuocatur parcere famae,          11
   turpior et saecli uiuere luxuria.]                      12

27 uocula] iac- *A*          28 serpat *Huschke*          31 poterit] -uit *A*
*primo, ut uid.*          34 at] et *J*          35–6 *post* 24 *Grant 1982, post* 44
*Ions\**          36 muneribus] carminibus *S*          38 ingratos . . . iocos
*Enk* (ingrato *iam Fruterius*, ioco *iam* ς): irato . . . loco *Ω*: irato . . . sono
*Baehrens*          pota *Heinsius*: tota *Ω*: probra *Heinsius*: taetra *Otto*: tanta ς:
turba ς: Sota *Alton*          42 innixus pressa *Alton*: impressis nixa *Ω*:
imp- fixa *Heinsius*, spissa *van Eldik*          genibus *Burman*          44 serta
*Markland*          47 nunc[1]] et *A*          nunc[2] *Francius*: et *Ω*          u- et s- a-
om. *C*          48 alterna *Markland*: aet- *Ω*          differor ς: def- *Ω*
  12 turpi nec *Voss*: purior et *Fontein* (*melius* purius)          segni *Heinsius*
turpique exclusa *Heyworth*

Er merito, quoniam potui fugisse puellam,        **xvii**
    nunc ego desertas alloquor alcyonas;
nec mihi Cassiope soluit conuersa carinam,
    omniaque ingrato litore uota cadunt.
quin etiam absenti prosunt tibi, Cynthia, uenti:       5
    aspice quam saeuas increpat aura minas.
nullane placatae ueniet fortuna procellae?
    haecine parua meum funus harena teget?
tu tamen in melius saeuas conuerte querelas:
    sat tibi sit poenae nox et iniqua uada.         10
an poteris siccis mea fata reuoluere ocellis,
    ossaque nulla tuo nostra tenere sinu?
a pereat quicumque rates et uela parauit
    primus et inuito gurgite fecit iter!
nonne fuit leuius dominae peruincere mores       15
    (quamuis dura, tamen rara puella fuit)
quam sic ignotis circumdata litora siluis
    cernere et optatos quaerere Tyndaridas?
illic si qua meum sepelissent fata dolorem,
    ultimus et posito staret amore lapis,         20
illa meo caros donasset funere crines,
    molliter et tenera poneret ossa rosa;
illa meum extremo clamasset puluere nomen
    ut mihi non ullo pondere terra foret.

I xvii 1 *nou. el. indic.* N (*l.m.*), A (*l.m., tit.mg.*), *SKY* (*tit.*), *JWC* (*int.*):
*cont.* T (*tit. postea in mg. addito*)      3 soluit (*iam Madvig*) conuersa
(*uel* resupina) *Heyworth*: solito uisura Ω: solui u- *Barber, quo accepto,
addas* est *post* Cassiope (*Baehrens*) *aut post* carinam (ς): saluo u- *Rich-
mond*: saluam u- *Müller*: solido u- *Kraffert*: lucet ductura *Ayrmann*
5 aduersi *Waardenburgh*     tibi *om.* N *primo*     uenti] flatus *Jeverus*
7 pacatae *Heinsius*     11 reuoluere *Paldamus*: reponere Ω: exponere
*Graevius*: reposcere *Baehrens*: *an* requirere?     16 rara] cara ς
18 quaerere] quaere Γ     19 meum] deum A     sepelissent] peperi-
*A primo*     20 exposito *Graevius*     21 donaret *Guyetus et in* 23
clamaret     22 in *Francius*     sterneret *Giardina 2005 post Camps, ut
uid.*     23 puluere *NATSГMUC*: funere R (*ex* 21): murmure *Hein-
sius*     24 et *Heyworth*: tum *Passerat*

at uos, aequoreae formosa Doride natae,                    25
   candida felici soluite uela choro;
si quando uestras labens Amor attigit undas,
   mansuetis socio parcite litoribus. ⊗


Haec certe deserta loca et taciturna querenti,        **xviii**
   et uacuum Zephyri possidet aura nemus.
hic licet occultos proferre impune dolores,
   si modo sola queant saxa tenere fidem.
unde tuos primum repetam, mea Cynthia, fastus?        5
   quod mihi das flendi, Cynthia, principium?
qui modo felices inter numerabar amantes,
   nunc in amore tuo cogor habere notam.
quid tantum merui? quae te mihi crimina mutant?
   an noua tristitiae causa puella tuae?        10
sic mihi te referas, leuis, ut non altera nostro
   limine formosos intulit ulla pedes.
quamuis multa tibi dolor hic meus aspera debet,
   non ita saeua tamen uenerit ira mea
ut tibi sim merito semper furor, et tua flendo        15
   lumina deiectis turgida sint lacrimis.

26 Noto ⲋ

   I xviii 1 *nou. el. indic.* N (*l.m.*), A (*l.m., tit.mg.*), SKY (*tit.*), *JWC*
(*int.*): *cont.* T (*tit. postea in mg. addito*)        1 tacitura ⲋ
3 proferre *NATΓY*: praef- S: perf- C        7 numerabar inter *tr.* A
9 tandem *Fontein*        quae *NTSΓC*: q̄ (= ?) A: quam Y        crimina ⲋ:
carm- Ω        10 puella] -lae Γ        tuae est ⲋ        11 referas leuis]
seruet deus *Jeverus*        altera] femina *Heyworth*        12 limine] lum-
*KW*        ulla] illa N *a.c.*        15 meritae *Guyetus*        flentis *Waarden-*
*burgh*: per me *Baehrens*        16 deiectis *TΓ*: delec- (= deiec-: *cf. ind.*
*orth.*) N, T *u.l.*, S: delic- S *s.l.*, YC: dilec- A        turgida *Heinsius*: turpia Ω

an quia parua damus mutato signa colore
    et non ulla meo clamat in ore fides?
uos eritis testes, si quos habet arbor amores,
    fagus et Arcadio pinus amica deo.             20
a quotiens tenera resonant mea uerba sub umbra,
    scribitur et uestris Cynthia corticibus!
an tua quod peperit nobis iniuria curas?
    &lt;quae. . . . . . . . . . . . . . . . . . . .&gt;
&lt;. . . . . . . . . . . . . . . . . . . . . . . . . . . . . . .&gt;
    quae solum tacitis cognita sunt foribus.
omnia consueui timidus perferre superbae       25
    iussa, neque arguto facta dolore queri.
pro quo dumosi montes et frigida rupes
    et datur inculto tramite dura quies;
et quodcumque meae possunt narrare querelae
    cogor ad argutas dicere solus aues.        30
sed qualiscumque es, resonent mihi 'Cynthia' siluae
    nec deserta tuo nomine saxa uacent. ⊗

17 rara *Burman*: parca *Bosscha*: pauca *nescioquis*    colore *N, A p.c., T, S s.l., ΓYC*: cal- *A primo, T u.l., S*    18 non ulla *AR*: n- nu-*NTΓMUC*    19 arbor *NSΓYC*: ardor *AST*    20 amica] amata *T, fort. recte*    21 tenera . . . umbra *Hall\**: -as . . . -as *Ω*: uestra . . . umbra *Liberman 2002*    mea] me *A*    21–2 uestras . . . | . . . teneris *tr. Koppiers*    22 uestris *NTYC*: nos- *ASΓ*    23 nam *Heinsius*: a ς: at *Lipsius*    quot ς    curas] dura ς    *post* 23 *lacunam Heyworth*    24 haec *Carutti*    sit *Passerat*    foliis *Baehrens*    25 consueui] -ent *Y*    26 fata *Heinsius*: furta *Smyth*    27 dumosi (*uel* continui: cliuosi *Lachmann*) montes *Heinsius*: diuini fontes *Ω*    28 quies] silex *Liberman 2002*    29 iterare *Heinsius*    31 resonent] -ant *A*    mihi] te *Guyetus*    32 uacent] ia- *N primo*

Non ego nunc tristes uereor, mea Cynthia, manes,   **xix**
   nec moror extremo debita fata rogo;
sed ne forte tuo careat mihi funus amore:
   hic timor est ipsis durior exsequiis.
non adeo leuiter nostris Puer haesit ocellis          5
   ut meus oblito puluis amore uacet.
illic Phylacides iucundae coniugis heros
   non potuit caecis immemor esse locis;
sed cupidus falsis attingere gaudia palmis
   Thessalus antiquam uenerat umbra domum.          10
illic quicquid ero semper tua dicar imago:
   traicit et fati litora magnus amor.
illic formosae ueniant chorus heroinae
   quas dedit Argiuis Dardana praeda uiris.
harum nulla tua fuerit mihi, Cynthia, forma          15
   gratior, et (Tellus hoc ita iusta sinat)
quamuis te longae remorentur fata senectae,
   cara tamen lacrimis ossa futura meis.
quae tu uiua mea possis sentire fauilla!
   tum mihi non ullo mors sit amara loco.          20
quam uereor ne te contempto, Cynthia, busto,
   abstrahat a nostro puluere iniquus Amor,

---

I xix 1 *nou. el. indic. N (l.m.), A (l.m., tit.mg.), TSKY (tit.), JWC (int.)*
1 nunc] non *N primo*      tristes] -tos *N primo*      5 nostris ς: -ter *Ω*
6 obliti *Heyworth*      7 olim et *Jacobs*: sic et *Ast*      9 sua tangere
*Broukhusius*      10 Thessalis ς      11–12 *post* 6 *Suringar*
12 *fort*. limina      13 formosus *Housman*      15 harum *Francius*:
qua- *Ω*      17 te longae *T s.l., SΓR (et sic iam FP)*: l- te *NATMUC*:
longaeuae ς      18 cara *NAΓYC, T p.c.* (car *in ras.*): cura *S, fort. recte*:
uda *Liberman 2002: an* causa?      usque *Ayrmann*      cana ... causa
*Heinsius*      tuis *Scaliger*      19 quas *Waardenburgh*: quod *Hall**
tu] si *Hoeufft, Waardenburgh*      uiua] mixta *Otto*      quas tu, uita (*Auratus*), tua p- lenire (*Wassenbergh*) f- *Heyworth*      20 tum] tu *N a.c.*
22 abstrahat a *R*: a- e *NTSΓMUC*: -rat/e *A (fort. ex* -acte; *altera rasura
supra* e): abstrahat et *Rossberg*: a- heu *Hertzberg*

cogat et inuitam lacrimas siccare cadentes:
   flectitur assiduis certa puella minis.
quare, dum licet, inter nos laetemur amantes:       25
   non satis est ullo tempore longus amor. ⊗


Hoc pro continuo te, Galle, monemus amore       **xx**
   (quod tibi ne uacuo defluat ex animo):
saepe imprudenti fortuna occurrit amanti
   crudelis, Minyis durus ut Ascanius.
est tibi non infra specie, non nomine dispar,       5
   Theiodamanteo proximus ardor Hylae.
hunc tu siue leges Vmbrae sacra flumina siluae,
   siue Aniena tuos tinxerit unda pedes,
siue Gigantei spatiabere litoris ora,
   siue ubicumque uago fluminis hospitio,       10
nympharum semper cupida defende rapina
   (non minor Ausoniis est amor Adryasin),

24 recta *Burman*: uicta *Francius*    uiris *Kraffert*    assidua . . . prece
*Guyetus*    25 interea *Schneidewin*: in terris *Rossberg*    26 satur
. . . laetus *Guyetus*

I xx 1 *nou. el. indic. N* (*l.m.*), *A* (*l.m., tit.mg.*), *TSKY* (*tit.*), *JWC* (*int.*)
1 hoc *NΛ*: nec *A* (*unde* haec *Colucius*)    2 quod *Heyworth*: id *Ω*: hoc
*Guyetus*    3 occurrit] currit *A*    fortunam occurrere *Heinsius*
4 durus ut *Butrica 1984*: dixerat *AΛ*: dixerit *N, T u.l.*: sic erat *Baehrens*:
trux erat *Housman:* fluxerat *Liberman 2002*    5 impar *Baehrens*
specie *ς*: -iem *Ω*    6 Theiodamanteo *Butler* (Thio- *iam ς*): theod- *C*:
therod- *NTSJWY*: thedor- *A*: thedrod- *K* (d¹ *del.*)    7 huic *Auratus*
siue] sine *Y*    Vmbrae sacra *Hoeufft*: umbrosae *Ω*: Vmbrae rate *Rich-*
*mond*    Silae *Scaliger*    9 Gigantei *ς*: -ea *Ω*    11 cupida . . .
rapina *ς*: -as . . . -as *Ω*: -is . . . -is *ς*    12 Adryasin *Struve*: -acis *Ω*:
Hydriasin *Lachmann*: in Dryasin *ς*    ardor Hamadryasin *Burman*

ne tibi sit duros montes et frigida saxa,
   Galle, neque expertos semper adire lacus.
quae miser ignotis error perpessus in oris          15
   Herculis indomito fleuerat Ascanio.
namque ferunt olim Pagasae naualibus Argo
   egressam longe Phasidos isse uiam,
et iam praeteritis labentem Athamantidos undis
   Mysorum scopulis applicuisse ratem.          20
hic manus heroum, placidis ut constitit oris,
   mollia composita litora fronde tegit.
at comes inuicti iuuenis processerat ultra
   raram sepositi quaerere fontis aquam.
hunc duo sectati fratres, Aquilonia proles;       25
   nunc superat Zetes, nunc superat Calais;
oscula suspensis instabant carpere plantis,
   oscula et alterna ferre supina fuga:
ille sed extrema pendentes ludit in ala
   et uolucres ramo submouet insidias.         30
iam Pandioniae cessit genus Orithyiae:
   a dolor! unus Hylas ibat Hamadryasin.

---

13 sit duros ς: sint duri *NATSΓC*: sit durum *T u.l., Y*     frigida]
turbida *A*     14 experto *Livineius*     15 miseri *Heinsius*     ardor
*Fontein*     16 indomiti *Heinsius*: immiti *Francken*     17 ferunt]
fertur *Y*     Argo ς: -on *Ω*     18 egressum *Heinsius*     longe *N p.c.,*
*AΛ*: longo *N a.c.*: Colchi *Heinsius*     isse *NATSΓ*: ipse *Y*: esse *C*
19 labentem] -te *Γ*     22 tegit] r- *Γ*     24 sacram *Rutgers*
*fort. recte (cf. Ap.* Arg. *1.1208*): puram *Fontein*     fontis] fr- *N*
25 sectati] sept- *MU*     26 nunc superat *bis Rossberg* (super est
*Otto*): hunc super et *bis Ω*     27 carpere] corpore *N primo*     plantis
ς: palmis *Ω*: plumis ς: pennis *Guyetus*     29 sed extrema (*uel* extenta)
pendentes ludit in *Heinsius*: sub e- pendens secluditur *Ω*     ala] ali
*A*     ille sub expansa prudens se condidit alno *Liberman 2002*
30 uolucrum *Graevius*     31 cessit ς: -et *NATSΓY*: -at *C*
32 *uers. om. S spat. rel.*     unus Hylas ibat *Heyworth*: hylas ibat ibat *Y*:
ibat h- i- *NAT, S p.c., ΓC*: i- H- solus *Richmond 1974*     Hamadryasin
*Turnebus*: amadrias hinc *Ω*: Ephydriasin *uel* Enh- *Baehrens*: amor
Dryasin *Rutgers*

fons erat Arganthi Pegae sub uertice montis,
    grata domus nymphis umida Thyniasin,
quem supra nulli pendebant debita curae                    35
    roscida desertis poma sub arboribus;
et circum irriguo surgebant lilia prato
    candida purpureis mixta papaueribus.
quae modo decerpens tenero pueriliter ungui
    proposito florem praetulit officio;                    40
et modo formosis incumbens nescius undis
    errorem blandis tardat imaginibus.
tandem haurire parat demissis flumina palmis,
    innixus dextro plena trahens umero.
cuius ut accensae Dryades candore puellae,                  45
    miratae solitos destituere choros,
prolapsum et leuiter facili traxere liquore;
    tum sonitum rapto corpore fecit Hylas.
cui procul Alcides ter 'Hyla' respondet; at illi
    nomen ab extremis montibus aura refert.               50
his, o Galle, tuos monitus seruabis amores,
    <. . . . . . . . . . . . . . . . . . . . . . . . . . .>
    <. . . . . . . . . . . . . . . . . . . . . . . . . . .>
formosum nymphis credere rursus Hylan. ⊗

33–5 fons . . . quem *Heyworth*: hic . . . quam *Ω*    33 Pegae *Scaliger (cf. Ap.* Arg. *1.1222)*: -e *Ω*    35 supra] super *S*    nulli *ς*: -ae *NTƷWY*: mille *A ut uid., SKC*    37 lilia] ilia *AC*    40 flores *Guyetus*    42 imaginibus *NATSΓ*: magi- *C*: ungui- *Y (ex* 39) 43 flumina] -e *A*    palmis] in urnis *Heinsius*: uasis *Heyworth* demersis . . . testis *Liberman 2002*    44 nixus et (cernuus *Liberman 2002*) exerto *Heinsius*    totus uersus suspicione dignus    45 huius at *Heinsius*    46 mirando *Liberman 2002*    47 prolapsum et *Heinsius*: p- *Ω*    labore *Giardina 1988*    48 tum] cum *S* gemitum *Havet*    comitem . . . ciuit *Sandstroem*    49 ter 'Hyla' respondet at *Fontein*: iterat responsa sed *Ω*    50 montibus *Heinsius*: f- *Ω*    *lac. post* 51 *Heyworth*    52 ni uis perdere *Palmer* rursus *ς*: uisus *Ω*: stultus *Paldamus*: *alii alia*

Tv, qui consortem properas euadere casum,    **xxi**
   miles ab Etruscis saucius aggeribus,
quid nostro gemitu turgentia lumina torques?
   pars ego sum uestrae proxima militiae.
sic te seruato possint gaudere parentes:    5
   me soror Acca tuis sentiat e lacrimis
Gallum per medios ereptum Caesaris enses
   effugere ignotas non potuisse manus;
et, quaecumque super dispersa inuenerit ossa
   montibus Etruscis, haec sciat esse mea. ⊗    10

                                                    **xxii**
Qvalis et unde genus, qui sint mihi, Tulle, Penates,
   quaeris pro nostra semper amicitia.
si Perusina tibi patriae sunt nota sepulcra,
   Italiae duris funera temporibus,
cum Romana suos egit discordia ciues,    5
   (sed mihi praecipue, puluis Etrusca, dolor:
tu proiecta mei perpessa es membra propinqui,
   tu nullo miseri contegis ossa solo):
proxima suppositos contingens Vmbria campos
   me genuit terris fertilis uberibus. ⊗    10

    I xxi 1 *nou. el. indic.* N (*l.m.*), A *p.c.*, T *p.c.* (*nota mg.*), Y (*tit.*), SC (*int.*): *priori cont.* *ATΓ*    3 quin *Onions*: huc *Heinsius*: qui ς 4 nostrae ς    5 seruato ς: s- ut Ω    6 me *la Penna 1952*: ne Ω: ut *Passerat*: haec ς: at *Birt*    Acca *Scaliger*: acta Ω    tuis] r- *A*    ut . . . sentiet *Kühlewein*    7 Gallum *suspectum*    elapsum *Markland*
    I xxii 1 *nou. el. indic.* A (*l.m.*, *tit.mg.*), TSKY (*tit.*), *JC* (*int.*): *priori cont.* *NW*    5 Romana] -n/ (*scil.* -ne) Y    fregit *Burman*    6 sed *Palmer*: sit Ω: sic ς: tu ς: es *Giardina 2005*    *fort.* praecipue es 7 tu] et *A*    8 et ς    9 suppositos . . . campos *Postgate*: -to . . . -po Ω    10 fertilis] ferulis *A*

# LIBER II

QVAERITIS unde mihi totiens scribantur amores,　　**i**
　　unde meus ueniat mollis in ora liber.
non haec Calliope, non haec mihi cantat Apollo:
　　ingenium nobis ipsa puella facit.
siue illam Cois fulgentem incedere cerno,　　5
　　totum de Coa ueste uolumen erit;
seu uidi ad frontem sparsos errare capillos,
　　gaudet laudatis ire superba comis;
siue lyrae carmen digitis percussit eburnis,
　　miramur faciles ut premat arte manus;　　10
seu cum poscentes somnum declinat ocellos,
　　inuenio causas mille poeta nouas;
seu nuda erepto mecum luctatur amictu,
　　tum uero longas condimus Iliadas;
seu quicquid fecit, siue est quodcumque locuta,　　15
　　maxima de nihilo nascitur historia.
quod mihi si tantum, Maecenas, fata dedissent,
　　ut possem heroas ducere in arma manus,
non ego Titanas canerem, non Ossan Olympo
　　impositam ut caeli Pelion esset iter,　　20

---

*librum nouum indic. ATSKWY (tit.), JC (int.): nou. el. N (l.m.)*
2 *citat Caesius Bassus* (GLK 6.264.10)　　　　　ora] ore *N primo*
3 haec *bis ASY*: ħ (= haec *uel* hoc) *bis NTΓ*: hoc *bis C*　　5 cerno *Leo*
(*qui etiam* uideo . . . Cois): cogis *NATJWMUC*: togis *SKR*: uidi ⟅: iuuit
*Barber*: textis *Markland*　　tunicis . . . Cois *Heinsius*　　6 totum de ⟅:
hoc totum e *Ω*　　7 uidi] mihi *N (corr. s.l.)*　　9 lyra *Ayrmann*
lyra . . . eburna *uel* stamen . . . eburnae *Heinsius*　　percurrit *Dousa f.*
10 regat *Struchtmeyer*　　11 iam *Baehrens*　　compescentes *Leo*
somnus ⟅　　14 tum] tunc *A*　　15–16 *del. Gruppe*: 16 habet
*Flor.1*　　19 ossan] tytan *A (n.b.* Titanas)　　20 caelo ⟅

34

nec ueteres Thebas, nec Pergama nomen Homeri,
　　Xerxis et imperio bina coisse uada,
regnaue prima Remi aut animos Carthaginis altae
　　Cimbrorumque minas et benefacta Mari:
bellaque resque tui memorarem Caesaris, et tu　　　25
　　Caesare sub magno cura secunda fores.
nam quotiens Mutinam aut, ciuilia busta, Philippos
　　aut canerem Siculae classica bella fugae,
euersosque focos antiquae gentis Etruscae,
　　et Ptolemaeei litora capta Phari,　　　30
aut canerem Aegyptum et Nilum, cum tractus in urbem
　　septem captiuis debilis ibat aquis,
et regum auratis circumdata colla catenis,
　　Actiaque in Sacra currere rostra Via,
te mea Musa illis semper contexeret armis,　　　35
　　et sumpta et posita pace fidele caput.　　　36
sed neque Phlegraeos Iouis Enceladique tumultus　　　39
　　intonat angusto pectore Callimachus,　　　40
nec mea conueniunt duro praecordia uersu
　　Caesaris in Phrygios condere nomen auos.
nauita de uentis, de tauris narrat arator;
　　enumerat miles uulnera, pastor oues;
nos contra angusto uersamus proelia lecto:　　　45
　　qua pote quisque, in ea conterat arte diem.

---

21 nec[1]] non *A*　　　23 prisca *Giardina 1977*　　arces *Burman*
24 que] ue *Hemsterhusius*　　minas] manus *A primo*　　25 res] te *C*
28 uela ς　　29 que] ue *Lachmann*　　30 aut *Schrader*
Ptolemaeeae ς　　31 et *Schrader*　　Aegyptum ς: cyptum *NAT*
*SJKR, U a.c.* (*ut uid.*): cyprum *WMC*　　tractus *Λ*: att- *NA*: atratus
*Palmer, Baehrens*　　33 et *Lachmann*: aut *Ω*　　auratis] aurat *A*
34 surgere *Struve*　　35 te] et *T*　　contexeret ς: -rit *NASΓYC*: -ris
*T*　　*post* 36 *lacunam Jacob, post* 38 *Vulpius*　　37–8 *del. Fontein*:
*transp. Burman, alii*　　40 intonat ς: -et *Ω*　　41 conueniunt *NΛ*:
praeu- *A a.c.* (*n.b.* praecordia): conueniant *Heinsius*　　42 numen
*Broukhusius*　　43–4 *habet Flor.1*　　44 enumerat] et n- *N*
45 contra] grata *Sandstroem*　　uersamus ς: -antes *Ω*　　46 ea] eo *Γ*
conterit *Gataker*　　arte] arce *TY*

laus in amore mori; laus altera si datur uno
    posse frui: fruar o semper amore meo,             48
seu mihi sunt tangenda nouercae pocula Thesei,     51
    pocula priuigno non nocitura suo,
seu mihi Circaeo pereundum est gramine, siue
    Colchis Iolciacis urat aëna focis.
una meos quoniam praedata est femina sensus,     55
    ex hac ducentur funera nostra domo:
omnes humanos sanat medicina dolores;
    solus Amor morbi non habet artificem.
tarda Philoctetae sanauit crura Machaon,
    Phoenicis Chiron lumina Phillyrides;         60
et deus extinctum Cressis Epidaurius herbis
    restituit patriis Androgeona focis;
Mysus et Haemonia iuuenis qua cuspide uulnus
    senserat, hac ipsa cuspide sensit opem.
hoc si quis uitium poterit mihi demere, solus     65
    Tantaleae poterit tradere poma manu.
dolia uirgineis idem ille repleuerit urnis,
    ne tenera assidua colla grauentur aqua;
idem Caucasia soluet de rupe Promethei
    bracchia et a medio pectore pellet auem.     70
quandocumque igitur uitam me Fata reposcent,
    et breue in exiguo marmore nomen ero,

---

*a* 47 *nou. el. Ballheimer*      47 uno *N, A p.c., Λ*: uni *A a.c.*: una ç
48 semper *Heyworth*: solus *Ω*: saluus *Kraffert*     49–50 *del. Carutti*:
51–4 *del. Struve*     51 Thesei *Burman*: Phaedrae *Ω*     52 non]
uel *Camps*     53 carmine *Burman*     54 Iolciacis *Scaliger*: co- *Ω*
(*n.b.* Colchis)     56 hoc ... toro *Struve*     58 *exhibet Flor.1*
habet *Flor.1*: amat *Ω*     59 crura *N p.c., ATSƷKYC*: cura *N primo, W*
61–2 *aut post* 64 *transferendos aut delendos duxit Butrica, ICS 1996*
61 et] e *A*     62 patriis] -ruis *A*     63 Haemonii ... qui
*Heinsius*     iuuenis] uiuens *A*     63 *desinit A*; II i 64 *usque ad* II xxi 2
*Ω = N, Π* (= *FP*(*BQ*)), *Λ* (= *TS, Γ* (= *ƷKW*), *Y* (= *MUR*), *C*)
65 hoc] hos *Y*     66 Tantaleae ç: -a *Ω*     67 ille *T ras.* (*ut uid.*)
umbris *Baehrens*     70 bracchia] -chide *ΠΓ*     medio] Tityi *Hey-
worth*     71 me ç: mea *NPBQΛ*: meam *F*

Maecenas, nostrae spes inuidiosa iuuentae,
  et uitae et morti gloria iusta meae,
si te forte meo ducet uia proxima busto,        75
  esseda caelatis siste Britanna iugis,
taliaque illacrimans mutae iace uerba fauillae:
  'Huic misero fatum dura puella fuit.' ⊗

[Theseus infernis, superis testatur Achilles,     37
  hic Ixioniden, ille Menoetiaden.]           38

[si memini, solet illa leues culpare puellas,     49
  et totam ex Helena non probat Iliada.]       50


LIBER eram et uacuo meditabar uiuere lecto,      **ii**
  at me composita pace fefellit Amor.

       \*     \*     \*

cur haec in terris facies humana moratur?
  Iuppiter, ignosco pristina furta tibi.
fulua coma est longaeque manus; it maxima toto     5
  corpore, ut incedit uel Ioue digna soror,
aut ut Munychias Pallas spatiatur ad aras,
  Gorgonis anguiferae pectus operta comis,        8

---

   73 pars ς        74 iuncta *Guyetus*       75 uia *om.*   *FP*
76 esseda] -di *Y*      77 mutae] mitte *Γ*      78 *nou. el. indic. N (l. m.)*
  50 probat] -a *Y*
  II ii 1 *nou. el. indic. FPBTSKY (tit.), QꝘWC (int.): cont. N (sed cf. ad* i
78)       1–2 *a* 3 *et seq. separauit Scaliger*      3 diuina ς, *fort. recte*
4 ignosco *N s.l. m.alt.*, *P u.l. mg.*: ignoro *Ω*: agnosco *Heinsius*: i narra
*Alton*     furta] fata *N*     tibi *Heinsius*: tua *Ω*      5 it *Heyworth*: et *Ω*
6 ut *ed. Gryphiana*: et *NΛ*: que *Π*     uel] ceu *Heinsius*      Iouis alma
(ipsa *Enk*) *Baehrens*     dignus amor *Lachmann*      7 aut] ut ς    ut
*Heyworth*: cum *Ω*: ceu *Baehrens*     Munychias ς: dulichias *Ω*      *post*
8 *lac. Housman* (*e.g.* aut patrio qualis posuit uestigia ponto,| mille Venus
teneris cincta Cupidinibus)

&lt;aut ut. . . . . . . . . . . . . . . . . . . . . . . .&gt;
    &lt;. . . . . . . . . . . . . . . . . . . . . . . .&gt;
cedite iam, diuae quas pastor uiderat olim          13
    Idaeis tunicas ponere uerticibus.
hanc utinam faciem nolit mutare senectus,           15
    etsi Cumaeae saecula uatis aget. ⊗

. . . qualis et Ischomache, Lapithae genus, heroine,
    Centauris medio grata rapina mero.              10

. . . Mercurio sacris fertur Boebeidos undis
    virgineum Brimo composuisse latus.              12


Qvɪ nullam tibi dicebas iam posse nocere,           **iii**
    haesisti; cecidit spiritus ille tuus.
uix unum potes, infelix, requiescere mensem,
    et turpis de te iam liber alter erit.
quaerebam sicca si posset piscis harena,             5
    nec solitus ponto uiuere toruus aper,
aut ego si possem studiis uigilare seueris:
    differtur, numquam tollitur ullus amor.
nec me tam facies, quamuis sit candida, cepit
    (lilia non domina sunt magis alba mea),         10

---

9–12 *alienos uidit Housman, ante* II xxix 29 *tr. Richardson 1976*
13 iam *T p.c., R: om. C, spat. rel.*: etiam *NΠTSΓMU*        16 uatis] n-
*Π*    aget] agat *ς, U*
    9 Hippodame *Heyworth*    Lapithum *ς*
    11 *post* Mercurio *add.* que *ς*: et *ς*: aut *Carutti*        sacris *ς*: satis
*NFBQΛ*: qualis *P*: sanctis *ς*: Sais *ς*: Ossaeis *Burman*    qualis et Ossaeae
*Murgia 2000*        12 Brimo *Turnebus*: primo *Ω*
    II iii    1 *nou. el. indic. N (l.m.), FPBTSKWY (tit.), QJC (int.)*
1 nullam *Heinsius*: -um *Ω*        3 requiescere] cognoscere *Π*
5 quaerebar *uel* -bas *Hendry 1990*        6 nec solitus *susp.*
8 numquam] nuquam *N*        9 quamuis] quauis *N*        10 sunt *T*:
sint *NΠSΓYC*        11–12 *seclusit Heyworth*: *tr. post* 16 *Housman*

nec de more comae per leuia colla fluentes,　　　　13
　　non oculi, geminae, sidera nostra, faces,
nec si quando Arabo lucet bombyce papilla　　　　15
　　(non sum de nihilo blandus amator ego),
quantum quod posito formose saltat Iaccho
　　egit ut euhantes dux Ariadna choros,
et quantum Aeolio cum temptat carmina plectro
　　par Aganippaeae ludere docta lyrae,　　　　20
et sua cum antiquae committit scripta Corinnae
　　carminaque Erinnae non putat aequa suis.
nam tibi nascenti primis, mea uita, diebus
　　candidus argutum sternuit omen Amor.
haec tibi contulerunt caelestia munera diui,　　　　25
　　haec tibi ne matrem forte dedisse putes.
non non humani partus sunt talia dona;
　　ista decem menses non peperere bona.
gloria Romanis una es tu nata puellis;
　　Romana accumbes prima puella Ioui.　　　　30
nec semper nobiscum humana cubilia uises:
　　post Helenam haec terris forma secunda redit.

13 leuia] lenia *PC*　　　14 geminae *NΠSΓC*: gemmae *T primo, ut uid.*: geminaeque *Y*　　　15 quando Arabo *Garrod* (quando Araba *iam* ς): qua Arabio *Ω*　　papilla *Dorvillius*: puella *Ω*　　　17 cum *Lachmann* saltat] iactat *Π* (*cf.* Iaccho)　　　18 euhantes *NTSΓC*: euf- *P(E)*: enfautes *F*: cubantes *Y*　　　19 Aonio *Müller*　　　quod *Guyetus* temptat] -ant *T*　　　20 *addas* est *post* Aganippaeae *uel* lyrae 22 Erinnae ς (-es ς): lyrines (*scil. ex λυρικῆς*) *T mg., S mg., YC*: quiuis *NΠTSΓ*　　　23 nam *Q*: num *ΠΛ*: non *N(E)*　　　24 *citat Macrobius* (GLK *5.626.15*)　　　24 candidus *apud Macrobium*: ardi- *NΠY*: ardri- *Γ*: ari- *TS*: ar..... *C*　　augustae *apud Macrobium*　　　25–32 *del. Butrica 1997*　　　25 et *Heyworth*　　tibi *om. N*: haec *Palmer* contulerunt ς: -erint *Ω*　　　26 haec tibi] Cynthia *Guyetus*　　haec ... ne] nec ... me *Π*　　　27 nam non *Heyworth*　　sunt partus *tr. Π* 29 es tu nata *NTSΓY*: es limata *Π*: est innata *C*　　　29 *cum* 31 *commutat Lachmann,* 30 *cum* 32 *Sterke*　　　30 accumbes ς: -ens *Ω* 32 *uersus nondum explicatus*　　uenit *Guyetus*

hac ego nunc mirer si flagrat nostra iuuentus?
　　pulchrius hac fuerat, Troia, perire tibi.
olim mirabar quod tanti ad Pergama belli          35
　　Europae atque Asiae causa puella fuit.
nunc, Pari, tu sapiens et tu, Menelae, fuisti,
　　tu quia poscebas, tu quia lentus eras.
digna quidem facies pro qua uel obiret Achilles;
　　uel Priamo belli causa probanda fuit.          40
si quis uult fama tabulas anteire uetustas,
　　hic dominam exemplo ponat in arte meam:
siue illam Hesperiis siue illam ostendet Eois,
　　uret et Eoos, uret et Hesperios. ⊗


[ut Maeotica nix minio si certet Hibero,
　　utque rosae puro lacte natant folia]          12


. . . his saltem tenear iam finibus! ei mihi, si quis          45
　　acrius, ut moriar, uenerit alter amor!


. . . ac ueluti primo taurus detrectat aratra,          47
　　post uenit assueto mollis ad arua iugo,
sic primo iuuenes trepidant in amore feroces,
　　dehinc domiti faciles aequa et iniqua ferunt.          50

　　33 nunc] non *N primo*　　flagrat *ς*: -et *Ω*　　　35 cur *ς*　　　tanti
*om. T primo*　　　　　37 fuistis *Heinsius*　　　40 Priamo *N primo*:
priamus *N p.c., ΠΛ*　　foret *ς*　　42 dominam] -um *N primo*　　arte
*ς*: ante *Ω*　　45–54 *separauit ed. Lemaire*
　　11 ut] et *Π*　　si certet] uioletur *uel* tingatur *Heyworth*　　12 natant
*N s.l., FBQTSΓMUC*: notant *R a.c.*: natent *NP*
　　45 saltem *Heyworth*: s- ut *Ω*: s- aut *Tyrrell*　　iam *om. T primo*
finibus] fun- *S primo*　　ei *Lachmann*: aut *Ω*　　46 acrior *ς*　　uenerit
a- a- acrius ut m- *sic transp. Scaliger*　　　post 46 *lac. ed. Lemaire*
　　47 ac *N, T ex corr., YC*: at *Π*: hac *T primo, SΓ*　　detrectat] -et *F(E)K*
49–50 *damn. Markland*　　　49 turbant *uel* strepitant *Markland*
50 faciles *Günther 1997*: post haec *Ω*: fortes *van Eldik*　　post 50 *lac.
Shackleton Bailey*

... turpia perpessus uates est uincla Melampus,
    cognitus Iphicli surripuisse boues,
  quem non lucra, magis Pero formosa coegit,
    mox Amythaonia nupta futura domo.        54

... multa prius dominae delicta queraris oportet,   **iv**
    saepe roges aliquid, saepe repulsus eas,
  et saepe immeritos corrumpas dentibus ungues
    et crepitum dubio suscitet ira pede.

... nequiquam perfusa meis unguenta capillis,    5
    ibat et expenso planta morata gradu.

... non hic herba ualet, non hic nocturna Cytaeis,
    non Perimedaea gramina cocta manu.
  quippe ubi nec causas nec apertos cernimus ictus,
    unde tamen ueniant tot mala, caeca uia est.    10
  non eget hic medicis, non lectis mollibus aeger;
    huic nullum caeli tempus et aura nocet.
  ambulat — et subito comitantur funus amici:
    sic est incautum, quicquid habetur amor.
  nam cui non ego sum fallaci praemia uati?    15
    quae mea non decies somnia uersat anus?

51 Melampus *P ras., QΓ*: nyl- *NTSYC(B)*: uil- *F*      *post* 54 *lac.*
*Carutti*
   II iv 1 *nou. el. indic. N (l.m.), FPBTSKY (tit.), QℑWC (int.)*
4 et . . . ira] dum . . . illa *Heyworth dubitanter*     crepitum *NT, S p.c.,*
*ΓYC(BQ)*: -tura *F*: -dum *S a.c.*: strepitum *P*
   5–6 *alienos cens. Housman, del. Carutti*     5 tuis *Damon & Helm-*
*bold 1952*     6 ibit ς
   *post* 6 *lac. Heimreich*     8 Perimedaea . . . manu ς: per Medeae . . .
manus *Ω*: Perimedaeae . . . manu ς    pocula *Pius f.*    secta ς: carpta
*Hosius*: lecta *Burman*: trita *Heinsius*    9–10 *cum* 15–16 *commut.*
*Postgate, post* 14 *Enk; an spurii sunt?*    13 comitantur *Giardina*
*1977*: mira- *NPBΛ*: mura- *F*: miratur *Q*: miramur *Heinsius*
14 incautus ς     15–16 *post* 4 *Otto, post* 8 *Birt*

... hostis si quis erit nobis, amet ille puellas;
    gaudeat in puero, si quis amicus erit.
tranquillo tuta descendis flumine cumba:
    quid tibi tam parui limitis unda nocet?       20
alter saepe uno mutat praecordia uerbo;
    altera uix ipso sanguine mollis erit.


Hoc uerum est tota te ferri, Cynthia, Roma     **v**
    et non ignota uiuere nequitia?
hoc merui spectare? dabis mihi, perfida, poenas,
    et nobis alio, Cynthia, uentus erit.
inueniam tandem e multis fallacibus unam     5
    quae fieri nostro carmine nota uelit,
nec mihi tam duris insultet moribus, et te
    uellicet: heu sero flebis amata diu.
nunc est ira recens, nunc est discedere tempus:
    si dolor afuerit, crede, redibit amor.     10
non ita Carpathiae uariant Aquilonibus undae,
    nec dubio nubes uertitur atra Noto,
quam facile irati uerbo mutantur amantes;
    dum licet, iniusto subtrahe colla iugo.
nec tu non aliquid, sed prima nocte, dolebis:     15
    omne in amore malum, si patiare, leue est.

17–22 *fragmentum censuit Heyworth*        17 ille] ipse *FB*
puellam ϛ    19 flumine] -na *TK*    20 limitis *Palmer*: litoris *Ω*:
gurgitis *Giardina 1977*    21 altera ϛ    22 altera] alter *S*
sparso *Heinsius*: fuso ϛ    mitis *Markland*    erit] eris *T primo*

II v 1 *nou. el. indic. TSKWY (tit.), JC (int.), N m.rec., PB (mg.): priori
cont. NΠ*    1 Num *Heinsius*    3 hoc *FPW*: haec
*NTSJKYC(BQ)*    spectare *Heyworth*: sperare *Ω*    mihi ϛ: mi *Ω*
4 alio *Burman*: aquilo *Ω*: aliquo *Bosscha*    *legere possis* nobis Archilochi
(*Jacobs*, et *om.*) ... uersus (*Markland*)    5 inueni *Hartman*
tandem *Burman*: tamen *Ω*    7 nec] haec *FB(E)*    9–10 = CIL
4.4491 (*inscr. Pomp.*), *uersibus nunc truncatis*    12 subito *Heyworth*
uerritur *Passerat*    acta ϛ    13 facile] -li *PBQ*    mutamur *Ouden-
dorp*    15–16 *del. Damon & Helmbold;* 16 *habet Flor.1*

at tu per dominae Iunonis dulcia iura
   parce tuis animis, uita, nocere mihi:
non solum taurus ferit uncis cornibus hostem,
   uerum etiam instanti laesa repugnat ouis.      20
nec tibi periuro scindam de corpore uestes,
   nec mea praeclusas fregerit ira fores,
nec tibi conexos iratus carpere crines,
   nec duris ausim laedere pollicibus.
rusticus haec aliquis tam turpia proelia quaerat,    25
   cuius non hederae circuiere caput.
scribam igitur quod non umquam tua deleat aetas:
   'Cynthia forma potens; Cynthia uerna leuis.'
crede mihi, quamuis contemnas murmura famae,
   hic tibi pallori, Cynthia, uersus erit. ⊗      30

NON ita complebant Ephyraeae Laidos aedes,    **vi**
   ad cuius iacuit Graecia tota fores;
turba Menandreae fuerat nec Thaidos olim
   tanta, in qua populus lusit Ericthonius;
nec quae deiectas potuit componere Thebas,     5
   Phryne tam multis facta beata uiris.

17 sacra *Heinsius: an* uincla?     18 armis *Markland*   uita *N, P mg., TSYC(B):* ita *ΠΓ*   mihi *Heyworth:* tibi *Ω*   21 periuro] -rae *PQ*   uestem *ς*   *ante* 27 *lac. Richmond*   27 non umquam *ΠTSΓY:* num- *N (corr. m.rec.):* non num- *C(B)*   nulla umquam deleue-rit *Heinsius:* non ulla umq- deleat *Rothstein*   tua] tibi *Leo*   deleat] dol- *N primo*   aetas deleat ulla *Liberman 1992*   28 uerna *Peiper:* uerba *Ω:* lingua *Richards*   29 contemnis *Broukhusius*

II vi 1 *nou. el. indic. FPBTSKY (tit.), QJWC (int.), m.rec. in N (nota mg.): cont. N*   4 risit *ς*   5 delectas *NFB(E)TSMUC* (= deiectas, *quod recte coniecit Gebhard):* deletas *N p.c. (m.rec.), PQΓ, U p.c., R*   6 Phryne tam *ς:* phyrne t- *NTSRC(B):* phyrnetam *MU:* phyrneram *JK:* per hyneram *W:* phymeram *FP:* phimera in *Q*   *post* 6 *lac. Burman*

quin etiam falsos fingis tibi saepe propinquos,
    oscula ne desint qui tibi iure ferant.
me iuuenum pictae facies, me nomina laedunt,
    me tener in cunis et sine uoce puer.                10
me laedet si multa tibi dabit oscula mater,
    me soror et quando dormit amica simul.
omnia me laedunt: timidus sum (ignosce timori)
    et miser in tunica suspicor esse uirum.
<. . . . . . . . . . . . . . . . . . . . . . . . . . . . . . . >
    <. . . . . . . . . . . . . . . . . . . . . . . . . >

his olim, ut fama est, uitiis ad proelia uentum est,    15
    his Troiana uides funera principiis;
aspera Centauros eadem dementia iussit
    frangere in aduersum pocula Pirithoum.
cur exempla petam Graium? tu criminis auctor,
    nutritus duro, Romule, lacte lupae.              20
tu rapere intactas docuisti impune Sabinas;
    per te nunc Romae quidlibet audet Amor.      22
templa Pudicitiae quid opus statuisse puellis,      25
    si cuiuis nuptae quolibet ire licet?           26
felix Admeti coniunx et lectus Vlixis          23
    et quaecumque uiri femina limen amat.    24

8 ne desint *ci. Colucius, PQ*: ue desunt *F*: nec desunt *NΛ(B)*    iure *N*,
*ci. Colucius, P*: iura *FBQΛ*: cara *Heinsius*    ferant] -unt *T*    9 facies
pictae *tr. Π*    munera *Luck 1996*    11 laedet] -es *F, P primo, ut uid.*
si multa] simulata *TWC*    12 quando *Alton*: cum qua *Ω*: cum quae *ϛ*
dormit] -is *FP*: dormitet *R*    13 laedunt *P*: -ent *NFBQTSƷKC*:
-ant *WY*    timori] timenti *P*    *ante* 15 *lac. Ribbeck*    *post*
16 III xviii 29–30 *tr. Phillimore* (hinc *in* 29 *lecto*)    17–18 frangere
. . . aspera *tr. Heyworth*    17 dementia *NPTSΓY*: cle- *FBQC*
20 durae *ϛ*    Romule] -lo *T primo, ut uid., K*    22 per te] parce *F*:
parte *Q*    quidlibet] quil- *PBQ*    25–6 *ante* 23 *Enk*: 23–4 *iam sec-
luserat Postgate*    26 cuiuis] cuius *FWU*    quolibet ire *Schrader*:
quidl- esse *NΛ*: cuil- esse *FP*    24 uiri *ci. Colucius, PQ*: feri *NFBΛ*:
senis *Heinsius*

quae manus obscenas depinxit prima tabellas    27
    et posuit casta turpia uisa domo,
illa puellarum ingenuos corrupit ocellos,
    nequitiaeque suae noluit esse rudes.    30
a gemat in tenebris, ista qui protulit arte
    orgia sub tacita condita laetitia!
non istis olim uariabant tecta figuris:
    tum paries nullo crimine pictus erat.
sed nunc immeritum uelauit aranea fanum    35
    et male desertos occupat herba deos.
quos igitur tibi custodes, quae limina ponam
    quae numquam supra pes inimicus eat?
sed nihil inuitae tristis custodia prodest;
    quam peccare pudet, Cynthia, tuta sat est. ⊗    40


GAVISA es certe sublatam, Cynthia, legem     **vii**
    qua quondam edicta flemus uterque diu,
ni nos diuideret; quamuis diducere amantes
    non queat inuitos Iuppiter ipse duos.
'at magnus Caesar.' sed magnus Caesar in armis:    5
    deuictae gentes nil in amore ualent.    6

27–34 *seclusit Günther 1997*      28 uisa] signa *Q, Burman*
30 noluit] u- *FB*     31 in tenebris *Fontein*: in terris *Ω*: infernis
*Senger*     ista] iste *N*     aeternum ficta *Heinsius*     32 orgia
*Ruhnken*: iurgia *Ω*: turpia *van Herwerden*     sub] sed *Π*     33 templa
*Guyetus*     34 tum] cum *Π*     opertus *Heinsius*     35–6 *post* 26
*Kuinoel*     35 sic *Herbst*     nunc *Heinsius*: non *Ω*     immeritum
*Luck 1979*: -to *Ω*: praeteritum *Burman*     36 male *ς*: mala *Ω*
37 quos . . . quae] cur . . . per *Baehrens*     limina] lu- *FP, S a.c.*
39 sed *Heyworth*: nam *Ω*     41–2 *post* vii 6 *transposuit Sandbach\**:
*iam post* vii 20 *Scaliger, post* vii 12 *Hetzel, post* vii 18 *Richardson 1976;*
*primos uersus elegiae* II vii *duxit Havet; damnauerat Struve*
    II vii 1 *nou. el. indic. N (l.m.), FPBTSKWY (tit.), QJC (int.)*
1 es *Schrader*: est *Ω*     per te *ς*     2 edicta] edita *Y(Q)*     flemus *ς*:
stemus *Ω*: maestus *Alton*     3 ni *NΛ, P u.l.*: qui *PBQ*: quis *F*
5 at] an *Π*: et *J*     sed] an *Π* (sed *P u.l.*)

nos uxor numquam, numquam diducet amica:     vi 41
   semper amica mihi, semper et uxor eris.     vi 42
nam citius paterer caput hoc discedere collo     7
   quam possem nuptae perdere iure faces,
aut ego transirem tua limina clausa maritus,
   respiciens udis prodita luminibus.     10
ei mihi, tum quales caneret tibi, Cynthia, somnos
   tibia funesta tristior illa tuba!
unde mihi patriis natos praebere triumphis?
   nullus de nostro sanguine miles erit.
quod si uera meae comitarem castra puellae,     15
   non mihi sat magnus Castoris iret equus.
hinc etenim tantum meruit mea gloria nomen,
   gloria ad hibernos lata Borysthenidas.
tu mihi sola places; placeam tibi, Cynthia, solus:
   hic erit et patrio nomine pluris amor. ⊗     20


ERIPITVR nobis iam pridem cara puella,     **viii**
   et tu me lacrimas fundere, amice, uetas?

---

vi 41–2 *post* 6 *transposuit Sandbach*\*     41 diducet *Lachmann*: me
ducet *Ω*: ded- ς: sed- *Birt*     7 paterer] -ere *K a.c.*: -eret *W*
8 iure *Allen*\* (*qui et* honore, *1992*): more *Ω*: amore ς: in ore ς    pandere
in ore *Giardina 1977*    9 limina] lu- *FB*    10 tumidis *Burman*
prodita] perd- *F, P u.l.*    11 ei mihi *Heyworth*: a mea *Ω*    tum] dum
*Π*: cum *J*    cum tales *Scaliger*    faceret *Heinsius*    tibi *om. F, T primo*:
mihi ς    Cynthia *P in ras.*: tibia *Ω*: Lydia *Huschke*    cantus ς
12 ipsa *Broukhusius*    post II vii 12 *nou. el. indic. N (l.m.), F (l.m.,
tit. mg.), PBTKWYC (tit.), QSJ (int.): cont.* ς: *lac. statuit Lachmann*
13 Parthis *Ruhnken*: Latiis *Heinsius*    14 erat *Baehrens*
15 quod mea si tenerae *Heinsius*    comitarem ς: -ent *Ω*: -er ς
16 magni *Schneidewin*: magnum *Heinsius*: nauus *Housman*    esset *Bon-
azzi*    19 placeam] q(= quod) iaceam *S*    20 Partho *Burman*:
proprio *Baehrens*    nomine *Postgate*: sanguine *Ω*
   II viii 1 *nou. el. indic. N (l.m.), FPBTSKY (tit.), QJWC (int.);* viii *et* ix
*uarie conflauerunt et diuiserunt Scaliger, alii;* viii 1–10, 29–40 *a* 11–28
*separauit Murgia 2000*    2 uetas] cogis *S primo*

nullae sunt inimicitiae nisi amoris acerbae:
    ipsum me iugula, lenior hostis ero.
possum ego in alterius positam spectare lacerto?          5
    nec mea dicetur quae modo dicta mea est?             6
magni saepe duces, magni cecidere tyranni,               9
    et Thebae steterunt altaque Troia fuit.             10

            *      *      *

sic igitur prima moriere aetate, Properti;              17
    sed morere: interitu gaudeat illa tuo!
exagitet nostros manes, sectetur et umbras,
    insultetque rogis, calcet et ossa mea!              20
quid? non Antigonae tumulo Boeotius Haemon
    corruit ipse suo saucius ense latus,
et sua cum miserae permiscuit ossa puellae,
    qua sine Thebanam noluit ire domum?
sed non effugies: mecum moriaris oportet;               25
    hoc eodem ferro stillet uterque cruor,
quamuis ista mihi mors est inhonesta futura;
    mors inhonesta quidem, tu moriere tamen.
ille etiam abrepta desertus coniuge Achilles
    cessare in tectis pertulit arma sua.                30
uiderat ille fugam et stratos in litore Achiuos
    feruere et Hectorea Dorica castra face;

---

3–4 *seclusit Postgate*        4 ipsum *susp.*    lenior *NTΓC*: leu- *ΠSY*
6 quae modo] quo modo *Π*    mea dicta *tr.* Y        7–8 *del. Heyworth*:
*post* 10 *iam* ς       9 nempe *Heyworth*      10 steterunt ς: -ant *Ω*
ruit *Heinsius*        11–16 *alienos uidit Dietrich*: 11–12 *iam Scaliger*: 11–
14 *Carutti: hinc nou. el. Guyetus*        *ante* 17 *lacunam Baehrens: a* 17
*nou. el. Lachmann*: 17–24 *fragmentum censuit Marx*: 17–28 *alienos censuit
Hetzel, post* ix 40 *tr. Ribbeck*:  21–4 *alienos ratus Housman*
21 Antigones ς        24 qua] quam *N olim, F olim*        25 non *om.*
*N, add. s.l.*      effugies *N p.c., S*: efficies *N primo, ΠΤΓYC*        26 ferro
eodem *tr. N*        *post* 28 *lacunam Baehrens, qui et* 29–40 *separauit*
29 quin etiam *Butrica 1984*        30 Teucros (*et* -ris) ς        31,
33 uidit et *Butrica 1984*        31 ire *Palmer*    fugam et *Heyworth
1984*: fugas *Ω*: fuga *P (qui et* Phrygis *pro u.l.), Q*      stratos *Passerat*: tractos
*Ω*: fractos ς: sparsos *Heinsius*        litore] -a *CQ*

uiderat informem multa Patroclon harena
   porrectum et sparsas caede iacere comas,
omnia formosam propter Briseida passus:     35
   tantus in erepto saeuit amore dolor.
at postquam sera captiua est reddita poena,
   fortem idem Haemoniis Hectora traxit equis.
inferior multo cum sim uel matre uel armis,
   mirum, si de me iure triumphat Amor? ⊗     40


[omnia uertuntur: certe uertuntur amores.     7
   uinceris aut uincis: haec in amore rota est.]     8


… munera quanta dedi uel qualia carmina feci!     11
   illa tamen numquam ferrea dixit 'amo'.
ergo ego tam multos nimium temerarius annos,
   improba, qui tulerim teque tuamque domum?
ecquandone tibi liber sum uisus? an usque     15
   in nostrum iacies uerba superba caput?


IsTE quod est, ego saepe fui; sed fors et in hora     **ix**
   hoc ipso eiecto carior alter erit.

---

34 madere *Baehrens*     36 ab *Bonazzi*     37 sera *om. F, P primo, ut uid., Q*     38 idem *Müller*: illum *Ω*: ille ⲋ     39 matre ⲋ: marte *Ω*: sorte *Kuinoel*     40 ni *Burman*     iure] Tulle *Fontein*
7 amores *NFBQΤΓΥC*: amantes *S*: amores *P* (ores *in ras.*)
8 aut uincis *NΠΤΓΥC, S s.l.*: aut -es *S*: at -es *Palmer*: -es *Kenney 1959*: uictor *Heyworth*: ut -as *Shackleton Bailey*     sic *Palmer*: caeca *Heinsius*
12 dixit *NΛ*: dicit *Π, Flor.2*     13 ergo ego *Francius*: ergo *Ω* tam *P*: iam *NFBQΛ, P u.l.*     14 qui] quin *N*     15 ecquandone *NTSKWY*: et q- *ΠℐC*     an usque *NSC*: anus- *ΠΤΓ*: sanus- *Y*
II ix 1 *nou. el. indic. N* (*l.m.*), *FPBTSKWY* (*tit.*), *QℐC* (*int.*): *cont. Butrica 1984, nou. el. post* 3 *designata*; viii *et* ix *uarie conflauerunt et diuiserunt Scaliger, alii*     1–2 *post* viii 6 *Murgia 2000*     1 sed] sic *Heyworth*

Penelope poterat bis denos salua per annos
  uiuere, tam multis femina digna procis;
coniugium falsa poterat differre Minerua,                    5
  nocturno soluens texta diurna dolo;
uisura et quamuis numquam speraret Vlixem,
  illum exspectando facta remansit anus.
nec non exanimem amplectens Briseis Achillem
  candida uesana uerberat ora manu;                     10
et dominum lauit maerens captiua cruentum
  appositum flauis in Simoënte uadis,
foedauitque comas, et adusti corpus Achilli
  maximaque in parua sustulit ossa manu.                14
tunc igitur ueris gaudebat Graecia nuptis;                   17
  tunc etiam caedes inter et arma pudor.
at tu non una potuisti nocte uacare,
  impia, non unum sola manere diem.                     20
quid si longinquos retinerer miles ad Indos,                 29
  aut mea si staret nauis in Oceano?                   30
quin etiam multo duxistis pocula risu;                       21
  forsitan et de me uerba fuere mala.
hic etiam petitur qui te prius ipse reliquit.
  di faciant, isto capta fruare uiro:
haec mihi uota tuam propter suscepta salutem,               25
  cum capite hoc Stygiae iam poterentur aquae,

---

3 sola *ς*        4 culta *Francius*        7–8 *damnauit   Carutti*
7 uisuram *ς* (*P m.rec.*): uenturum *Paley*        8 casta *Waardenburgh*
12 appositum *ς*: prop- *Ω*   flauis *ς*: fluuiis *Ω*: fuluis *ς*   ad Simoenta
*Paley*   Simoente *Guyetus*: -ta *Ω*      13 adusti *Heyworth*: tanti *Ω*:
lauti *Rossberg*        tantum . . ., Achille (*iam Birt*) *Barber*        15–
16 *damnauit   Carutti*                17–24 *om.  C* (*ob homoeoteleuton*)
17 ueris *ς* (*P mg. u.l.*): uiris *NPBQSΓY, F p.c., T mg.* (*spat. rel. in uersu*):
iuris *F primo*: castis *ς*                 nuptis *Baehrens, Sandstroem*: natis *Ω*
18 otia tunc *Housman*: tunc acies *Liberman 1995*     caedes *Giardina
1977*: felix *Ω*        29–30 *post* 20 *Housman*        21 duxistis *NSΓY*:
-ti *ΠT*        24 pacta *Liberman 1992*: *an* salua?        25 haec] nec *FQ*
uota] nota *S*        26 capite hoc] capite *J*: capit hic *F*     poterentur *N,
F primo, PBTΓM*: pota- *F p.c., S*: poti- *QUR, S s.l.*: preme- *C*

et lectum flentes circumstaremus amici?
  hic ubi tum, pro di, perfida, quisue fuit?               28
sed uobis facile est uerba et componere fraudes:           31
  hoc unum didicit femina semper opus.
non sic incertae mutantur flamine Syrtes,
  nec folia hiberno tam tremefacta Noto,
quam cito feminea non constat foedus in ira,               35
  siue ea causa grauis siue ea causa leuis.                36
sidera sunt testes et matutina pruina                      41
  et furtim misero ianua aperta mihi,
te nihil in uita nobis acceptius umquam:
  nunc quoque erit, quamuis sis inimica, nihil.
nec domina ulla meo ponet uestigia lecto:                  45
  solus ero, quoniam non licet esse tuum.
atque utinam, si forte pios eduximus annos,
  ille uir in medio fiat amore lapis! ⊗


[cum tibi nec Peleus aderat nec caerula mater,             15
  Scyria nec uiduo Deidamia toro.]


... nunc, quoniam ista tibi placuit sententia, cedam:       37
  tela, precor, pueri, promite acuta magis,


    27 cum *Phillimore*        28 perfidus iste *Markland*        quisue] quisne
*FȜ*          31 uobis]      nobis    *FC*          33 incertae ς: -to  Ω
34 hiberno] in h- *Π*          35 feminea] -na *F primo, Q*          37–
40 *alienos ratus Heyworth*          post 40 *lac. Lachmann*: 41–8 *alienos cen-
suit Wakker*          41 sint ς          testes sunt sidera nobis *sic citat Seruius*
(*ad Verg.* ecl. *5.21*)          43–4 *om. P primo* (*suppl. in mg.*)          43 uita]
una *PBQ*          44 erit *Postgate*: eris Ω          sis *Π*: sic *NΛ*: sit *Colucius*
nihil *Postgate*: mihi Ω: mea *Palmer*          46 tuo *Heinsius*          47 di,
duximus *Heinsius*          48 iste *Heyworth*

    15 cum tibi] tunc (*P*) ubi *nescioquis apud Barber*: cui tum *Housman*
16 toro ς: uiro Ω

    37–40 *alienos et fort. ante* viii 17 *transponendos Heyworth*
38 precor *NΛ*: quidem *Π*          promite *Λ*: promitte *N*: pincte *F*: prompte
*BQ*: (puer hic) promit *P*

figite certantes atque hanc mihi soluite uitam.
  sanguis erit uobis maxima palma meus.        40

... non ob regna magis diris cecidere sub armis
    Thebani media non sine matre duces,       50
quam, mihi si media liceat pugnare puella,
    mortem ego non fugiam morte subire tua.

... sed tempus lustrare aliis Helicona choreis      x
    et campum Haemonio iam dare tempus equo.
iam libet et fortes memorare ad proelia turmas
    et Romana mei dicere castra ducis.
quod si deficiant uires, audacia certe       5
    laus erit: in magnis et uoluisse sat est.
aetas prima canat Veneres, extrema tumultus:
    bella canam, quando scripta puella mea est.
nunc uolo subducto grauior procedere uultu;
    nunc aliam citharam me mea Musa docet.     10
surge, anime, ex humili iam carmine; sumite uires,
    Pierides; magni nunc erit oris opus.
iam negat Euphrates equitem post terga tueri
    Parthorum, et Crassos se tenuisse dolet.

49–52 *alienos censuerunt Wakker, Schrader; an post* viii 4 *traiciendi?*
50 misera *Jacob*      51 nam *Heyworth*
II x 1 *nou. el. indic.* N (*l.m.*), *KWY* (*tit.*), *TɄC* (*int.*), S (*qui hic pag. nou.
incipit, nullum spatium reliquit nisi quo littera prima postea depingeretur*):
*cont.* FPBQ, T *mg.* (*m. rubricatoris*)      *ante* 1 *lac. Lachmann*
1 sed] est ς: iam ς     2 campum et Maeonio *Housman post Heinsium*
Aonio *Heinsius*     5–6 *post* 12 *Carutti*     5 deficiant] -ent S
7 Veneres *NTC*, P *u.l.*: ueneros F *ut uid.*: ueteres *PSΓY*     postrema
*Gruppe*     10 nunc] nam *FP*: non Q     11 anime *Heinsius*: -ma
Ω (*in ras.* T)     carmine] -na F (*quo accepto edd. plerique post* humili *inter-
punxerunt*)     13 uetat ς     equitum *Jacob*     14 se temerasse
*Heinsius*: sustinuisse *Passerat*

India quin, Auguste, tuo dat colla triumpho          15
  et domus intactae te tremit Arabiae;
et si qua extremis tellus se subtrahit oris
  sentiat illa tuas postmodo capta manus.
haec ego castra sequar; uates tua castra canendo
  magnus ero: seruent hunc mihi fata diem.          20
ut caput in magnis ubi non est tangere signis,
  ponitur his imos ante corona pedes;
sic nos nunc, inopes laudis conscendere culmen,
  pauperibus sacris uilia tura damus.
nondum etiam Ascraeos norunt mea carmina montes; 25
  sed modo Permessi flumine lauit Amor. ⊗


... scribant de te alii, uel sis ignota licebit:          **xi**
  laudet qui sterili semina ponit humo.
omnia, crede mihi, tecum uno munera lecto
  auferet extremi funeris atra dies;
et tua transibit contemnens ossa uiator,          5
  nec dicet 'cinis hic docta puella fuit.'

---

15 quin *ς*: quis *Ω*    Auguste] ang- *FB*          16 nemus *Fontein*
18 sentiat] sept- *S*    tuas] tua *Γ*          20 ero *om. S*    properent
*Heinsius*    modo *Heyworth*          *post* 20 *lac. Keil*          21 at *Fontein*
ubi] cui *Dousa*          22 his ... pedes *om. S primo*          his *Scaliger*: hac *Ω*:
haec *ς*: huic *Dousa*: atque *Birt*: hinc *ς*          ante imos ipsa *ς*
23 inopes] inipes *N a.c.*          culmen *ς*: carmen *Ω*: in arcem *Palmerius*:
montem *Vahlen*: currum *Markland*          lauto contendere cultu *Jeverus*
25 etenim *Nodell*    Ascraeos etiam *tr. N*          montes *Butrica, ICS 1996*:
f- *Ω*          26 me *Francius*          *post* 26 *lac. Lachmann*
    II xi 1 *nou. el. indic. N* (*l.m.*), *KY* (*tit.*), *TSJWC* (*int.*): *cont. FPBQ, T*
*mg.* (*m.rub.*), *S postea* (*m.rub.*)          *ante* 1 *lac. Lachmann*
1 scribant de te alii] -bebant alii de te *Π*    ignota] -ra *N a.c.*
2 laudet *ς*: ludet *Ω*    ponit] ponet *Y: fort.* ponat          3 uno] una *JK*:
unam *W*          4 auferet] aufert *FQ*          6 hic] haec *JW*          *post*
6 *lac. Lachmann*          *hic librum secundum claudit Heimreich*

QVICVMQVE ille fuit puerum qui pinxit Amorem,               **xii**
   nonne putas miras hunc habuisse manus?
is primum uidit sine sensu uiuere amantes
   et leuibus curis magna perire bona.
idem non frustra uentosas addidit alas,                         5
   fecit et humano corde uolare deum:
scilicet alterna quoniam iactamur in unda:
   nostraque non ullis permanet aura locis.
et merito hamatis manus est armata sagittis
   et pharetra ex umero Cnosia utroque iacet,             10
ante ferit quoniam tutos quam cernimus hostem,
   nec quisquam ex illo uulnere sanus abit.
in me tela manent; manet et puerilis imago;
   sed certe pennas perdidit ille suas,
euolat heu nostro quoniam de pectore nusquam              15
   assiduusque meo sanguine bella gerit.
quid tibi iucundum est siccis habitare medullis?
   si pudor est, alio traice tela, puer.
intactos isto satius temptare ueneno;
   non ego, sed tenuis uapulat umbra mea.                 20
quam si perdideris, quis erit qui talia cantet
   (haec mea Musa leuis gloria magna tua est),
qui caput et digitos et lumina nigra puellae
   et canat ut soleant molliter ire pedes? ⊗

---

II xii 1 *nou. el. indic.* N (*l.m.*), *FPBTSKY* (*tit.*), *QꞫC* (*int.*), W (*int. et tit. mg.*)   3 is] hic *Π*   uiuere *om.* F, P *a.c.*   4 causis *Heinsius* multa ⲋ   6 haud (heu *Barber*) uano *Nodell*: immani *Burman* 7–8 aeterna … ab aura| … ala *Fontein*   8 ullis] n- *FBQ* 9 hamatis] -antis N   10 pharetra] -ro F, P *a.c.*   utroque] uterque N   sonat ⲋ, *fort. recte*   11 tutos *Heyworth*: tuti *Ω*: incauti *Heinsius*: tacitum *Burman* (*nonne* tacitus *melius sit?*)   12 abit] erit *Π* 15 heu *Muretus*: e *Ω*   numquam ⲋ   17 est] et N *t.*   18 si] sed Y   pudor est ⲋ: puer est *Ω*: puer es ⲋ (*Q*)   tela puer ⲋ: puella tuo *Ω*: tela tua ⲋ: tela loco ⲋ (*Q*)   20 uapulat] -et *FB*   mei *Broukhusius*

Non tot Achaemeniis armatur Itura sagittis      **xiii**
   spicula quot nostro pectore fixit Amor.
hic me tam graciles uetuit contemnere Musas,
   iussit et Ascraeum sic habitare nemus;
non ut Pieriae quercus mea uerba sequantur,     5
   aut possim Ismaria ducere ualle feras,
sed magis ut nostro stupefiat Cynthia uersu:
   tunc ego sim Inachio notior arte Lino.
non ego sum formae tantum mirator honestae,
   nec si qua illustres femina iactat auos;     10
me iuuat in gremio doctae legisse puellae,
   auribus et puris scripta probasse mea.
haec ubi contigerint, populi confusa ualeto
   fabula: nam domina iudice tutus ero.
quae si forte bonas ad pacem uerterit aures,     15
   possum inimicitias tunc ego ferre Iouis.
&lt;. . . . . . . . . . . . . . . . . . . . . . . . . . . . . . .&gt;
  &lt;. . . . . . . . . . . . . . . . . . . . . . . . . . .&gt;

quandocumque igitur nostros mors claudet ocellos,
   accipe quae serues funeris acta mei:
nec mea tunc longa spatietur imagine pompa,
   nec tuba sit fati uana querela mei,     20
nec mihi tunc fulcro sternatur lectus eburno,
   nec sit in Attalico mors mea nixa toro;
desit odoriferis ordo mihi lancibus, adsint
   plebei paruae funeris exsequiae.

---

II xiii 1 *nou. el. indic.* N (*l.m.*), *FPBTSKY* (*tit.*), *QJWC* (*int.*)
1 armantur *Colucius*    Itura ς: etrusca Ω: Susa ς: Bactra *Ouden-
dorp*: Persa *Barber*: alia alii      6 Ismaria] -as *N a.c.*      7 magis]
magna Γ     10 iactat] -et *C*     11 iuuat *PBT*: iuuet *NFQSΓYC*
12 puris *PBQ:* pueris *NFΛ*     13 contigerint] confug- *FP*
16 possim  ς        *ante*  17 *lacunam  Schrader,  Hemsterhusius*:
*nouam elegiam Broukhusius*     17 mors nostros *tr. P*    mors] nox
*Heinsius*       21–2 *ante*  19   *Otto*       22 toro] ch-   *PB*
24 exsequiae] obs- *N a.c., F* (*sic etiam in* I xix 4)

sat mea sat magna est si tres sint pompa libelli          25
  quos ego Persephonae maxima dona feram.
tu uero nudum pectus lacerata sequeris,
  nec fueris nomen lassa uocare meum,
osculaque in gelidis pones suprema labellis
  cum dabitur Syrio munere plenus onyx.          30
deinde, ubi suppositus cinerem me fecerit ardor,
  accipiat manes paruula testa meos,
et sit in exiguo laurus superaddita busto,
  quae tegat exstincti funeris umbra locum,
et duo sint uersus: QVI NVNC IACET HORRIDA PVLVIS.          35
  VNIVS HIC QVONDAM SERVVS AMORIS ERAT.
non minus hinc nostri notescet fama sepulcri
  quam fuerant Pthii busta cruenta uiri.
tu quoque si quando uenies ad fata, memento,
  huc iterum ad lapides cana ueni memores.          40
interea caue sis nos aspernata sepultos:
  non nihil ad uerum conscia terra sapit.
atque utinam primis animam me ponere cunis
  iussisset saeuis de tribus una soror.

25 mea sat magna est ς: m- sit magna Ω: sit (sint *Heinsius*) magna mei (*uel* mihi) ς: m- sic magna est *Baehrens*: m- sit magno *Phillimore*     sint] sunt ΓC          *uix dubitandum est quin uersus* 25 *pars libri tertii Propertiani primum esset; hoc carmen principium illius libri esse ducit Richmond*, II x *Lachmann*, II xii *Marx*          26 Persephonae] -nem FΓ     27 nudum] nund- (= nond-) FQ     sequeris] -aris Γ          29 -que] quae *N*: quod *C*     labellis] lib- *N a.c.* (*Q*) (*cf.* 25)          31 ubi *NΛ*: *om.* F: ut *PBQ*     ignis *P* (ardor *mg.*, *u.l.*)          34 ut *Heyworth*     tegat] tetigit *N a.c.*: regat *F*          35 q- n- i- horrida puluis *laudat ob genus pulueris Charisius* (GLK *1.89.22*), h- p- *auctor de dub.nom.* (GLK *5.588.5–6*)          36 unius] unus *NK*: huius *P a.c.*, *B*          37 non ς: nec *NF*, *P p.c.*, *QSΓY*: hoc *P a.c.* (*ut uid.*), *TCB*     hinc *Burman*: haec *NPBQTSWY*: ħ (= ?) *F* (*sic etiam in* 40): ħ (= ?) *ʃ*: hic *K*: hoc *C*: hac *Liberman 1992* (*cf.* 38)          38 fuerunt *Otto*: seruant *Liberman 1992*: quondam *Alton*     Pthii] pyth- *uel sim.* Ω     busta] fama *F*, *P* (*cum* fuerat, *ut uid.*); *cf.* 37          40 huc iterum *Kiessling*: hoc iter Ω          43 cunis] curis *N a.c.*: cauis *F*          44 saeuis ς: quae- *N*, *P p.c.*, *BQΛ*: quam- *F*, *P a.c.*, *ut uid.*: qua- *Tränkle 1960*

nam quo tam dubiae seruatur spiritus horae?          45
  Nestoris est uisus post tria saecla cinis.
cui si longaeuae minuisset fata senectae
  Iliacus Grais miles in aggeribus,
non ille Antilochi uidisset corpus humari,
  diceret aut: 'o mors, cur mihi sera uenis?'          50
tu tamen amisso non numquam flebis amico:
  fas est praeteritos semper amare uiros.
testis qui niueum quondam percussit Adonin
  uenantem Idalio uertice durus aper;
illis formosum lauisse paludibus, illic          55
  diceris effusa tu, Venus, isse coma.
sed frustra mutos reuocabis, Cynthia, manes:
  nam mea quid poterunt ossa minuta loqui? ⊗


Non ita Dardanio gauisus, Atrida, triumpho es          **xiv**
  cum caderent magnae Laomedontis opes;
nec sic errore exacto laetatus Vlixes
  cum tetigit carae litora Dulichiae;
nec sic Electra saluum cum aspexit Oresten,          5
  cuius falsa tenens fleuerat ossa soror,

45 seruatur ς: -etur *NPBQΛ*: -entur *F*          46 Nestor et est uisus
*Francius*, factus *Dorvillius*          est ustus *Baehrens*: *fort.* exstinctus
47 cui si ς: quis *NΠTSYC*: qui *Γ*: si ς          longaeuae ς: tam longaeuae *Ω*:
tam longae ς          fata] facta *(B)*, *K a.c.*          48 Iliacus Grais *Bergk
improbanter*: Gallicus iliacis *Ω*: Iliacis aliquis *Morgan 1986*: bellicus Iliacis
*Heinsius*, Caricus *Enk*, *alia alii*          49 ille *om.* *N* (*unde* non aut
*Müller*)     humati ς *(Q)*          52 habet *Flor.1*          53 cui *Huschke*
55 illis] -ic ς          lauisse ς: iacu- *Ω*: fleu- ς          formosus iacu- *Bergk*
paludibus] plaud- *FЈ*     illic ς *(Q)*: -uc *Ω*          56 diceris] -res *Γ*
isse] e- *FBQ*

II xiv 1 *nou. el. indic. N (l.m.)*, *FPBTSKY (tit.)*, *QЈWC (int.)*
1 *citat Charisius (GLK 1.67.14)*, *qui* Atrida *nominatiui casus esse putat*
es ς: est *NΠTΓY*: *om. mss Charisii*, *SC*          2 magnae *NΠTΓYC*: -i *S*,
*Markland*          5 cum saluum *tr. C, Housman*          cum uidit ς: conspexit
*Burman*          6 soror] sinu *Heinsius*

nec sic cum incolumem Minois Thesea uidit,
   Daedalium lino cui duce rexit iter,
quanta ego praeterita collegi gaudia nocte:
   immortalis ero si altera talis erit.          10
at dum demissis supplex ceruicibus ibam,
   dicebar sicco uilior esse lacu.
nec mihi iam fastus opponere quaerit iniquos,
   nec mihi ploranti lenta sedere potest.
atque utinam non tam sero mihi nota fuisset      15
   condicio: cineri nunc medicina datur.
ante pedes caecis lucebat semita nobis:
   scilicet insano nemo in amore uidet.
hoc sensi prodesse magis: contemnite, amantes.
   sic hodie ueniet si qua negauit heri.         20
pulsabant alii frustra dominamque uocabant;
   mecum habuit positum lenta puella caput.
haec mihi deuictis potior uictoria Parthis,
   haec spolia, haec reges, haec mihi currus erunt.
magna ego dona tua figam, Cytherea, columna     25
   taleque sub nostro munere carmen erit:
HAS PONO ANTE TVAM TIBI, DIVA, PROPERTIVS AEDEM,
   EXVVIAS, TOTA NOCTE RECEPTVS AMANS.
nunc a te est, mea lux, ueniatne ad litora nauis
   seruata an mediis sidat onusta uadis.       30
quod si forte aliqua nobis mutabere culpa,
   uestibulum iaceam mortuus ante tuum. ⊗

---

7–8 sic cum ...| ... cui *Housman*: sic ...| ... cum *Ω*     8 filo
*Heinsius*    13–14 *ante* 11 *Fontein*    11 at] aut *N primo*   dum]
tum *FU*: cum *PQ*    14 laeta *Smyth*    16 condicio *Λ*: -dito *NF*,
*P* (iam *suppl. s.l.*): conditi *B*   data est *Heyworth*   18 *habet Flor.1*
22 laeta *Barber*    26 munere *ς*: nomine *Ω*    27 tuam ...
aedem *Scaliger*: -as ... -es *Ω*    28 amans] amnis *Y*    29–
32 *alienos censuit Ribbeck*   29 a te est *Luck* (a te *iam ς*): ad te *Ω*
ueniat *ς* (*B*): -et *Ω*   -ne ad *Luck*: mea *Ω*   litora *F*: -re *NPBQΛ*   in te
stat, mea lux, teneat sua l- *Heinsius*   30 sidet *Markland*
31 alia ... cura *Heinsius*   nostra *Carutti*

Io me felicem! io nox mihi candida! io tu,      **xv**
  lectule deliciis facte beate meis!      2
illa meos somno lapsos patefecit ocellos      7
  ore suo et dixit 'sicine, lente, iaces?'
quam uario amplexu mutamus bracchia, quantum
  oscula sunt labris ista morata meis!      10
quam multa apposita narramus uerba lucerna,      3
  quantaque sublato lumine rixa fuit!
nam modo nudatis mecum est luctata papillis;      5
  interdum tunica duxit operta moram.      6
non iuuat in caeco Venerem corrumpere motu:      11
  si nescis, oculi sunt in amore duces.
ipse Paris nuda fertur periisse Lacaena
  cum Menelaëo surgeret e thalamo.
nudus et Endymion Phoebi cepisse sororem      15
  dicitur et nudus concubuisse deae.
quod si pertendens animo uestita cubaris,
  scissa ueste meas experiere manus.
quin etiam si me ulterius prouexerit ira,
  ostendes matri bracchia laesa tuae.      20
necdum inclinatae prohibent te ludere mammae:
  uiderit hoc si quam iam peperisse pudet.
dum nos fata sinunt, oculos satiemus amore:
  nox tibi longa uenit, nec reditura dies.

---

II xv 1 *nou. el. indic.* N (*l.m.*), *FPBTSK* (*tit.*), *QꞅWYC* (*int.*)
1 Io . . . io . . . io *Housman*: O . . . o . . . o *F*: O . . . o . . . et o *NPBQTSΓY*:
O . . . et o . . . et o *C*    nox o *tr.* ϛ      3–6 *post* 10 *Carutti*: 3–4 *post* 10
*Dousa p.*      7 *fort.* ipsa      lapsos ϛ, *W*: lassos *NΠTSꞅKYC*
8 lente *PBQS*: lecte *NFTΓYC*      10 ista . . . meis *Heyworth*: nostra
. . . tuis Ω      3 nuda . . . miramur membra *Schrader*      11–
12 *alienos censuit Risberg*      14 menelaeo *Λ*: -lao *NF*: -laneo *P*
16 nudus *Rossberg*: nudae *Ω*: nitidae *Palmer*      17 cubaris ϛ: -res *Ω*
21 prohibent te *NTSꞅWYC*: -nte *FB*: -ntes *P*: -nte te *K*      22 hoc
*PBTΓ*: ħ (= haec *uel* hoc) *N*: haec *FQS*: hic *Y*: hos *C*      peperisse]
perperi- *F primo*: pereperi- *P primo, ut uid.*    piget *Giardina 2005*
24 dies] uenit *N primo*

atque utinam haerentes sic nos uincire catena                25
    uelles ut numquam solueret ulla dies.
exemplo uinctae tibi sint in amore columbae,
    masculus et totum femina coniugium.
errat qui finem uesani quaerit amoris.
    uerus amor nullum nouit habere modum:                30
terra prius falso partu deludet arantes,
    et citius nigros Sol agitabit equos,
fluminaque ad caput incipient reuocare liquores,
    aridus et sicco gurgite piscis erit,
quam possim nostros alio transferre calores:                35
    huius ero uiuus, mortuus huius ero.
quod mihi si interdum tales concedere noctes
    illa uelit, uitae longus et annus erit.                38
qualem si cuncti cuperent decurrere uitam                41
    et pressi multo membra iacere mero,
non ferrum crudele neque esset bellica nauis
    nec nostra Actiacum uerteret ossa mare,
nec totiens propriis circum oppugnata triumphis                45
    lassa foret crines soluere Roma suos.
me certe merito poterunt laudare minores;
    laeserunt nullos pocula nostra deos.
tu modo, dum lucet, fructum ne desere uitae:
    omnia si dederis oscula, pauca dabis.                50

25 haerenti   *Markland*           26 ulla   dies]   Idalie   *Lachmann*
27 uinctae *N, F (man. incert.), TJ(B)*: iunctae *F primo, PSKWY: de CQ
incertum*        sint *NPΛ*: sunt *FBQ*        28 tutum *Livineius*: fidum
*Cornelissen*        29 errat] erat *N (corr. m.rec.)*        29–30 *fort. delendi*
30 *habet Flor.1*        35 possim] possit *N*        calores *ς*: dol- *Ω*
37 interdum *Housman*: tecum *Ω*: secum *ς* (*P ras.*): centum *Smyth*
39–40 *del. Günther 1997* (37–40 *iam Jachmann*)        41 cuperent] uel-
lem *FP*: uellent *Q*        42 nec *Fontein*        44 uerreret *Scaliger*:
uolueret *Giardina 2005*        46 crines] ciues *S*        47 me *ς*: nec *N
primo, FPBTΓYC*: haec *N p.c., F2 (uel Colucius), QS*: nos *Baehrens*
48 proelia *uel* oscula *Fontein*: lumina *ς*        49 lucet *NTΓYC*: licet
*FBQS*: licitum est *P*

ac ueluti folia arentes liquere corollas,
    quae passim calathis strata natare uides,
sic nobis, qui nunc magnum spiramus amantes,
    forsitan includet crastina fata dies. ⊗


[si dabit haec multas, fiam immortalis in illis:          39
    nocte una quiuis uel deus esse potest.]          40



PRAETOR ab Illyricis uenit modo, Cynthia, terris,   **xvi A**
    maxima praeda tibi, maxima cura mihi.
non potuit saxo uitam posuisse Cerauno?
    a, Neptune, tibi qualia dona darem!
nunc sine me plena fiunt conuiuia mensa;          5
    nunc sine me tota ianua nocte patet.

             *       *       *

quare, si sapis, oblatas ne desere messes
    et stolidum pleno uellere carpe pecus.
deinde ubi consumpto restabit munere pauper,
    dic alias iterum nauiget Illyrias.          10
at tu nunc nostro, Venus, o succurre dolori,          13
    rumpat ut assiduis membra libidinibus. ⊗

51 *post* folia u *del. N*          53 sic magnum nobis nunc qui sp-
*tr. N*      spamus (= spiramus *uel* sper-) *NFSR*: sper- *PBQTΓMUC*
54 inducet ς

39 haec *ΠTSY*: ħ (= haec *uel* hoc) *NΓ*: hoc *C*: et *Shackleton Bailey*
II xvi 1 *nou. el. indic. N* (*l.m.*), *FPBTSKY* (*tit.*), *QℑWC* (*int.*)
1 uenit] ueniet *Γ*          *post* 6 *lacunam Enk, in quam traiecit* 11–12, 17–
18          7 messes] mentes *N primo*          8 fuluo *Burman*          11–
12 *post* 16 *Fontein: del. Carutti*

Ergo muneribus quiuis mercatur amorem!                    **xvi B**
   Iuppiter, indigna merce puella perit.                    16
Cynthia non sequitur fasces nec curat honores:                    11
   semper amatorum ponderat illa sinus.                    12
semper in Oceanum mittit me quaerere gemmas                    17
   et iubet ex ipsa tollere dona Tyro.
atque utinam Romae nemo esset diues, et ipse
   straminea posset dux habitare casa.                    20
numquam uenales essent ad munus amicae
   atque una fieret cana puella domo.
numquam septenas noctes seiuncta cubares,
   candida tam foedo bracchia fusa uiro;                    24
barbarus exutis agitat uestigia lumbis,                    27
   et subito felix nunc mea regna tenet;                    28
non quia peccarim (testor te), sed quia uulgo                    25
   formosis leuitas semper amica fuit.                    26
nullane sedabit nostros iniuria fletus?                    31
   an dolor hic uitiis nescit abesse tuis?
tot iam abiere dies cum me nec cura theatri
   nec tetigit Campi nec mea Musa iuuat.
at pudeat! certe pudeat, nisi forte, quod aiunt,                    35
   turpis amor surdis auribus esse solet.
cerne ducem modo qui fremitu compleuit inani
   Actia damnatis aequora militibus:

---

   *nouam elegiam post* 14 *Havet: cont.* Ω     15 amorem] amicam Π
16 turpiter *Phillimore*     11 quaerit ς     12 illa *TSY*: una *NΠ,*
*T u.l., ΓC*     17 mittit me] mitt me *N*: me mittit *P*     18 ipsa ς
(*Q*): ipso Ω     21 *habet Flor.1*   non tam ς   irent *Hall\**: issent
*Postgate*     22 uno ... toro *Broukhusius*     23 numquam *Pal-*
*mer*: non quia Ω   seiuncta] seuincta *N*   cubares ς: cubaris *NPBQΛ*:
curabis *F*     27–8 *ante* 25 *Keil*     27 exutis *Sandbach*: exclusit
*N*: exclusis *ΠΛ*: exhaustis *Heinsius*: excussis ς     29–30 *post* 46
*Carutti*   31–42 *fragmentum alius carminis ratus Günther 1997* (29–
42 *iam deleuerat Hartman*)     32 abire ς: obesse ς (*Q*)   tuis ς: suis Ω
34 campi *om. N primo*   musa *P, T primo (ut uid.), S*: mensa *NFBQ, T
p.c.* (en *ras.*), *ΓYC*     36 *habet Flor.1*     37 cui fremitus ... inanis
*Heinsius*

hunc infamis Amor uersis dare terga carinis
   iussit et extremo quaerere in orbe fugam.                    40
sed quascumque tibi uestes, quoscumque smaragdos,
   quasue dedit flauo lumine chrysolithos,                     44
haec uideam rapidas in uanum ferre procellas;                  45
   quae tibi terra, uelim, quae tibi fiat aqua.                46
aspice quid donis Eriphyla inuenit amari,                       29
   arserit et quantis nupta Creusa malis.                      30
non semper placidus periuros ridet amantes                     47
   Iuppiter et surda neglegit aure preces.
uidisti toto tonitrus percurrere caelo
   fulminaque aetheria desiluisse domo.                        50
non haec Pleïades faciunt neque aquosus Orion,
   nec sic de nihilo fulminis ira cadit:
periuras tunc ille solet punire puellas,
   deceptus quoniam fleuit et ipse deus.
quare ne tibi sit tanti Sidonia uestis                          55
   ut timeas quotiens nubilus Auster erit. ⊗


[Caesaris haec uirtus et gloria Caesaris haec est:               41
   illa qua uicit condidit arma manu.]                         42

---

   39 infamis]    insanus   *FP*       41–2 *alienos   uidit   Fontein*
44 quas *Morgan apud Goold 1989*: quos Ω       flauo] flauos Π
46 fiat ϛ, *W*: fiet *ΝΠΤSĴΚΥC*       29 amari *Rossberg*: -ris Ω
30 malis] datis *Giardina 2005*: *an* bonis?      49 uidisti (*uel* -in) ϛ: -stis
Ω: audisti *Heinsius*   tonitrus *Francius*: sonitus Ω   percurrere] pec- *T*:
proc- ϛ    50 fulmina] flu- *Γ*   51 haec] ħ (= haec *uel* hoc) *N*:
hoc *C*    53 ille] esse *F*: ipse *P*    55 ne] te *T*

.. mentiri noctem, promissis ducere amantem,      **xvii**
　　hoc erit infectas sanguine habere manus.

　　　　　*　　*　　*

　　horum ego sum uates quotiens desertus amaras
　　　　expleui noctes, fractus utroque toro.

.. uel tu Tantalea moueare ad flumina sorte       5
　　　　ut liquor arenti fallat ab ore sitim;
　　uel tu Sisyphios licet admirere labores,
　　　　difficile ut prono monte uolutet onus:
　　durius in terris nihil est quod uiuat amante,
　　　　nec, modo si sapias, quod minus esse uelis.   10

.. quem modo felicem Inuidia maerente ferebant,
　　　　nunc decimo admittor uix ego quoque die.     12
　　nec libet in triuiis sicca requiescere luna      15
　　　　aut per rimosas mittere uerba fores.
　　quod quamuis ita sit, dominam mutare cauebo:
　　　　tum flebit, cum in me senserit esse fidem. ⊗

　　[nunc iacere e duro corpus iuuat, impia, saxo,    13
　　　　sumere et in nostras trita uenena manus.]

II xvii 1 *nou. el. indic.* N (*l.m.*), *FPBTSKY* (*tit.*), *QJC* (*int.*): *continuat*
W; *fragmenta disiuncta hinc incipere uidentur*　　1–4 *cum* 11–18 *et for-*
*tasse cum* xxii 43–50 *coniungendi*　　1 amantem] amantem T (m² *ras.*):
amantes *ut uid.* K　　2 erat 5　　*post* 2 *lacunam Tremenheere, in*
*quam* xxii 43–50 *traiecit: sic post* 4 *iam Housman, qui* 13–14 *post* 2 *posuit*
　　5 Tantalea moueare] -e am- KW　　8 pron o *van Eldik:* toto
NPBQΛ: tuto F　　9 uiuat NΠΤΓΥC: iuuat S: *fort.* uiuit　　*post*
10 *lacunam Carutti*
　　11 maerente *Heinsius:* admirante Ω: lacrimante *Housman*　　13–14
*del. Günther 1997: post* 16 *Lachmann, post* 2 *Housman*　　15 nec] nunc 5
libet *Guyetus:* licet Ω: iuuat *Hertzberg*　　18 tum ... cum] cum ...
tum PB
　　14 sumere NΠΤJKRC: sum̃e (= sumere *uel* summe) U (*et scil.* YΛ):
summe M: sume S: summere W　　nostram ... necem *Camps*　　trita]
taetra PQ

... assiduae multis odium peperere querelae:     **xviii**
    frangitur in tacito femina saepe uiro.
si quid uidisti, semper uidisse negato;
    aut si quid doluit forte, dolere nega.

... quid mea si iam actis aetas canesceret annis     5
    et faceret scissas languida ruga genas?
at non Tithoni spernens Aurora senectam
    desertum Eoa passa iacere domo est.     8
illa deos currum conscendens dixit iniquos,     13
    inuitum et terris praestitit officium.     14
illum saepe suis descendens fouit in undis     9
    nec prius abiunctos sedula lauit equos.     10
illum ad uicinos cum amplexa quiesceret Indos,
    maturos iterum est questa redire dies.     12
cui maiora senis Tithoni gaudia uiui     15
    quam grauis amisso Memnone luctus erat.
cum sene non puduit talem dormire puellam
    et canae totiens oscula ferre comae.
at tu etiam iuuenem odisti me, perfida, cum sis
    ipsa anus haud longa curua futura die. ⊗     20

II xviii 1 *nou. el. indic. N* (*l.m.*), *FPBTSKY* (*tit.*), *QJWC* (*int.*); *hi quoque uersus e fragmentis diuersis compositi* 1–4 *alienos censuit Hetzel, post* xiv 18 *transp. Risberg* 1 *habet Flor.1* peperere] perere *N primo, C*: pepere *W* 3 quid] quod *Π* uidisti] -tis *N* 5–22 *separauit Rossberg* 5 mea si iam actis aetas canesceret *Heyworth 1984*: mea si canis aetas c- *N* (candesceret *uel* marcesc- *Heinsius*, tabesc- *Bonazzi*): si iam canis aetas mea caneret *ΠΛ* (caneret annis *om. C*) 6 laceret *Giardina 1977* arida *Heinsius* 7 at ς: an *Ω* 13–14 *ante* 9 *Burman*: 9–10 *post* 12 *Hertzberg* 9 descendens *Markland*: decedens *Ω* ulnis ς (*Q*) 9–10 saepe prius ... | quam stadiis functos *Housman* 10 nec *Postgate*: quam *Ω*: cum ς abiunctos *Scaliger*: ad- *Ω* (*om. F*) 12 maturum est ... diem *Guyetus* iterum] uerum *Π* 15 uiui] uini *Π* 18 genae ς 19 me odisti *tr. Heinsius* 20 haud *Colucius, S*: aut *ΝΠΤΓΥC*

. . . quin ego deminuo curam, quod saepe Cupido
    huic malus esse solet cui bonus ante fuit.

. . . nunc etiam infectos demens imitare Britannos,
    ludis et externo tincta nitore caput.
    ut natura dedit, sic omnis recta figura est:      25
    turpis Romano Belgicus ore color.      26
    an, si caeruleo quaedam sua tempora fuco      31
    tinxerit, idcirco caerula forma bona est?      32
    illi sub terris fiant mala multa puellae      27
    quae mentita suas uertit inepta comas!
    deme mihi: per te poteris formosa uideri;
    mi formosa sat es, si modo saepe uenis.      30

*    *    *

ipse tuus semper tibi sit custodia uultus,      35
    nec nimis ornata fronte sedere uelis.

. . . cum tibi nec frater nec sit tibi filius ullus,      33
    frater ego et tibi sim filius unus ego.

. . . credam ego narranti, noli committere, famae:      37
    et terram rumor transilit et maria.

---

21–2 *alienos censuit Scaliger, damnauit Barber*      22 huic] nunc *Π*
bonus . . . malus *tr. Guyetus haud perperam*
    23–32 *separauit Carutti,* 23–38 *iam Kuinoel*      23 nunc] tune
*Housman* etiam] uitro *Giardina 2005* imitare] mutare *F, Q ut uid.*
24 laedis *Kraffert:* uadis *Housman*      25 est *om. ΠC*      25–
6 *post* 28 *Teufel*      31–2 *post* 26 *Lachmann; post* 24 *iam Scaliger*
28 inepta] inempta *C:* inepta *T* (epta *in ras.*)      29–30 *post* 32 *Baeh-*
*rens, post* 24 *Housman*      29 deme *PWC:* de me *FBQSKY: incertum*
*de NTJ:* desine *Baehrens* mihi] mi *T* per te *Bosscha:* certe *Ω*
30 sat es *Heinsius:* satis *Ω*      35 uultus *Goold 1992:* lectus *Ω*
    33–4 *alienos uidit Scaliger, Housman;* 33–8 *fragmentum esse censuit*
*Jacob*
    37–8 *seclusit Postgate*      37 contemnere *Damsté*      38 *habet*
*Flor.1* terras *Guyetus*

ETSI me inuito discedis, Cynthia, Roma,       **xix**
  laetor quod sine me deuia rura coles.
nullus erit castis iuuenis corruptor in agris
  qui te blanditiis non sinat esse probam;
nulla neque ante tuas orietur rixa fenestras,       5
  nec tibi clamatae somnus amarus erit.
sola eris, et solos spectabis, Cynthia, montes
  et pecus et fines pauperis agricolae.
illic te nulli poterunt corrumpere ludi
  fanaue, peccatis plurima causa tuis.       10
illic assidue tauros spectabis arantes
  et uitem docta ponere falce comas.
atque ibi rara feres inculto tura sacello,
  haedus ubi agrestes corruet ante focos.
protinus et nuda choreas imitabere sura;       15
  omnia ab externo sint modo tuta uiro.
ipse ego uenabor: iam nunc me sacra Dianae
  suscipere et Veneri ponere uota iuuat.
incipiam captare feras et reddere pinu
  cornua et audaces ipse mouere canes;       20
non tamen ut uastos ausim temptare leones
  aut celer agrestes comminus ire sues:
haec igitur mihi sit lepores audacia molles
  excipere et structo tangere auem calamo,

II xix 1 *nou. el. indic. N* (*l.m.*), *FPBTKY* (*tit.*), *QꟻWC* (*int.*): *continuat
S*       2 coles ϛ: colis Ω       3 *habet Flor.1*       4 sinat] -it ϛ, *C*
6 erit] eerit *N primo*       7 sola *Heyworth*       spectabis] exp- *N*
9 nulli] nudi *Π*       10 ue *Guyetus*: que Ω       12 doctam *Scaliger*:
adducta *Heinsius*: dura *Kuinoel*       comas] manus *S*       13 atque ibi
rara] illic r- *Francius*: a- iterata *Heinsius*       tura] rara *N primo*
15 protinus et] et *Dryadum Heinsius*: et duras *Heyworth*
18 Veneris ϛ       uota] nota *MU*       19 pinu] pumi *F*: pinni *P*: pinui *T*
20 mouere *ΠTC*: mon- *NSΓY, fort. recte*       23 haec] nec *Y*
igitur] iaculo *Baehrens*: *an potius?*       24 structo ϛ: stricto Ω
tangere *Heyworth 1984*: figere Ω: fallere *Watt apud Goold 1990*       *post*
24 *lacunam Baehrens*: 25–6 *post* 2 *Postgate*

qua sua formoso Clitumnus flumina luco                    25
   integit et niueos abluit unda boues.
tu, quotiens aliquid conabere, uita, memento
   uenturum paucis me tibi Luciferis.
sic me nec solae poterunt auertere siluae
   nec uaga muscosis flumina fusa iugis,                  30
quin ego in assidua metuam tua nomina lingua:
   absenti nemo non nocuisse uelit. ⊗


QVID fles abducta grauius Briseide? quid fles          **xx**
   anxia captiua tristius Andromacha?
quidue mea de fraude deos, insana, fatigas?
   quid quereris nostram sic cecidisse fidem?
non tam nocturna uolucris funesta querela                 5
   Attica Cecropiis obstrepit in foliis,
nec tantum Niobae, bis sex ad busta superbae,
   lacrima sollicito defluit a Sipylo.
me licet aeratis astringant uincula nodis,
   sint tua uel Danaës condita membra domo,               10


25 sua formoso *Postgate*: formosa suo *Ω*    luco] boco *F*: borco *B*: luco
*in ras. P*        26 amne *Markland*        29 hic *ς*    me nec] nec *F*: nec
te *P*    auertere] adu- *FP*        30 muscosis] f- *Π*        31 ego in]
equidem *Waardenburgh*    metuam *Jacob*: mutem *Ω*: mussem *Palmerius*:
iactem *Papanghelis 1989*        32 *habet Flor.1*    non] iam *Flor.1*: mi
*Paley*    uolet *Liberman 1992*
   II xx 1 *nou. el. indic. N (l.m.), TKYB (tit.), SJWC (int.), PQ (nota
marginali): cont. FPQ*        1 Quid] quod *FΓ*    grauius] -is *N primo*
2 anxia] Cynthia *Damsté*        4 succubuisse *anon. apud Burman*
6 abdita *Damsté*        7 tantas *Broukhusius*    Niobe ... superba *ς*,
superne *Lachmann*    septem *ς*        8 lacrima sollicito *Phillimore*: s-
lacrimas *NTS(B)*: s- -mans *ΠΓΥC*: s- -mis *ς*    depluit *Scaliger*    in *ς*
9 mi *ς*: te *Burman*    astringas *Baehrens*    uincula *Jeuerus*: bracchia *Ω*
10 tua *Santen*: mea *Ω*    domo] modo *T*

in te ego et aeratas rumpam, mea uita, catenas,
　　ferratam Danaës insiliamque domum.
de te quodcumque, ad surdas mihi dicitur aures:
　　tu modo ne dubita de grauitate mea.
ossa tibi iuro per matris et ossa parentis　　　　　　　15
　　(si fallo, cinis heu sit mihi uterque grauis!)
me tibi ad extremas mansurum, uita, tenebras:
　　ambos una fides auferet, una dies.
quod si nec nomen nec me tua forma teneret,
　　posset seruitium mite tenere tuum.　　　　　　　20
septima iam plenae deducitur orbita lunae
　　cum de me et de te compita nulla tacent:
interea nobis numquam non ianua mollis,
　　numquam non lecti copia facta tui.
nec mihi muneribus nox ulla est empta beatis:　　　　25
　　quicquid eram, hoc animi gratia magna tui.
cum te tam multi peterent, tu me una petisti:
　　possum ego nunc curae non meminisse tuae?
tum me, uel tragicae, uexetis, Erinyes, et me
　　inferno damnes, Aeace, iudicio;　　　　　　　30
sitque inter Tityi uolucres mea poena iacere,
　　tumque ego Sisyphio saxa labore geram.

---

11 in te] in me *nescioquis apud Ast*: tunc *Jeverus*: *an* certe?　　ego et]
ego *C*　　　　et aeratas] ferr- *P* (f *in ras.*), *BQ*　　　　rumpam] rupam *N*
12 insiliam *Burman*: stasiliam (*uel* stas i-) *Ω*: transiliam ς (*Q*)
14 probitate *Markland*　　　15 iuro] uiro *MU*　　　16 fallo] falso *N*
*primo*　heu *om. KW*　　uterque] utrumque *Y*　　　19 me] mea *SC*
21 *nou. el.* ς　　　　*uerisimile est uersus* 21–2 *partem libri secundi pristini*
*fuisse* (*cf. ad* xiii 25)　　　21–4 *alienos censuit Baehrens*　　　22 de te
et de me ς　　　23 numquam non *Keil*: non n- *ΠSΓ*: non um- *NTYC*
24 numquam non *S*: non n- *ΠWC*: non um- *NTJKY*　　　25 nox]
uox *Γ*　　empta] epta *N*　　　26 haec *Heinsius*　　　27 te] te me *F*:
me *P primo, B*　　tu me] tunc *C*　　28 possim *Guyetus*　　nunc curae
*Suringar, Heinsium secutus*: naturae *Ω*　　fortunae ... meae *Burman sen.*
29 uel] uos *Giardina 2005*　　　31 sitque ... iacere (*uel* ligari) *Hey-*
*worth*: atque ... uagetur *Ω*: atque (tunc *Francius*) ... locetur *Bury*, ligetur
*Housman\*, Barber*　　pulpa uoretur *Giardina 1977*

68

nec tu supplicibus me sis uenerata tabellis:
ultima talis erit quae mea prima fides. ⊗

[hoc mihi perpetuo ius est quod solus amator      35
nec cito desisto, nec temere incipio.]


A quantum de me Panthi tibi pagina finxit!      **xxi**
tantum illi Pantho ne sit amica Venus!
sed tibi iam uideor Dodona uerior augur:
uxorem ille tuus pulcher amator habet.
tot noctes periere: nihil pudet? aspice, cantat      5
liber: tu, nimium credula, sola iaces.
et nunc inter eos tu sermo es; te ille superbus
dicit se inuito saepe fuisse domi.
dispeream, si quicquam aliud quam gloria de te
quaeritur: has laudes ille maritus habet.      10
Colchida sic hospes quondam decepit Iason:
eiecta est (tenuit namque Creusa) domo.
sic a Dulichio iuuene est elusa Calypso:
uidit amatorem pandere uela suum.
a nimium faciles aurem praebere puellae,      15
discite desertae non temere esse bonae.

33 supplicibus] simpl- *FR*     labellis *Heinsius*      34 quae] qua *Y*
35–6 *om. ς, damnat Jacob*      35 hoc . . . ius (uis (uis *Γ, fort. N*) *Ω*: haec
. . . laus *Housman*

II xxi   1 *nou. el. indic. N* (*l.m.*), *FPBTSKY* (*tit.*), *QJWC* (*int.*)
2 ipsi *Heyworth*      3 *incipit L; hinc usque ad* IV xi 16 *Ω* = *N*, *Π* (=
*FLP*), *Λ* (= *TS*, *Γ* (= *JKW*), *Y* (= *MUR*), *C*)      5 periisse n- p-
*Heinsius*    nihil] -hit *FL*: mihi *P*    pudet *om. Π*      7 te *om. Π*
10 maritus] martitus *N*      11 quondam *N mg.*, *ΠΛ*: quando *N*
12 eiecta est] eiectae *Ruhnken*    tenuit *ς*: -is *Ω*    excepta (*ς*: eiecit
*Housman*) Aesonia . . . domo *Heinsius*    nempe *Alton*    domum *ς*:
locum *Ruhnken*    scandit . . . torum *Carutti*

nunc quoque quid restat? iam pridem quaeritur alter.
  experta in primo, stulta, cauere potes:
nos quocumque loco, nos omni tempore tecum
  siue aegra pariter siue ualente sumus. ⊗          20


Scis here mi multas pariter placuisse puellas;          **xxii A**
  scis mihi, Demophoon, multa uenire mala.
nulla meis frustra lustrantur compita plantis,
  et nimis exitio nata theatra meo,
siue aliqua in molli diducit candida gestu          5
  bracchia, seu uarios incinit ore modos.
interea nostri quaerunt sibi uulnus ocelli,
  candida non tecto pectore si qua sedet,
siue uagi crines puris in frontibus errant
  Indica quos medio uertice gemma tenet.          10
quaeris, Demophoon, cur sim tam mollis in omnes:          13
  quod quaeris, 'quare' non habet ullus amor.
cur aliquis sacris laniat sua bracchia cultris          15
  et Phrygis insanos caeditur ad numeros?
uni cuique dedit uitium natura creato:
  mi fortuna aliquid semper amare dedit.

---

17 nunc ϛ: huic *NLPΛ*: hinc *F*     quid restat *Burman*: qui r- *Ω*: qui
restet ϛ: qui perstet *Bosscha*: quod restat *Palmer*     i- q- altera pridem
*Guyetus*          18 stulta] uita *Heinsius*: est culpa *Alton*
II xxii 1 *nou. el. indic. N* (*l.m.*), *ΠTSKY* (*tit.*), *JWC* (*int.*)
3 meis] mihi *Π*          4 et nimis *Heyworth*: o nimis *N, P ras., TSJWY*: o
ninus *uel sim. F*: omnis in *L*: ominis *K p.c., C*: omnis *K primo*: omnia et
*Postgate*     omnia in exitium ... meum ϛ          5 aliqua in *Markland*:
aliquis *Ω*     diducit *Passerat*: de- *Ω*     languida *Liberman 1992* (*cf.* can-
dida, 8)          7 nostri] quoniam *Π*          8 pectore] -a *T*          9–
10 *om.* ϛ          11–12 *seclusit Housman: post* 24 *Camps; fort. ex eodem
carmine unde orti uersus* 43–50 (*post quos uu.* 11–12 *inuenias*)
14 unus *Markland*          16 caeditur] quaer- *F*: frang- *P* (caed- *u.l.*)
17 unum     *Waardenburgh*          18 natura *Gebhardus*     aliquam
*Heimreich*

me licet et Thamyrae cantoris fata sequantur,
numquam ad formosas, inuide, caecus ero. ⊗          20


Aspice uti caelo modo sol, modo luna minstret:     **xxii B**
    sic etiam nobis una puella parum est.                      36
altera me cupidis teneat foueatque lacertis,
    altera si quando non sinit esse locum;
aut si forte irata meo sit facta ministro,
    at sciat esse aliam quae uelit esse mea.                   40

\*          \*          \*

nam melius duo defendunt retinacula nauem,
    tutius et geminos anxia mater alit.                        42

\*          \*          \*

sed tibi si exiles uideor tenuatus in artus,                  21
    falleris: haud umquam est culta labore Venus.
percontere licet: saepe est experta puella
    officium tota nocte ualere meum.
Iuppiter Alcmenae geminas requieuerat Arctos,                 25
    et caelum noctu bis sine rege fuit.
nec tamen idcirco languens ad fulmina uenit:
    nullus amor uires eripit ipse suas.

*post* 20 *finem carminis indicauit Heyworth*
    *post* 20 *transposuit* 35–42 *Richmond*          *a* 35 *nouum carmen Hall**
38 quando] nobis *Heyworth*          39 sit] sic *L*     sit facta] det uerba
*Carutti*     irata ... dolori *Rothstein*: ingrata ... cubili *Camps*     deo ...
sinistro *Baehrens*          40 at *Heinsius*: ut *Ω*: tum *Markland*     sciet
*Heinsius*          lac. ante 41 *Heyworth*          41 nauem] -s *YC*
*lacunam   inter* 42 *et* 21 *Heyworth*          21 artus] arcus *FL*
22 rupta *Ruhnken*: curta *Shackleton Bailey*          23 percontere] -are *Π*
24 officium] hospitium *Π*          25 geminas] -nos *S*     requieuerat] -ra
*N primo*          26 noctu bis] nocti bis *MR*: noctibus *U*          28 deterit
*Heinsius*

quid? cum e complexu Briseidos iret Achilles,
  num fugere minus Thessala tela Phryges?          30
quid? ferus Andromachae lecto cum surgeret Hector,
  bella Mycenaeae non timuere rates?
illi uel classes poterant uel perdere muros:
  hic ego Pelides, hic ferus Hector ego. ⊗          34


. . . aut si es dura, nega; siue es non dura, uenito:          43
  quid iuuat heu nullo pondere uerba loqui?
hic unus dolor est, ex omnibus acer amanti,          45
  speranti subito si qua uenire negat.
quanta illum toto uersant suspiria lecto,
  cum recipi quae non uenerit ipsa uetat,
et rursus puerum quaerendo audita fatigat
  quem quae scire timet dicere plura iubet.          50


. . . quae si forte aliquid uultu mihi dura negarat,          11
  frigida de tota fronte cadebat aqua.          12

29 e *om.* *ΠC*    complexu] complex *S*          30 num *ΠΤΓC*: non
*NSY*          31 cum surgeret] cons- *N*          32 num *Markland*
33 illi uel *Baehrens*: ille uel hic *Ω*    classes *NTSC*: calces *F, L fort. ex
corr.*: casces *P*: calses *ΓY*    poterant *N*: -rat *ΠΛ*          34 ego²] ero
*Burman*          *post* 34 *finem carminis indicauit Heyworth* (*lac. iam Rich-
mond*)
  43–50 *separauit* ς (*T mg. m.incert.*), *post* xvii 4 *transposuit Housman,
post* xvii 2 *Tremenheere*          43 aut] nunc *Guyetus*: quod *Francius*    si
es dura nega] si d- es n- *Y*: n- si d- es *C*    siue *Heyworth*: sin *Ω*    si non
es ς          44 quid *NTSΓ*: quod *ΠYC*    heu *Rothstein*: et *Ω*: in ς
pondere . . . loqui ς: ponere . . . loco *Ω*          48 cum ς: cur *Ω*: dum *uel*
hanc *Heyworth*    uenerit ς: nouerit *Ω*    ipsa *Guyetus*: ille *Ω*: illa ς: ipse ς
quasi non n-, illa *Markland*          50 *om. N*    quem quae *FΛ*: quae
quoque *LP*: et quae *Heyworth*    dicere ς: quaerere *ΠΛ*: promere
*Baehrens*    plura *Λ*: fata *Π*: furta *Palmer*
  11 aliquid *NFTSY*: aliquis *LPΓC*: alio *T u.l.*    negarat] -rent *FL*:
-ret *P*

Cvi fuit indocti fugienda haec semita uulgi, **xxiii**
  ipsa petita lacu nunc mihi dulcis aqua est.
ingenuus quisquam alterius dat munera seruo
  ut promissa suae uerba ferat dominae?
et quaerit totiens 'quaenam nunc porticus illam 5
  integit?' et 'campo quo mouet illa pedes?'?
deinde ubi pertulerit quos dicit fama labores
  Herculis, haec scribet 'muneris ecquid habes?' —
cernere uti possis uultum custodis amari
  captus et immundae saepe latere casae? 10
quam care semel in toto nox uenerit anno!
  a pereant si quas ianua clausa iuuat.
contra reiecto quae libera uadit amictu
  custodum nullo saepta timore placet.
cui saepe immundo Sacra conteritur Via socco 15
  nec sinit esse moram si quis adire uelit.
differet haec numquam, nec poscet garrula quod te
  astrictus ploret saepe dedisse pater;
nec dicet 'timeo; propera iam surgere, quaeso;
  infelix! hodie uir mihi rure uenit.' 20
et quas Euphrates et quas immisit Orontes
  me capiant: nolim furta pudica tori.

---

II xxiii 1 *nou. el. indic.* N (*l.m.*), *ΠΤΣΚΥ* (*tit.*), *JWC* (*int.*)
1 Cui *ΠΤJΥC*: Qui *NSK*: <>ui *W*   fuit] sic *L*   haec *ς*: et *Ω*: here
*Damsté*   fugienda fuit i- s- *Housman*     2 ipsa] ecce *Baehrens*
4 commissa *ς*: praem- *Housman*: perm- *Heinsius*   uera *Lachmann*
5 illam] idem *N primo*     6 qua *Palmer*     *lac. post* 6 *Carutti*
7 pertulerit *Ayrmann*: -is *Ω*   quod *Heinsius*     8 haec (*Guyetus*)
scribet *Heyworth*: ut scribat *Ω* (scribas *F*): ut subdat *Heinsius*   ecquid]
et quid *FL*     9 possit *Ayrmann*   uultum] m- *S*   auari *ς*
10 cautus et *Enk*: clausus et *Giardina 2005*: et canis *Burman*
immundae ... casae *Heinsius*: -a ... -a *Ω*     11 uenerit *Heyworth*:
uertitur *Ω*: uenditur *Ayrmann*     12 quas *ς*: quos *Ω*   iuuat] -ant *N*
*primo*     13 praetexto *Baehrens*     14 custodum *Hemsterhusius*:
c- et *Ω* (et *in ras.* T)     15 conteritur] teritur *SΓ*     17 differet]
-rret *N primo*   haec] hoc *FC*: ħ (= haec *uel* hoc) *N*   quod] quae *Π*
21 et¹] hae *Lachmann*   imm- *Y*: mihi misit *NΠΤSΚWC*: misit *J*
22 capiant *ΠΛ*: iuuerint *N*   pudenda *Baehrens*: pig- *Postgate*

libertas quoniam nulli clam restat amanti,
    liber erit, uiles si quis amare uolet.
'sic loqueris, cum sis iam noto fabula libro       **xxiv**
    et tua sit toto Cynthia lecta foro?'
cui non his uerbis aspergat tempora sudor?
    aut pudor ingenuo est aut reticendus amor.
quod si tam facilis spiraret Cynthia nobis,       5
    non ego nequitiae dicerer esse caput,
nec sic per totam infamis traducerer urbem,
    ureret et quamuis, non mihi uerba darem.
quare ne tibi sit mirum me quaerere uiles:
    parcius infamant. num tibi causa leuis?       10

        \*     \*     \*

et modo pauonis caudae flabella superbae
    et manibus duram frigus habere pilam.
et subit iratam talos me poscere eburnos,
    quaeque nitent Sacra uilia dona Via.
a peream si me ista mouent dispendia, sed me     15
    fallaci dominae iam pudet esse iocum. ⊗

    23–4 *damnat Plessis*     23 clam *Scheidweiler*: iam *Ω*: unam *Hey-worth*     24 liber erit, uiles (*uel* multas) *Heyworth*: nullus liber erit *Ω*: uiles l- e- *Birt*: multas l- e- *Otto*: nullas l- e- *Pfister*     si quis liber erit, nullus *Foster*     II xxiv 1 *cont. LPΓ*: *nou. el. indic. N* (*l.m.*), *FTSY* (*tit.*), *PK* (*tit. mg. manu rubricatoris*), *C* (*int.*)     1 sic *Baehrens*: tu *Ω*     sis *ς*: sit *Ω*: tu *Baehrens*     noto] n- (n *in ras.*) *T* (*cf.* toto, 2) *uerisimile est uersus 1–2 partem libri secundi pristini fuisse* (*cf. ad* xiii 25)     3 cui] cum *S*     4 *damnat Lachmann*     ingenuo est *Munro*: ingenuus *Ω*: -uis *Haupt*     reticendus] retin- *R*     5 quid *ς*     iam *ς* 6 dicerer] -et *T* (*corr. s.l.*): -erer *C a.c.*     8 urerer *ς*     non mihi *Palmer*: nomine *Ω*     daret *Barber*     post 10 *lacunam Baehrens; hic finem elegiae ind. Scaliger, qui 11–16 post* xxiii 8 *transposuit; sunt qui 11–16 fragmentum putent*     11 flabella] fab- *N primo*     caudam ... superbam *Heinsius*: -ae ... -i *Broukhusius*     12 duram ... pilam *Luck 1979*: -a ... -a *Ω*: -ae ... -ae *Heinsius*     13 subit iratam *Heinsius*: cupit (capit *S*) -um *Ω*: c- interdum *Phillimore*, intrantem *Sandstroem*, inuitum *Postgate*     talos] -es *N*     14 uitrea *Damsté* 15 sed *ς*: si *NΠTSΓC*: ni *T u.l.*, *S s.l.*, *Y*

Hoc erat in primis quod me gaudere iubebas?      **xxiv B**
  tam te formosam non pudet esse leuem?
una aut altera nox nondum est in amore peracta,
  et dicor lecto iam grauis esse tuo.                      20
me modo laudabas et carmina nostra legebas;
  ille tuus pennas tam cito uertit Amor?

\*      \*      \*

contendat mecum ingenio, contendat et arte;
  in primis una discat amare domo.
si libitum tibi erit, Lernaeas pugnet ad hydras      25
  et tibi ab Hesperio mala dracone ferat.
libet taetra uenena et naufragus ebibat undas,
  et numquam pro te deneget esse miser
(quos utinam in nobis, uita, experiare labores):
  iam tibi de timidis iste proteruus erit,              30
qui nunc se in tumidum iactando uenit honorem:
  discidium uobis proximus annus erit.
at me non aetas mutabit tota Sibyllae,
  non labor Alcidae, non niger ille dies.
tu mea compones et dices 'ossa, Properti,            35
  haec tua sunt? eheu tu mihi certus eras,
certus eras eheu, quamuis nec sanguine auito
  nobilis et quamuis non ita diues eras.'
nil ego non patiar, numquam me iniuria mutat:
  ferre ego formosam nullum onus esse puto.          40

II xxiv 17 *nou. el. indic. Canter*: *cont.* Ω      17 erat] *NC*
iubebas] uide- *SW*      18 formosam *NFTSℐKYC*: -a *LP*: -as *W*
*ante* 23 *lac. Müller*      25 pugnet *NTSΓ*: -at *ΠYC*      27 taetra]
terra *ΠKC*: trita *Heinsius*      libet t- u- *Hendry 1996*: t- u- libens *NFΛ*: t-
u- bibens *LP*      28 nusquam *Markland*      30 timidis] tu- *LP*
31 se *om. T*      in tumidum *NLΛ*: in tumide *F*: tumide *P*: in tantum
*Canter*      32 uobis] nobis *ΠW*      35–8 *post* 52 *Carutti*
37–8 *om. ob homoeoteleuton KC*      38 non ita ς: nauita Ω: haud ita
*Heinsius*      eras] -t *S primo*      40 formosam n- o- e- puto *N ras.*

credo ego non paucos ista periisse figura,
  credo ego sed multos non habuisse fidem.
paruo dilexit spatio Minoida Theseus,
  Phyllida Demophoon, hospes uterque malus.
iam tibi Iasonia nota est quae uecta carina                    45
  et modo seruato sola relicta uiro est.                       46
noli nobilibus, noli te offerre beatis:                        49
  uix uenit extremo qui legat ossa die.                        50
hic tibi nos erimus: sed tu potius precor in me
  demissis plangas pectora nuda comis. ⊗

... dura est quae multis simulatum fingit amorem,             47
  et se plus uni si qua parare potest.


CYNTHIA, nata meo pulcherrima cura dolori                    **xxv**
  (excludi quoniam sors mea saepe fuit),
ista meis fiet notissima forma libellis,
  Calue, tua uenia, pace, Catulle, tua.
miles depositis annosus secubat armis,                         5
  grandaeuique negant ducere aratra boues;
putris et in uacua requiescit nauis harena,
  et uetus in templo bellica parma uacat.

---

41 periisse] perisse *N primo*: peperisse *FL*      44–5 *interpolatos
censet Heimreich*      45 iam] non *Hetzel*      nota] uecta *Heinsius*
quae uecta *Sandstroem*: Medea *Ω*      rapina *Shackleton Bailey*
46 seruato *om. FL*: ab infido *P*      est *add. Heyworth, ut uid.: om. Ω*
49  te offerre *Heinsius*: conferre *Ω*: consuesse *Damsté*      51 hic *R*: hi
*NΠTSΓMUC*    in *ς*: ut *Ω*      52 pectore *Scaliger*
  47–8 *secl. Postgate, post* 32 *Scaliger, post* 22 *Rossberg*      47 fingit]
figit *N*
  II  xxv  1  *nou. el. indic. N* (*l.m.*), *ΠTSKY* (*tit.*), *ЈWC* (*int.*)
1 Cynthia *Phillimore*: unica *Ω*      2 excludi *Scaliger*: -dit *Ω*      fuit
*Watt 1992*: uenit *N primo, S primo*: ueni *N p.c., ΠT, S p.c., ΓYC*: uehit
*Lachmann*      5 annosus] -is *N primo*

at me ab amore tuo deducet nulla senectus,
   siue ego Tithonus siue ego Nestor ero.                    10
nonne fuit satius duro seruire tyranno
   et gemere in tauro, saeue Perille, tuo?
Gorgonis et satius fuit obdurescere uultu,
   Caucasias etiam si pateremur aues?
sed tamen obsistam. teritur robigine mucro                    15
   ferreus, et paruo saepe liquore silex.
at nullo dominae teritur sub crimine amator:
   restat et immerita sustinet aure minas.
ultro contemptus rogat, et peccasse fatetur
   laesus, et inuitis ipse redit pedibus.                    20
tu quoque, qui pleno fastus assumis amore,
   credule, nulla diu femina pondus habet.
an quisquam in mediis persoluit uota procellis,
   cum saepe in portu fracta carina natet?
aut prius infecto deposcit praemia cursu                    25
   septima quam metam triuerit axe rota?
mendaces ludunt flatus in amore secundi:
   si qua uenit sero, magna ruina uenit.
tu tamen interea, quamuis te diligat illa,
   in tacito cohibe gaudia clausa sinu.                    30
quamuis te persaepe uocet, semel ire memento:                    33
   inuidiam quod habet, non solet esse diu.

11 diro *Burman*: Siculo *Heinsius*          12 saeue *S*: saepe *ΝΠΤΓΥϹ*
14 et quid *Liberman 1992*: satius *Giardina 2005*          sic *Luck 1979*
17 nullus *Ayrmann, quo accepto* remouetur limine *Sandstroem*          sub
crimine *Langermann*: sub li- *uel* subli- *ΝLPΛ*: sub lu- *F*          amator *Heinsius*: amor qui *Ω*          18 perstat *Wakker*: quin stat *Baehrens*: uerus
*Heyworth*          immeritas *ς*          21 quid *Heinsius*          pleno] -nos *N primo*
assumis] abs- *N primo*          22 habet *Flor.1*          credule] -la *ΠK*: *om.*
*Flor.1*          26 axe *Burman*: ante *Ω*: arte *ς*          28 *habet Flor.1*
31–2 *suspectos habet Baehrens, recte ut uid.*          33 uocet] n- *ΠK*
timeto *Lachmann*

at si saecla forent antiqua his grata puellis,                    35
   essem ego quod nunc tu: tempore uincor ego.
non tamen ista meos mutabunt saecula mores:
   unus quisque sua nouerit ire uia.
at uos qui officia in multos renouatis amores,
   quantus sic cruciat lumina uestra dolor!                   40
uidistis pleno teneram candore puellam,
   uidistis fuscam; ducit uterque color.
uidistis patria Argiuas prodire figura,
   uidistis nostras; utraque forma rapit.
<. . . . . . . . . . . . . . . . . . . . . . . . . >
   <. . . . . . . . . . . . . . . . . . . . . . . .>
usaque plebeio uel sit sandycis amictu,                           45
   haec atque illa mali uulneris una uia est.
cum satis una suis insomnia portet ocellis,
   una sat est cuiuis; femina multa malum. ⊗

[namque in amore suo semper sua maxima cuique
   nescioquo pacto uerba nocere solent.]                      32

35 antiqua his grata *Dousa f.*: antiquis g- *Ω* (gratia *N primo, ut uid.*): antiquis casta *Ast*: gratis antiqua *ς*     36 tu nunc *tr. P* 37 mutabunt] -bant *N*    38 suam . . . uiam *Broukhusius*    38– 9 *om. L ob homoeoteleuton*    39 in *om. FP*   renouatis *Barber*: reuoc- *Ω*   40 quantus *T s.l.*: -um *Ω*   sic *ς*: si *Ω* (se *J*): io *Heinsius*: tum *Luck 1996*    cruciet *Enk*   uestra *TSYC*: nos- *NΠΓ* 41 niueo *Housman*: puro *Richmond*   puellam] pueram *FP* 42 fuscam *Müller*: -o *Ω*: -as *Markland*   ducit] dulcis *F*: lucus *L*: lucet *P* 43 patria *Heyworth* (*uel* grata): quadam *NW*: quandam *ΠTSJKYC*: patriam *Housman* (*cum* prodente)   Argiuas *Housman*: -a *Ω*: -am *Baehrens*   prodire] -dente *Π*    44 capit *ς*   lac. ante 45 *Heyworth*: 45–6 *post* 22 *Carutti*    45 usaque *Barber*: illaque *Ω*: istaque *Postgate*: aeque *Housman*: tectaque *Heyworth*   46 una] *fort.* aequa est *om. T*   lacunam ante 47 *Housman*   47 suis *Foster*: tuis *NΠΓΥC*: *om. S*    48 sat est *ς*: sit et *Ω*   malum *Carutti*: -a *Ω* 31 suo] nouo *Baehrens*: uiro *Camps*

Vɪᴅɪ ego te in somnis fracta, mea uita, carina     **xxvi A**
  Ionio lassas ducere rore manus,
et quaecumque in me fueras mentita fateri,
  nec iam umore graues tollere posse comas,
qualem purpureis agitatam fluctibus Hellen,     5
  aurea quam molli tergore uexit ouis.
quam timui ne forte tuum mare nomen haberet
  teque tua labens nauita fleret aqua!
quae tum ego Neptuno, quae tum cum Castore fratri,
  quaeque tibi excepi, iam dea, Leucothoë.     10
at tu uix primas extollens gurgite palmas
  saepe meum nomen iam peritura uocas.
quod si forte tuos uidisset Glaucus ocellos,
  esses Ionii facta puella maris;
et tibi ob inuidiam Nereides increpitarent,     15
  candida Nesaee, caerula Cymothoë.
sed tibi subsidio delphinum currere uidi,
  qui, puto, Arioniam uexerat ante lyram.
iamque ego conabar summo me mittere saxo,
  cum mihi discussit talia uisa metus. ⊗     20


... nunc admirentur quod tam mihi pulchra puella
  seruiat et tota dicar in urbe potens.


II xxvi 1 *nou. el. indic. N* (*l.m.*), *ΠTSKY* (*tit.*), *JWC* (*int.*)     1 ego
*post* uidi *add. Γ: om. NΠTSYC*     3 fueras] -is *FL*     5–6 *post* 8
*Burman*     5 purpureis] purper- *S*     agitatam] -aui *F*: -auit *LP*
6 tergore] uellere *P* (t- *mg.*)     8 teque *Heinsius* (*uel* neue): atque *Ω*
9 quae tum¹] quem t- *F*: quem c- *LP*     quae tum²] quam t- *F ut uid.*,
*pace editorum* (*cf.* 6): quem t- *P*: quant- *L*     10 quae tibi suscepi
*Heinsius*     11–12 *post* 18  *Müller, post* 6  *Giardina* 2005
11 palmas] -mis *T* (m *in ras.*)     13 tuos] tuas *S primo, J primo*
17 accurrere *ς*     18 qui *ci. Colucius, ut uid., PTSΓ*: quam *N*: quod
*F, L ut uid.*: et *C*     20 uisa] iussa *ut uid. N*
  21 *et seqq. separauit van Lennep*

non si gaza Midae redeant et flumina Croesi,
　　dicat 'de nostro surge, poeta, toro.'
nam mea cum recitat, dicit se odisse beatos:　　　　25
　　carmina tam sancte nulla puella colit.


[multum in amore fides, multum constantia prodest:
　　qui dare multa potest, multa et amare potest.]　　　28


HEV mare per longum mea cogitat ire puella.　　**xxvi B**
　　hanc sequar, et fidos una aget aura duos.　　　30
unum litus erit sopitis, unaque tecto
　　arbor, et ex una saepe bibemus aqua.
et tabula una duos poterit componere amantes,
　　prora cubile mihi seu mihi puppis erit.
omnia perpetiar, saeuus licet urgeat Eurus,　　　35
　　uelaque in incertum frigidus Auster agat,
quicumque et uenti miserum uexastis Vlixem
　　et Danaum Euboico litore mille rates,
et qui mouistis montes duo, cum rudis Argus
　　dux erat ignoto missa columba mari.　　　　40


23 gaza Midae *Palmer*: cambysae *Ω*: iam Gygae *Schrader*: iam Nysae
*Housman*\* 　　redeant] se dent *Barber* 　　munera *Camps*: saecula *Giar-
dina 2005* 　　25 mea] me *ς*
27–8 del. *Jeverus* (28 iam *Broukhusius*) 　·　　28 multa et amare]
m- negare *Markland*: uix et a- *Heyworth*: non ita a- *Ast* 　　solet *Nodell*
29 *nou. el. indic. N (l.m.), T (nota marginali), Y (tit.), C (int.): con-
tinuant ΠS, T t., Γ* 　　ante 29 *uu.* 31–2 *Housman, lac. Rothstein*
29 heu *Guyetus*: seu *Ω*: si *Jeverus* 　　cogitat *P*: -et *NFLΛ*
31 sopitis *Ω* (so *in ras. T*): positis torus *Housman* 　　tectum *Heinsius*
32 uno fonte . . . aquam *Heyworth* 　　33 *fort.* aut 　　36 que in *Λ*:
que *NF*: quod *LP*: ue in *Schuster* 　　turbidus *ς* 　　37 quotcumque *ς*
39 mouistis] n- *LW* 　　montes duo *Palmer*: duo litora *Ω* 　　rudis *F2 mg.*:
ratis *Ω* 　　Argus *ς*: argo *NΛ*: ergo *Π* 　　40 dux erat] duxerat *Π, S
primo*

illa meis tantum non umquam desit ocellis,
  incendat nauem Iuppiter ipse licet.
certe isdem nudi pariter iactabimur oris:
  me licet unda ferat, te modo terra tegat.
sed non Neptunus tanto crudelis amori:                    45
  Neptunus fratri par in amore Ioui.
testis Amymone, latices dum quaerit in aruis
  compressa, et Lernae pulsa tridente palus.
nam deus amplexae uotum persoluit, at illi
  aurea diuinas urna profudit aquas.                      50
crudelem et Borean rapta Orithyia negabit:
  hic deus et terras et maria alta domat.
crede mihi, nobis mitescet Scylla, nec umquam
  alternante uacans uasta Charybdis aqua.
ipsaque sidera erunt nullis obscura tenebris,             55
  purus et Orion, purus et Haedus erit.
quod mihi si ponenda tuo pro corpore uita,
  exitus hic nobis non inhonestus erit. ⊗


. . . at uos incertam, mortales, funeris horam            **xxvii**
  quaeritis, et qua sit mors aditura uia;

41 umquam] n- *FP*    desit] spectat *Π*    43 isdem] hisám (= ?) *Π*
44 modo] quoque *Π*    45 sancto *Livineius*    47 dum *N*: cum
*ΠΛ*    quaerit *Heyworth* (cum quaereret aruis *iam anon. apud Dorvillium*):
ferret *Ω*    Argis ς    48 Lerne ς    49 nam *Vahlen*: iam *Ω*:
quam *Shackleton Bailey*    amplexae *Postgate*: -u *Ω*: -us *Passerat*    illi] -e
*N primo, C primo*    at] et *Γ*    50 profudit] per- *FU*    51 negabit
*Livineius*: -uit *Ω*    53 mitescet *NPTSKWYC*: mut- *FLJ*
54 uocans (*i.e.* uac-, *quod coniecerat Ayrmann*) *S*: uor- *NΠΤΓΥC*: carens
*Alton*    alternas reuomet . . . aquas *Politianus*    57 quod] quid *N*
pro *Havet*: sit *Ω*
  II xxvii 1 *nou. el. indic. N* (*l.m.*), *Π, T rub.* (*tit.*): *continuat Λ*    *ante*
*u.* 1 *lacunam Richmond*    2 adeunda ς: obeunda *Heinsius*

quaeritis et caelo Phoenicum inuenta sereno,
    quae sit stella homini commoda quaeque mala.
seu pedibus Parthos sequimur seu classe Britannos,     5
    et maris et terrae caeca pericla latent.
rursus et obiectum flemus caput esse tumultu,
    cum Mauors dubius miscet utrimque manus.
praeterea domibus flammam domibusque ruinas,
    <............................>
    <..............................>
neu subeant labris pocula nigra tuis.     10
solus amans nouit quando periturus et a qua
    morte, neque hic Boreae flabra neque arma timet.
iam licet et Stygia sedeat sub harundine remex,
    cernat et infernae tristia uela ratis:
si modo clamantis reuocauerit aura puellae,     15
    concessum nulla lege redibit iter. ⊗


IVPPITER, affectae tandem miserere puellae:     **xxviii**
    tam formosa tuum mortua crimen erit.
uenit enim tempus quo torridus aestuat aër,
    incipit et sicco feruere terra Cane.

    4/3 *ord. inu. L* (*ob homoearchon*)          6 terrent *Phillimore*: durae
*Heinsius*    latent *Smyth*: uiae *Ω*          7 flemus *ΠSΓ*: fletuus *T*:
fletu *N primo*: fletus *N p.c.*, *Y*: fle.... *C*: fletis *ς*: fles tu *Housman*    caput
*NFC*: -iti *ci. Colucius, ut uid., LPTSΓY*          tumultu *ς*: -um *Ω*
8 dubius *Heyworth*: -as *Ω*                    *post* 8 *lacunam Havet*
9 dominisque *Lachmann*: metuisque *Müller*    ruinas *N, L p.c., P, T p.c.*,
*SΓYC*: -am *F, L primo, T primo*          *post* 9 *lacunam Heyworth*
11 periturus] -itururus *N*          13 nam *Reitzenstein*    remex] maerens
*Heimreich*          14 soluat *Broukhusius*: pandat *Giardina 2005*
16 nullis *ς*
    II xxviii 1 *nou. el. indic. N* (*l.m.*), *ΠTSKY* (*tit.*), *JWC* (*int.*)
2 tam] iam *N*          *post* 2 *uu.* 33–46 *tr. Baehrens* (33–4 *iam Passerat*)

sed neque tam ardoris culpa est neque crimina caeli   5
quam totiens sanctos non habuisse deos.
[hoc perdit miseras, hoc perdidit ante puellas:
quicquid iurarunt, uentus et unda rapit.]
num sibi collatam doluit Venus? illa peraeque
   semper formosis inuidiosa dea est.   10
an contempta tibi Iunonis templa Pelasgae?
   Pallados aut oculos ausa negare bonos?
semper, formosae, non nostis parcere uerbis.
   hoc tibi lingua nocens, hoc tibi forma dedit.
sed tibi uexatae per multa pericula uitae   15
   extremo ueniat mollior hora die.
Io uersa caput primos mugiuerat annos:
   nunc dea, quae Nili flumina uacca bibit.
Ino etiam prima terris aetate uagata est:
   hanc miser implorat nauita Leucothoën.   20
Callisto Arcadios errauerat ursa per agros:   23
   haec nocturna suo sidere uela regit.
quod si forte tibi properarint fata quietem,   25
   ipsa sepultura facta beata tua,
narrabis Semelae quo sis formosa periclo;
   credet et illa suo docta puella malo;
et tibi Maeonias omnes heroidas inter
   primus erit nulla non tribuente locus.   30

5 neque *ς*: nec *T*: *om. J*: non *ΝΠSKWYC*    7–8 *del. Heimreich*
7 perdet *Heinsius*    8 iurarunt *ΠΓYC*: iuratur *TS*: iurarem *N*
9 num *ΠTSJWYC*: non *N*: nam *K*: an *Giardina 2005*: *fort.* te
10 semper *Markland*: per se *M*: prae se *ΝΠTSΓURC*    11 templa
*ΝΠTSΓY*: tecta *C*: planta *Alton*: membra *Waardenburgh*    13 bene
*ante* uerbis *add. S*    15 uexata . . . uita *ς*    post *Pricaeus*
16 ueniat *ς*: -it *ΝΠTSYC*: -iet *Γ*    aura *ς*    17 multos *ς*
19 terras *ς*: Thebis *Jacob*: ponto *Heyworth*    21–2 *del. Heimreich*
24 sidere] -ra *F, T primo, Γ*    25 properarint] -auit *FΓ*
26 ipsa (*ς*) sepultura facta (*ς*) b- tua *Markland*: illa -rae fata (sorte
*Lachmann*) b- tuae *Ω*    27 narrabis] -bit *Γ*    sis *ς*: sit *NΛ*: fit *Π*
28 ipsa *Santen*    29 omnes heroidas inter *ς*: i- h- o- *Ω*

nunc, utcumque potes, fato gere saucia morem:
    et deus et durus uertitur ipse dies.        32
deficiunt magico torti sub carmine rhombi,        35
    et tacet exstincto laurus adusta foco.
et iam luna negat totiens descendere caelo,
    nigraque funestum concinit omen auis.
una ratis fati nostros portabit amores
    caerula in inferno uelificata lacu.        40
si non unius, quaeso, miserere duorum:
    uiuam si uiuet; si cadet illa, cadam.
pro quibus optatis sacro me carmine damno:
    scribam ego PER MAGNVM EST SALVA PVELLA IOVEM;
ante tuosque pedes illa ipsa operata sedebit,     45
    narrabitque sedens longa pericla sua.      46
hoc tibi uel poterit coniunx ignoscere Iuno:    33
    frangitur et Iuno, si qua puella perit.     34
et tua, Persephone, maneat clementia, nec tu,   47
    Persephonae coniunx, saeuior esse uelis.
sunt apud infernos tot milia formosarum;
    pulchra sit in superis, si licet, una locis.    50
uobiscum Antiope, uobiscum candida Tyro,
    uobiscum Europe nec proba Pasiphaë

31–2 *del. Knoche*      33–4 *post* 46 *Heyworth 1984*      35 *cont.*
*Π, T t., SΓ: nou. el. indic. N (l.m.), T (nota mg.), Y (tit.), C (int.)*
35–8 *alienos esse ratus Rose*     35 carmine] imag- *Π*    rhombi *LPΛ*:
bombi *N*:  nimbi *F a.c., ut uid.*     36 tacet *Canter*: i- *Ω*
38 concinit *ς*: condidit *Ω*    39–40 *post* 42 *Otto*    39 illa
*Damsté*  amores] amicos *S primo*    40 caerula *NY*: gar(r)- *ΠSC*:
ger- *TΓ*  in inferno ... lacu *Palmer*: ad -os ... lacus *Ω*: ad -os ... locos
*Baehrens*    41 si] sed *N*   miserere] misere *FP*     45 operata
*P*: operta *NFLΛ*: adoperta *T s.l. (m.incert.)*    33 poterit] -at *FL*
*a* 47 *nou. el. Lachmann*    47 et *Heyworth 1984*: haec *NLPΛ*: nec *F*
50 si licet *NTSΓY*: scilicet *ΠC*    51 Antiope *ς*: est iope *Ω*: est Iole
*ς*: Hesione *Housman*    52 Pasiphae] -phe est *S*

et quot Creta tulit uetus et quot Achaïa formas
  et Thebae et Priami diruta regna senis;
et quaecumque erat in numero Romana puella          55
  occidit: has omnes ignis auarus habet.          56
tu, quoniam es, mea lux, magno dimissa periclo,          59
  munera Dianae debita redde choros;          60
redde etiam excubias diuae nunc, ante iuuencae:
  uotiuas noctes et mihi solue decem. ⊗

[Andromede monstris fuerat deuota marinis;          21
  haec eadem Persei nobilis uxor erat.]

[nec forma aeternum aut cuiquam est fortuna perennis:
  longius aut propius mors sua quemque manet.]          58

HESTERNA, mea lux, cum potus nocte uagarer          **xxix A**
  nec me seruorum duceret ulla manus,
obuia, nescioquot pueri, mihi turba, minuti,
  uenerat (hos uetuit me numerare timor);
quorum alii faculas, alii retinere sagittas,          5
  pars etiam uisa est uincla parare mihi.

53 Creta *Rossberg*: Troia *Ω*: hioa *T mg.*: Pthia *Huschke*
54 Thebae *Scaliger*: ph(o)ebi *Ω*          55 erat in numero hoc *uel* harum
in n- *Heinsius*          56 ignis auarus] i- et Orcus *Burman*: i- (imus *Enk*)
Auernus *Francius*          57–8 *exclusit Fontein*: 58 *habet Flor.1          lac.*
*ante* 59 *Heyworth*          59 tu] nunc *Heinsius*          62 et] ei *Damsté,*
*fort. recte*

21 deuota] monstrata *Π* (*cf.* monstris)          22 haec] nec *Π*
57 aeterna *Ayrmann*          perenne *Heinsius*          58 propius] propr-
*NFKW*

II xxix 1 *nou. el. indic. N* (*l.m.*), *L* (*int., tit. mg*), *PKY* (*tit.*), *TSJWC*
(*int.*): *cont. F*          1 Extrema *Heinsius* (*cf.* 42)          mea] modo *Π*
uagarer *NLPTSKC*: -aret *FW*: -irer *Y*: negarer *J*          3 minuti *Hein-*
*sius*: -a *Ω*          4 uenere *Heinsius*          hos *ci. Colucius, ut uid., P, K s.l.*:
hoc *NFLΛ*          5 horum *Burman*          tenuere *Heinsius*: intendere *Leo*

sed nudi fuerant. quorum lasciuior unus
  'arripite hunc,' inquit, 'nam bene nostis eum.
hic erat, hunc mulier nobis irata locauit.'
  dixit, et in collo iam mihi nodus erat.          10
hic alter iubet in medium propellere; at alter,
  'intereat, qui nos non putat esse deos.
haec te non meritum totas exspectat in horas;
  at tu nescioquam quaeris, inepte, foris.
quae, cum Sidoniae nocturna ligamina mitrae    15
  soluerit atque oculos mouerit illa graues,
afflabunt tibi non Arabum de gramine odores,
  sed quos ipse suis fecit Amor manibus.
parcite iam, fratres, iam certos spondet amores,
  et iam ad mandatam uenimus ecce domum.'    20
atque ita mi iniecto dixerunt rursus amictu:
  'i nunc et noctes disce manere domi.' ⊗


MANE erat, et uolui, si sola quiesceret illa,    **xxix B**
  uisere; at in lecto Cynthia sola fuit.
obstupui: non illa mihi formosior umquam    25
  uisa, neque ostrina cum fuit in tunica

---

7 nudus fueram *Heyworth*    fuerunt *Heinsius*    horum *Broukhusius*
8 nam *ΠΛ*: iam *N*    9 hunc *bis S*    notauit *Müller²*: dicauit *Hous-man**    10 nodus] nudus *LPR*    11 hinc *Heinsius*    at] et *FKU*    12 intereat] intrat *SY*    14 nescioquam *Paley*: -quas *Ω* inepte] inempte *N*    foris *Dousa p.*: -es *Ω*    16 illecebris *Cornelissen* 17 afflabit *Waardenburgh*    18 fecit *NΠT, S p.c., C s.l.*: facit *S a.c., ΓYC*: pressit *Jortin*    21 mi *Canter*: me *Ω*    dixerunt *F*: dux-*NLPΛ*: soluerunt *Baehrens*    me in tectum (lectum *Birt*) dux- r- amicae *Fischer*

23–42 *separauerunt ς: cont. Ω*    23 si] ne *ς*    24 uisere] dis-cere *P (fort. ex* 22)

ibat et intactae narratum somnia Vestae
  neu sibi neue mihi quae nocitura forent.
&lt;qualis. . . . . . . . . . . . . . . . . . . . . . . . . . . . . .&gt;
  &lt;. . . . . . . . . . . . . . . . . . . . . . . . . . . .&gt;
talis uisa mihi somno dimissa recenti.
  heu quantum per se candida forma ualet!     30
'quid tu matutinus' ait 'speculator amicae?
  me similem uestris moribus esse putas?
non ego tam facilis: sat erit mihi cognitus unus,
  uel tu, uel si quis uerior esse potest.
apparent non ulla toro uestigia presso,     35
  signa uolutantes nec iacuisse duos.
aspice ut e toto nullus mihi corpore surgat
  spiritus, admisso motus adulterio.'
dixit, et opposita propellens sauia dextra
  prosilit, in laxa nixa pedem solea.     40
sic ego tam sancti custos excludor amoris;
  ex illo felix nox mihi nulla fuit. ⊗

27–8 *transponendos censuit Dorvillius, alii*     27 ut *Lachmann*: uti *Barber*, hinc *deleto*    intactae *Postgate*: hinc castae *NFTKYC*: huic c- *LP, S ut uid., JW*: in c- *Jacob*: incanae *Housman*    narratum *NTSJYC*: -bat *Π*: -batur *W*: -bitum *K a.c.*    28 qua *Hendry\**    *lac. ante* 29 *Richardson 1976*, II ii 9–12 *huc transpositis*    31 quid ς: quod *Ω*: quo ς    matutinus] -imis *L*: -inis *P*    32 uestri *nescioquis apud Camps*: -ne tuis *Heyworth*    35 non ulla] non n- *SR*    36 uolutantis *LPΓY*: uoluntatis *N, F* ($t^2$ *ex* n *corr., calamo currente, ut uid.*): uoluptatis *TSC*    nec] hic *Jacobs*    37 e *Liberman 1992*: in *NΠΤΓΥC*: *om. S*    immoto *Dorvillius*    pectore ς    38 motus *Marcilius*: no- *Ω*: na- *Dousa p.*    39 dextra ς: nostra *Ω*: ueste ς    40 laxa *ci. Colucius, P ras., T s.l.*: saxa *Ω*    41 tam] iam *S*    custos ς: -ode *NLPΛ*: -odis *F*: cultor *Baehrens*    excludor *Heinsius*: recludor *TSY*: ..ludor *C*: reludor *N*: rector *ΠΓ*: eludor *Burman*: deludor *Otto*    42 nox ς: non *Ω*

... quo fugis a demens? nulla est fuga: tu licet usque      **xxx**
   ad Tanain fugias, usque sequetur Amor.
non si Pegaseo uecteris in aëra dorso,
   nec tibi si Persei mouerit ala pedes,
uel si te sectae rapiant talaribus aurae,                    5
   nil tibi Mercurii proderit alta uia.
semper Amor supra caput improbus instat amanti
   et grauis ipse super libera colla sedet.
excubat ille acer custos, et tollere numquam
   te patietur humo lumina capta semel.                     10

             *      *      *

et iam si pecces, deus exorabilis ille est,
   si modo praesentes uiderit esse preces.                  12


... num tu, dure, paras Phrygias nunc ire per undas
   et petere Hyrcani litora sola maris,                     20
spargere et alterna communes caede Penates
   et ferre ad patrios praemia dira Lares?


II xxx 1 *nou. el. indic.* N (*l.m.*), TC (*int.*), Y (*tit.*): *cont.* ΠSΓ
*lacunam ante* 1 *Scaliger, alii*      2 Tanain] tantam FL (tanain *in spat.*
*rel. P, ut uid.*)         3 uecteris] n- LP      aera ς: -e Ω (aa- *in* ae- *mutatum*
N)         3–4 non ...| nec] nunc ...| nunc *Guyetus*        5 sectae]
nexis *Fontein*       7 semper A- s- c- improbus instat *Heyworth*: instat
s- a- (amor semper P) s- c- instat Ω        8 liuida *Giardina 2005*
*post* 10 *lac. Shackleton Bailey*       11 at *Voss*     si p- etiam *Page**
12 uiderit] dix- S        *post* 12 *lac.* ς *et Scaliger, qui huc* 19–22 *transtulit,*
*quos uersus ante* 1 *Carutti, post* 3 *Helmbold 1951; alii uu.* 19–22 *fragmen-*
*tum uel fragmenta esse uel interpolatos censuerunt*
   19 num (*iam Scaliger*) tu dure (*iam* ς) paras *Housman*: nunc tu dura
p- LPW: nunc dura p- FY: nunc iam dura p- T: nunc qui dura p- *JK*:
nunc ...... dura p- C: non tamen immerito N: *uers. om.* S, *spat. rel.*
nunc] hinc *Heyworth*        20 sola *Knauth*: nota Ω: longa *Baehrens*:
rauca *Munro*: nauta *Hertzberg*      21 et] que Π       externa *Guyetus*:
fraterna *Markland* (et *del.*)       22 proelia ς

... ista senes licet accusent conuiuia duri,                    13
    nos modo propositum, uita, teramus iter;
illorum antiquis onerentur legibus aures:                    15
    hic locus est in quo, tibia docta, sones,
quae non iure uado Maeandri iacta natasti,
    turpia cum faceret Pallados ora tumor.                    18

*    *    *

una contentum pudeat me uiuere amica?                    23
    hoc si crimen erit, crimen Amoris erit:
mi nemo obiciat. libeat tibi, Cynthia, mecum                    25
    rorida muscosis antra tenere iugis.
illic aspicies scopulis haerere Sorores
    et canere antiqui dulcia furta Iouis,
ut Semela est combustus, ut est deperditus Io,
    denique ut ad Troiae tecta uolarit auis.                    30
(quod si nemo exstat qui uicerit Alitis arma,
    communis culpae cur reus unus agor?)
nec tu uirginibus reuerentia moueris ora:
    hic quoque non nescit quid sit amare chorus,
si tamen Oeagri quaedam compressa figura                    35
    Bistoniis olim rupibus accubuit.
hic ubi te prima statuent in parte choreae
    et medius docta cuspide Bacchus erit,
tum capiti sacros patiar pendere corymbos:
    nam sine te nostrum non ualet ingenium. ⊗                    40

13–18 *et* 23–40 *fragmenta unius carminis ratus est Rossberg*: 13–18 *post*
26 *Tremenheere*          13 senes] senex *T primo*          15 onerentur *P
p.c.*, *T*: -antur *NΠSΓYC*          uocibus *Giardina 2005*          16 tibia] tibi
*LȜ*          sones] senes *Π*          18 Pallados] palladis *N*, *P p.c.*, *T u.l.*: pal-
lidus *ΠΛ*          tumor] timor *SC*          26 tenere *FTSC*: detenere *N*:
tedere *LPΓ*: de rege *Y*: subire *ς*: uidere *Giardina 2005*          29 ut¹] et
*FR*          Semela] semel *Π*          30 ad] a *W*: *om. K*          uolarit *P p.c.*, *T*: -ri
*N*: -ret *FPSΓYC*: -res *L*          31–2 *ante* 23 *Scaliger, post* 24 *Peiper*:
*alienos ratus Eschenburg*          35 si] sed *N*          Oeagri] oea ğ̮ (= igitur) *N*:
agni *Y*          37 te *ς*: *om. Y*: me *NΠTSΓC*          38 tecta *Scaliger*:
posita *Heinsius*          39 capiti] campi *Π*          40 non] nil *ς*

QVAERIS cur ueniam tibi tardior? aurea Phoebi     **xxxi**
    porticus a magno Caesare aperta fuit.
tota erat in spatium Poenis digesta columnis,
    inter quas Danai femina turba senis.
<. . . . . . . . . . . . . . . . . . . . . . . . . . . . . >
  <. . . . . . . . . . . . . . . . . . . . . . . . . . . >
hic equidem Phoebo uisus mihi pulchrior ipso,     5
    marmoreus tacita carmen hiare lyra;
atque aram circum steterant armenta Myronis,
    quattuor, artificis uiuida signa, boues;
tum medium claro surgebat marmore templum,
    uel patria Phoebo carius Ortygia.     10
in quo Solis erat supra fastigia currus,
    et ualuae Libyci nobile dentis opus:
altera deiectos Parnasi uertice Gallos,
    altera maerebat funera Tantalidos.
deinde inter matrem deus ipse interque sororem     15
    Pythius in longa carmina ueste sonat.     16
hoc utinam spatiere loco, quodcumque uacabis,     **xxxii**
    Cynthia! sed tibi me credere turba uetat,     8
cum uidet accensis deuotam currere taedis
    in nemus et Triuiae lumina ferre deae.     10

---

II xxxi 1 *nou. el. indic.* N (*l.m.*), *TC* (*int.*), *SY* (*tit.*): *cont. ΠΓ*
3 tota ς: tanta *Ω*: tantam *ed. Ald.*          spatium *Heinsius*: speciem *Ω*
Poenis *om. Π*     columnis *ʒK*: -mbis *NΠTSWYC*          *lac. ante* 5
*Heyworth 1994*          5 equidem] quidem *ΓC*: Phoebus *Hoeufft*: qui-
dam *Markland*          Phoebus ς     illo *Heyworth 1994*          8 artifices
*Broukhusius*          uiuida *NΠTSʒWC*: inuida *KY*          9 at *Guyetus*
Pario ς     10 uel *Bergk*: et *Ω*     carius] clarior *Π*          11 in quo ς:
et quo *Ω*: et, qui *Bergk*     et duo . . . erant *Hertzberg*          14 narrabat
*Baehrens*          15 interque] uterque *KW*          *post* 16 *transp. carminis*
II xxxii (*ut appellatum est*) *uersus* 7–10 *Hetzel* (*lac. iam* ς); *nou. el. hic*
*indic.* ς (*cont. Ω*)          8 nam ς     tibi me *Λ*: time *N*: timeo *Π*     uetat
*ΠTSΓC*: uocat *NY*          9 cur ς     currere taedis *NLPΓ*: -ret aedis
*FTSY*: -ret taedis *C*

qui uidet, is peccat: qui te non uiderit, ergo                    1
  non cupiet: facti lumina crimen habent.
nam quid Praeneste in dubias, o Cynthia, sortes,
  quid petis Aeaei moenia Telegoni?
cur ita te Herculeum deportant esseda Tibur?                      5
  Appia cur totiens te uia Lanuuium?                              6
scilicet umbrosis sordet Pompeia columnis                        11
  porticus, aulaeis nobilis Attalicis,
et creber platanis pariter surgentibus ordo,
  flumina sopito quaeque Marone cadunt,
et sonitus nymphis tota crepitantibus urbe                       15
  cum subito Triton ore refundit aquam.
falleris: ista tui furtum uia monstrat amoris;
  non urbem, demens, lumina nostra fugis.
nil agis; insidias in me componis inanes;
  tendis iners docto retia nota mihi.                             20
sed de me minus est; famae iactura pudicae
  tanta tibi miserae, quanta meretur, erit.
nuper enim de te nostras manauit ad aures
  rumor, et in tota non bonus urbe fuit.

---

2 furti *Palmer*          lumina crimen ς: crimina lumen Ω          habent
*NFLSΓC*: -et *PTY*          3 Praeneste in *Lachmann*: -ti Ω: -tis ς
dubias] -ius Γ          4 Telegoni *C*: tela- *P*: letho- *NFTΓY*: lotho- *L*:
legoni (th *supra* g) *S*          5 cur ita te *Richmond*: curua te *N*: cur uatem
*ΠTSΓY*: cur quater *C*          cur tua in H- te portant *Heinsius*          deportant
esseda Tibur] deportantes sed abitur *N*          6 Lanuuium *Jortin*: dicit
anum *NSJWYC*: ducit anum *ΠTK*          13 creber platanis pariter
*ΠSΓYC*: pl- c- p- *N*: c- p- pl- *T*: crebris p- pl- *Baehrens*          surgentibus ς:
urg- Ω          15 sonitus *Heyworth 1984*: leuiter Ω          nymphis] l- *S*
lato ... orbe *Housman* (toto ... o- *iam Heinsius*)          16 qui *Markland*
refundit *Heinsius*: recondit Ω          *ante* 19 *nou. el. indicandam suspica-
tur Heyworth*          20 cauto *Heinsius*          21 est *om. S*          famae
*ΠΓYC*: fama et *T*: fama *NS*          pudicae] -icitiae *N*          22 meretur *N*:
-eris *ΠΛ*          23 nostras *F, P s.l.*: -a *NLPΛ*          manauit *Giardina 1977*:
me l(a)edit Ω: malus iuit *Rossberg*: maledixit *Schneidewin*          aures
*NLPΛ*: aure *F*          24 fluit *Guyetus*: furit *Barber*

sed tu non debes inimicae attendere linguae:                    25
   semper formosis fabula poena fuit.
non tua deprenso damnata est fama ueneno;
   testis eris puras, Phoebe, manere manus.
sin autem longo nox una aut altera lusu
   consumpta est, non me crimina parua mouent.    30
Tyndaris externo patriam mutauit amore,
   et sine decreto uiua reducta domum est.
ipsa Venus, quamuis corrupta libidine Martis,
   non minus in caelo semper honesta fuit.
quamuis Ida deam pastorem dicat amasse              35
   atque inter pecudes accubuisse deam,
hoc et Hamadryadum spectauit turba sororum
   Silenique senes et pater ipse chori,
cum quibus Idaeo legisti poma sub antro
   supposita excipiens, Nai, caduca manu.         40
an quisquam in tanto stuprorum examine quaerit
   'cur haec tam diues? quis dedit? unde dedit?
o nimium nostro felicem tempore Romam,
   si contra mores una puella facit'?
haec eadem iam ante illam impune et Lesbia fecit:    45
   quae sequitur certe est inuidiosa minus.

---

25 *habet Flor.1*          attendere *Heyworth*: credere Ω: cedere *Wakker*
26 fuit ΠΛ: tuis N: subit *Heinsius*          27 mea *Weidgen, qui uu.* 25–42
*Cynthiae dat* (25–30 *Barber*)          28 manere *Liberman 1992*: uidere Ω
29 aut] uel L          30 num te *Barber*     crimina LPΛ: scrinia N (*corr.*
*m.rec.*): carmina F          31 mutauit] mot- N          32–3 *interpolatos*
*censuit Hoppe*          32 sine dedecore est ... domum *Santenius*
33 quamuis ΠΛ: fertur N          correpta *Fontein*          Martis] uixit LP
34 non ς: nec *NLPTSΓURC*: ne *FM*          35 deam *Clausen 2000*:
Parim Ω: aliam *Heyworth*          37 hoc] non Π     et ς: etiam Ω (*quo*
*accepto* Adryadum *Camps*)          39 num     minus *Markland*
40 Nai, caduca *Scaliger*: naica dona Ω          41–50 *om. ob homoeoteleu-*
*ton C*          42 dedit²] 1- Γ          43 o] a *Heyworth*          45 iam *ante*
ante *Heyworth, ante* impune ς: *om.* Ω

qui quaerit Tatium ueterem durosque Sabinos,
  hic posuit nostra nuper in urbe pedem.
tu prius et fluctus poteris siccare marinos
  altaque mortali deligere astra manu                    50
quam facere ut nostrae nolint peccare puellae:
  hic mos Saturno regna tenente fuit,
et dum Deucalionis aquae fluxere per orbem;
  at post antiquas Deucalionis aquas,
dic mihi, quis potuit lectum seruare pudicum?           55
  quae dea cum solo uiuere sola deo?
uxorem quondam magni Minois, ut aiunt,
  corrupit torui candida forma bouis;
nec minus aerato Danaë circumdata muro
  non potuit magno casta negare Ioui.                    60
quod si tu Graias, si tu es imitata Latinas,
  semper uiue meo libera iudicio. ⊗


TRISTIA iam redeunt iterum sollemnia nobis:    **xxxiii A**
  Cynthia iam noctes est operata decem.
atque utinam pereant Nilo quae sacra tepente
  misit matronis Inachis Ausoniis.
quae dea tam cupidos totiens diuisit amantes?            5
  quaecumque, illa suis semper amara fuit.

---

47 Tatium ueterem *Heyworth*: -os -es *ΠΛ*: tacitos -es *N*    durasque
Sabinas *Dousa p.*         48 hic] haec *LP*         50 deripere *Burman*
51 nolint *ci. Colucius, PTSKW*: noluit *NLJY*: uoluit *FC*         52 hic]
is *ci. Colucius, P*: his *L*: hi *M*         53 at *ς*    dum *Heyworth*: c- *Ω*
orbem] u- *N primo*         54 at *ς*: et *Ω*: *an* sed?    antiqui *Markland*
55 *habet Flor.I*         58 corripuit *ς*         61 si tu es *Heyworth* (seu tu
es *iam Luck*): tuque es *NΠTSΓC*: qu(a)e es *Y*: es tuque *Baehrens*
imitata] mutata *LJ*: mirata *S p.c.*    Latinas] -os *N*         62 tuo *Lach-
mann*
II xxxiii 1 *nou. el. indic. N* (*m.incert. mg.*), *ΠTSKY* (*tit.*), *JWC* (*int.*):
*cont. N primo*         3 pereant *NP*: -at *FLΛ*         6 suis *Housman**:
fuit *Ω*    uenit *Sandstroem*

tu certe Iouis occultis in amoribus, Io,
  sensisti multas quid sit inire uias.
cum te iussit habere puellam cornua Iuno
  et pecoris duro perdere uerba sono,                    10
a quotiens quernis laesisti frondibus ora,
  mandisti et stabulis arbuta pasta tuis!
an, quoniam agrestem detraxit ab ore figuram
  Iuppiter, idcirco facta superba dea es?
an tibi non satis est fuscis Aegyptus alumnis?           15
  cur tibi tam longa Roma petita uia?
quidue tibi prodest uiduas dormire puellas?
  sed tibi, crede mihi, cornua rursus erunt,
aut nos e nostra te, saeua, fugabimus urbe:
  cum Tiberi Nilo gratia nulla fuit.                     20
at tu, quae nostro, nimium pia, causa dolori es,
  noctibus his uacui, ter faciamus iter. ⊗

                                              **xxxiii B**

LENTA bibis: mediae nequeunt te frangere noctes.
  an nondum est talos mittere lassa manus?               26
non audis, et uerba sinis me ecfundere, cum iam          23
  flectant Icarii sidera tarda boues.                    24
a pereat quicumque meracas repperit uuas                 27
  corrupitque bonas nectare primus aquas!
Icare, Cecropiis merito iugulate colonis,
  pampineus nosti quam sit amarus odor.                  30

---

7 ab *Bonazzi*      8 multas] uetitas *Fontein*    inire] obire *Francius*
9 iussit] dixit *S*    Iuno] humo *N*      12 mandisti *Palmer*: mansisti *Ω*
et ς: *om. Ω*        arbuta *Palmer*: abdita *Ω*        16 uia <est> *PT*
18 sic *Burman*        19 aut] et *Richardson 1976*    fugabimus *NPTS*:
fugau- *FLΓYC*        21 pia causa *Housman**: placata *Ω*: pia casta (*uel*
facta) *Barber*    dolori *Scaliger*: -re *Ω*        22 ter] par *Birt*
    *post* 22 *nou. el. Hertzberg: cont. Ω*        25–6 *ante* 23–4 *Reedy**
23 me (ς) ecfundere *Housman**, *Watt 1992*: mea ludere *Ω*: me perdere
*Hall**        27 uuas] un- *F ut uid.*, *L*

94

tuque, o Eurytion, uino, Centaure, peristi,
   necnon Ismario tu, Polypheme, mero.
uino forma perit, uino corrumpitur aetas,
   uino saepe suum nescit amica uirum.
me miserum, ut multo nihil est mutata Lyaeo!      35
   i, bibe; formosa es: nil tibi uina nocent.
cum tua praependent demissae in pocula sertae
   et mea deducta carmina uoce legis,
largius effuso madeat tibi mensa Falerno,
   spumet et aurato mollius in calice. ⊗      40

... nulla tamen lecto recipit se sola libenter:
   est quiddam quod uos quaerere cogat Amor.      42

... semper in absentes felicior aestus amantes:
   eleuat assiduos copia longa uiros.      44

Cᴠʀ quisquam faciem dominae iam credat amico? **xxxiv**
   sic erepta mihi paene puella mea est.
expertus dico: nemo est in amore fidelis;
   formosam raro non sibi quisque petit.

31 que o *NTYC*: *om. F primo* (quod o *suppl. F2, corr. Colucius*):
quoque *LP, S* (*cum* oe$^u$r-*; oeur- et* Γ)      33–4 *habet Flor.1*
35 est] es *F*      36 i *Birt 1911*: iam *N* (a *ex* i *corr., ut uid.*), *ΠΛ*
37 *uers. citat ob formam* sertae *Charisius* (GLK *1.107.25*), *auctor de dub.*
*nom.* (GLK *5.590.24–5*)      praependent] perp- *LP*      demissae ... sertae
*Charisius, auctor de dub.nom., N*: -a ... -a *ΠΛ*      39 madeat *NΛ*: -et
*FP*: -ent *L*
   *post* 40 *finem carminis indicauit Heyworth* (*lac. iam Baehrens*), 41–2 *et*
43–4 *fragmenta discreta ratus*      41–2 *post* 44 *Barber*      42 uos]
nos *Π*
   II xxxiv 1 *nou. el. indic. T p.c.: cont. Ω*      1 iam credat] non credit
*Π*      amico ς: amori *Ω*      3 *habet Flor.1*      4 formosam] -maui
*L*: form/// *P a.c.*: et formam *F*      raro] rato *LP*

polluit ille deus cognatos, soluit amicos,                         5
  et bene concordes tristia ad arma uocat.
hospes in hospitium Menelao uenit adulter;
  Colchis et ignotum nempe secuta uirum est.
Lynceu, tune meam potuisti, perfide, curam
  tangere? nonne tuae tum cecidere manus?        10
quid si non constans illa et tam certa fuisset?
  posses tu tanto uiuere flagitio?
tu mihi uel ferro pectus uel perde ueneno;
  a domina tantum te modo tolle mea.
te socium uitae, te corporis esse licebit;         15
  te dominum admitto rebus, amice, meis.
lecto te solum, lecto te deprecor uno:
  riualem possum non ego ferre Iouem.
ipse meae solus, quod nil est, aemulor umbrae,
  stultus, quod falso saepe timore tremo.         20
una tamen causa est qua crimina tanta remitto:
  errabant multo quod tua uerba mero.
sed numquam uitae fallet me ruga seuerae:
  omnes iam norunt quam sit amare bonum.

---

5 amores ⟨ *an* 7–8 *omittendi?* 7 hostis *Postgate*
Menelai ⟨ 8 ignotum Colchis *Francius* nempe *Housman**:
nonne Ω: naue *Rossberg* 9–10 perfide . . .| tangere] tangere . . .|
perfide *Π* 10 nonne tuae] non et ue *N* 12 posses tu *Mark-*
*land*: p- in *NΛ*: p- et in *LP*: posset et in *F*: possesne in *Heinsius*
13 corpus *Postgate* 15 dominum *Cornelissen* carminis *amicus*
*Burmanni*: pectoris *Postgate*: funeris *Giardina 2002* licebit] lib- *LP*
16 socium *Cornelissen* admitto *NPTS*: am- *FLΓYC* 17 lecto[1]]
-te *LP* socium *Postgate* te solum lecto, l- *Francius* 18 habet
*Flor.1* possum] -em *Flor.1* 19–20 *interpolatos censuit Heimreich*
19 nil] uile *LP* meae . . . umbrae *Heinsius*: meas . . . -as Ω
20 falso *Heyworth 1984*: stulto Ω: ficto *Richmond*: nullo *Fontein*
21 tanta r- crimina causa est cur *N primo, ordine s.l. correcto*
22 errabat . . . dextra *Heinsius* 23 uitae] frontis *Giardina 2005*
me fallet *tr. Π* *post* 24 *nou. el. Barth*

Lynceus ipse meus seros insanit amores;                    25
    serum te nostros laetor adire deos.
quid tua Socraticis tibi nunc sapientia libris
    proderit, aut rerum dicere posse uias?
aut quid Cretaei tibi prosunt carmina plectri?
    nil iuuat in magno uester amore senex.                 30
tu potius memorem Musis imitere Philitan
    et non inflati somnia Callimachi.
nam cursus licet Aetoli referas Acheloi
    fluxerit ut magno fractus amore liquor,
atque etiam ut Phrygio fallax Maeandria campo              35
    errat et ipsa suas decipit unda uias,
qualis et Adrasti fuerit uocalis Arion,
    tristia ad Archemori funera uictor equus,
Amphiaraëae nil prosint fata quadrigae
    aut Capanei magno grata ruina Ioui.                    40
desine et Aeschyleo componere uerba cothurno,
    desine, et ad molles membra resolue choros.

25 seros *NTΓYC*: serûs *S*: sacros *Π*    insanit] -at *Y*    meos (ς) ins-
serus *Broukhusius*        26 serum te *Bergk*: solum te *Ω*: tandem te *Giar-
dina 2005*: olim te *Broukhusius*: insolitum *Heinsius*          *post* 26 *lac.*
*Postgate*        28 dicere] disc- *S primo*        29 crethei *Π*: crechtei *T*
(cht *in ras.*): erechtei *YC*: erichtei *S*: erechti *NΓ*: Smyrnaei *Heinsius*:
Dircaei *Palmer*: Aratei *Nairn*: Lucreti *Turnebus*    plectri *Palmer*: lecta *Ω*
30 uester] noster *FS, L primo* (*ut uid.*)        31 potius *Schrader*: satius
*Ω*: Latiis *Hoeufft*    memorem musis *N*: musis mem- *ΠΛ, contra metrum*:
tenerum M- *Hoeufft*: mollem M- *Schottus*: tenuem M- *Camps*    memor
(est satius) Musis *Shackleton Bailey*        imitere *NPTSΓY*: imittere
*L*: mittere *F*: inmittere *C*    Musam leuiorem (Cererem Musis *Stroh
1971*: tenues Musas *Günther 1997*) . . . Philitae *Santenius*        32 inflati
somnia ς: -is omnia *Ω*: inflantis o- *T p.c.*        33 cursus ς: r- *Ω*
34 fractus ς: fac- *Ω*: tac- *Heinsius*        36 respicit *Sterke*    uias] rates
*S*        37–8 *post* 40 *Heinsius*        37 Arion ς: o- *Ω* (ạro- *C*)
38 tristia *Heinsius*: -is *Ω*        *lac. post* 38 *Butler, et Günther 1997, qui u.*
39 *deleuit*        39 Amphiaraeae ς: non amphiareae *FTSΓY*: non -arere
*N* (r[2] *postea del.*): non -are *L*: non -arae *PC*: num A- *Unger*    nil (non
*Paley*) prosint ς: p- tibi *Ω*    prosint] -sunt *F*        40 magno *NΛ*: om.
*Π*: irato *Heinsius*

incipe iam angusto uersus includere torno,
    inque tuos ignes, dure poeta, ueni;
aut non Antimacho, non tutior ibis Homero:        45
    despicit et magnos nostra puella deos.
sed non ante graui taurus succumbit aratro
    cornua quam ualidis haeserit in laqueis,
nec tu tam duros per te patieris amores:
    trux tamen, a nobis ante domandus eris.        50
harum nulla solet rationem quaerere mundi,
    nec cur frenatis luna laboret equis,
nec si post Stygias aliquid restabimus undas,
    nec si consulto fulmina missa tonent.
aspice me, cui parua domi fortuna relicta est        55
    nullus et antiquo Marte triumphus aui,
ut regnem mixtas inter conuiua puellas
    hoc ego quo tibi nunc eleuor ingenio.
me iuuat hesternis positum languere corollis,
    quem tetigit iactu certus ad ossa deus;        60
Actia Vergilio est custodis litora Phoebi
    Caesaris et fortes dicere posse rates,
qui nunc Aeneae Troiani suscitat arma
    iactaque Lauinis moenia litoribus.

43 angusto] aug- *FL*    includere *NLPΛ*: componere *F* (*ex* 41): incu-
dere *Dilthey*    torno] trino *L*: triuo *F*        45–6 *post* 50 *Lachmann*
45–54 *post* 30 *Cecchini 1984*        45 aut    *Stroh 1971*: tu *Ω*
46 nostra *Heyworth*: recta *Ω*: spreta *Heinsius*        47–50 *post* 54
*Müller, post* 26 *Ribbeck*        47 sed *NTSΓC*: si *ΠΥ*: sic *Ribbeck*
ante] a te *Y*    graui ς: -is *Ω*        48 haeserit] -is *Γ*    laqueis] lacrimis
*Π*        49 tam] iam *N*        50 arte *Burman*    domandus] domina-
*N*        51–4 *post* 58 *Vulpius*        51 quarum *Ayrmann*
52 frenatis *Allen 1975*: fraternis *Ω*        53 restabimus undas *Was-
senbergh*: restabit *N*: -bit aerumnas *ΠΛ, contra metrum*: restauerit undas *T
u.l.*        54 fulmina *ΠS, T mg.* (*m.incert.*): flum- *NTΓΥC*        55 est
om. *FL*        59 iuuat *PУC*: -et *NFLTSKWY*    hesternis *TSMUC*:
ext- *NTR*: ect- *F*: et- *LP*: in uernis *Heinsius*        61 Vergilio est *Baeh-
rens*: u- *Ω*: Vergilium *ed. Juntina*    custodis] cordi sit *Butrica 1997*
63 Aeneae *Π, T p.c., SC*: -nae *N*: -ea *T primo, ΓΥ*

cedite, Romani scriptores; cedite, Grai:                    65
  nescioquid maius nascitur Iliade.                         66
tu canis Ascraei ueteris praecepta poetae,                 77
  quo seges in campo, quo uiret uua iugo;
tale facis carmen docta testudine quale
  Cynthius impositis temperat articulis.                   80
tu canis umbrosi subter pineta Galaesi                     67
  Thyrsin et attritis Daphnin harundinibus,
utque decem possint corrumpere mala puellas,
  missus et impressis haedus ab uberibus.                  70
felix qui uiles pomis mercaris amores;
  huic licet ingratae Tityrus ipse canat.
felix intactum Corydon qui temptat Alexin
  agricolae domini carpere delicias.
quamuis ille sua lassus requiescat auena,                  75
  laudatur faciles inter Hamadryadas.                      76
non tamen haec ulli uenient ingrata legenti                81
  siue in amore rudis, siue peritus erit.                  82
sic quoque perfecto ludebat Iasone Varro,                  85
  Varro Leucadiae maxima flamma suae;
sic quoque lasciui cantarunt scripta Catulli,
  Lesbia quis ipsa notior est Helena;
sic etiam docti confessa est pagina Calui
  cum caneret miserae funera Quintiliae.                   90

---

65–6 *citant ut Propertianos Donatus,* uit. Verg. *105, et codex Salma-*
*sianus* (anth.Lat. *1.1.258*)        65–80 *om. Butrica 1997,* 65–6 *Proper-*
*tianos sed hoc loco alienos,* 67–80 *antiquos nec Propertianos ratus*
66 nescioquid] -quod *NL*        77–80 *ante* 67 *Ribbeck*        78 uua]
una *Γ*        80 temperat] tep- *N*        67 umbrosi] -is *N primo*
69 puellam *ς*        71 mercatur *Schrader*        72 huic *NΛ*: hinc *Π*:
nunc *Luck*    ipse *PS*: ipsa *NFLTΓYC*        75 suam . . . auenam *Scal-*
*iger*        81 legenti] uiuenti *N primo* (*corr. s.l.*)        82 peritus]
-turus *N*        83–4 *del. Heyworth: post* 66 *Lachmann, post* 80 *Carutti,*
*post* 92 *Giardina 2005*        85, 87, 89 *sic ter Heyworth:* haec *ter Ω* (nec *Γ*
*in* 89)        86 fama *Markland*

et modo formosa quam multa Lycoride Gallus
  mortuus inferna uulnera lauit aqua.
Cynthia quin uiuet uersu laudata Properti,
  hos inter si me ponere Fama uolet. ⊗

[nec minor his animis aut sim <. . . . . . . . . . . >:
  anseris indocto carmine cessit olor.]                    84

91 formosa] deserta *Francius*     qui ϛ     Gallus] passus *Wakker*
93 uiuet *Barber*: etiam *Ω*          94 hos] nos *Γ*
  83 hic *Lachmann*     animis] -mi *Π*     ut sit *Korsch*: aut si ϛ: etsi
*Markland*    *lac. post* sim *N*: minor ore canorus *ΠΛ*: minus ore c- ϛ
84 anseris] au- *N*     indocto] in d- ϛ     lusit *Hetzel*: crescit *Birt*

100

# LIBER III

CALLIMACHI manes et Coi sacra Philitae,
    in uestrum, quaeso, me sinite ire nemus.
primus ego ingredior puro de fonte sacerdos
    Itala per Graios orgia ferre choros.
dicite, quo pariter carmen tenuastis in antro?     5
    quoue pede ingressi? quamue bibistis aquam?
a ualeat, Phoebum quicumque moratur in armis.
    exactus tenui pumice uersus eat.
quo me Fama leuat terra sublimis, et a me
    nata coronatis Musa triumphat equis,     10
et mecum in curru parui uectantur Amores,
    scriptorumque meas turba secuta rotas.
quid frustra immissis mecum certatis habenis?
    non datur ad Musas currere lata uia.
multi, Roma, tuas laudes annalibus addent,     15
    qui finem imperii Bactra futura canent;
sed, quod pace legas, opus hoc de monte Sororum
    detulit intacta pagina nostra uia.
mollia, Pegasides, date uestro serta poetae:
    non faciet capiti dura corona meo.     20
at mihi quod uiuo detraxerit inuida turba,
    post obitum duplici faenore reddet honos.

*librum nouum indic.* N𝓨C (*int.*), ΠTSKWY (*tit.*)
ΠTΓY: eoi N *p.c.,* SC    poetae *Allen 1996*        1 coi N *primo,*
5 tenuastis NTSΓC: tenuistis Π: renouastis Y    4 oppida *Fontein*
10 nota ς    11 curru FP: -um NLΛ       7 at *Kenney**
13 immissis *Auratus:* missis Ω    mecum    uectantur] n- LPΓ
15 multi] -ta Y    19 uestro] no- FL    P: in me NFLΛ
22 reddet Λ: -it NΠ    honos ς: onus Ω      21 inuida] -daa N

omnia post obitum fingit maiora uetustas;
  maius ab exsequiis nomen in ora uenit.
nam quis equo pulsas abiegno nosceret arces,          25
  fluminaque Haemonio comminus isse uiro,
Idaeum Simoënta Iouis cum prole Scamandro,
  Hectora per campos ter maculasse rotas?
Deiphobumque Helenumque et Pulydamantos in armis
  qualemcumque Parim uix sua nosset humus.          30
exiguo sermone fores nunc, Ilion, et tu,
  Troia bis Oetaei numine capta dei.
necnon ille tui casus memorator Homerus
  posteritate suum crescere sensit opus;
meque inter seros laudabit Roma nepotes:          35
  illum post cineres auguror ipse diem.
ne mea contempto lapis indicet ossa sepulcro
  prouisum est Lycio uota probante deo. ⊗


CARMINIS interea nostri redeamus in orbem          **ii**
  gaudeat ut solito tacta puella sono.


23 omnia] famae *N*          uetustas] -tae *N*          24 *habet Flor.*1
uenit] meum *Π*          25 arces *ς*: artes *Ω*          26 flumina] -nea *FL*
isse *LPTSΓMR*: esse *NC*: ille *F*: ipse *U*          27 cum prole scamandro
*Wolff*: *om. N*: cunabula (can- *L*) parui *ΠΛ*          28 ter campos, ter *ς*
campos] -po *Γ* (*quo accepto* Hectoraque in *Hall\**)          29 puly-
damantos *Postgate* (-tis *iam ς*): poli ledamantes *N*: puli ledamantes
*ΠMK*: pulyledamantes *TU*: polydamantes *Sʒ*: polli damantes *W*:
pulydemantes *R*: pulidamantas *C*: -ta et *Lachmann*          30 nosset]
noscet *LP*          31 nunc Ilion] non cilion *N*          32 oetaei *T p.c.*,
*ΓC*: oete in *NTY*: oete *Π*: aeterni *S*          33 memorator *F, P p.c., T p.c.*,
*ʒWC*: -at̄ (= tor *uel* tur) *N*: -atur *LPTKY*: -arat *S*          36 cineres] -em
*S*          auguror] augur.. *N*          diem] deae *N*          37 contempto] -epto *N*
lapis] lapsis *N primo*          38 est *om. Π*
    III ii 1 *nou. el. indic. N* (*l.m.*), *ΠTSKY* (*tit.*), *ʒWC* (*int.*): *cont. multi*,
*quorum complures nou. el. post 2 indic.*          2 ut *ς*: in *Ω*: et *ς*

Orphea detinuisse feras et concita dicunt
   flumina Threicia sustinuisse lyra;
saxa Cithaeronis Thebanam agitata per artem     5
   sponte sua in muri membra coisse ferunt;
quin etiam, Polypheme, fera Galatea sub Aetna
   ad tua rorantes carmina flexit equos:
miremur, nobis et Baccho et Apolline dextro,
   turba puellarum si mea uerba colit?     10
quod non Taenariis domus est mihi fulta columnis,
   nec camera auratas inter eburna trabes,
nec mea Phaeacas aequant pomaria siluas,
   non operosa rigat Marcius antra liquor;
at Musae comites, et carmina cara legenti,     15
   et defessa choris Calliopea meis.
fortunata meo si qua es celebrata libello:
   carmina erunt formae tot monumenta tuae.
nam neque pyramidum sumptus ad sidera ducti,
   nec Iouis Elei caelum imitata domus,     20
nec Mausolei diues fortuna sepulcri
   mortis ab extrema condicione uacant.
aut illis flamma aut imber subducet honores,
   annorum aut tacito pondere uicta ruent.
at non ingenio quaesitum nomen ab aeuo     25
   excidet: ingenio stat sine morte decus. ⊗

3 delenisse *Ayrmann*     5 Thebanam *Heinsius*: thebas *Ω*: Phoe-
beam *Jortin*     6 in muri *T u.l., SYC*: in numeri *NLPTΓ*: imineri *F*:
muri *Hosius*     7 ferox *Wakker*     9 nobis] nostro   *Π*
11 quod] si *ς*     13 Phaeacas *ς*: -cias *Ω*     14 antra] ante *N*
15 comites *ς*: -is *NΛ*: -ti *Π*     grata *ς*     16 et *ΠΛ*: *om. N*: nec *Baeh-*
*rens*     17 es *ς*: est *Ω*     19 pyramidum] piraram- *S*
20 imitata] mut- *FL*     22 uacant] -at *LP*     23 subducet] -it *N*
24 tacito *van Eldik*: ictu *Ω*: ipso *Santenius*     pondere] -ra *F*

Vɪsᴠs eram molli recubans Heliconis in umbra,     **iii**
    Bellerophontei qua fluit umor equi,
reges, Alba, tuos et regum facta tuorum,
    tantum operis, neruis hiscere posse meis;
paruaque iam magnis admoram fontibus ora     5
    unde pater sitiens Ennius ante bibit
et cecinit Curios fratres et Horatia pila
    regiaque Aemilia uecta tropaea rate,
uictricesque moras Fabii pugnamque sinistram
    Cannensem et uersos ad pia uota deos,     10
Hannibalemque Lares Romana sede fugantes,
    anseris et tutum uoce fuisse Iouem;
cum me Castalia speculans ex arbore Phoebus
    sic ait aurata nixus ad antra lyra:
'quid tibi cum tali, demens, est flumine? quis te     15
    carminis heroi tangere iussit opus?
non hinc ulla tibi speranda est fama, Properti:
    mollia sunt paruis prata terenda rotis,
ut tuus in scamno iactetur saepe libellus
    quem legat exspectans sola puella uirum.     20
cur tua praescriptos euecta est pagina gyros?
    non est ingenii cumba grauanda tui.
alter remus aquas, alter tibi radat harenas;
    tutus eris: medio maxima turba mari est.'
dixerat et plectro sedem mihi monstrat eburno     25
    qua noua muscoso semita facta solo est.

---

III iii 1 *nou. el. indic.* N (*l.m.*), *ΠTSKY* (*tit.*), *ℐWC* (*int.*)     5 iam
*Guyetus*: tam Ω     6 sitiens] sciens *N*     bibit] ibit *N*     7 et] qui
*Helmbold*     8/12 *inter se mut. Polster*     8 Aemilia] milia *N*
9 que¹ *om.* Π     10 ad pia] apia *N*     11 lares *FSC*: lacres
*LPTΥ*: lacies *N*     12 fuisse] monente *Hall\**     13 Castalio . . .
culmine *Guyetus*     16 heroi] -oici *LP*     17 hinc ς: hic Ω
ulla] illa *N primo*     19 ut] et *Fontein*     21 praescriptos euecta
. . . gyros *Lipsius*: -to se- . . . -ro Ω (perscripto *N*; senecta *Y*; uiro *N primo*,
*K primo*)     est *om. FL*     22 cumba] turba *LP*     26 qua] quo
*N*

hic erat affixis uiridis spelunca lapillis,
   pendebantque cauis tympana pumicibus,
orgia Musarum et Sileni patris imago
   fictilis et calami, Pan Tegeaee, tui;           30
et Veneris dominae uolucres, mea turba, columbae
   tingunt Gorgoneo punica rostra lacu;
diuersaeque nouem sortitae iura Puellae
   exercent teneras in sua dona manus:
haec hederas legit in thyrsos, haec carmina neruis   35
   aptat, at illa manu texit utraque rosam.
e quarum numero me contigit una dearum
   (ut reor a facie, Calliopea fuit):
'contentus niueis semper uectabere cycnis,
   nec te fortis equi ducet ad arma sonus.          40
ne tibi sit rauco praeconia classica cornu
   flare, nec Aonium tingere Marte nemus;
aut quibus in campis Mariano proelia signo
   stent et Teutonicas Roma refringat opes;
barbarus aut Suebo perfusus sanguine Rhenus   45
   saucia maerenti corpora uectet aqua.
quippe coronatos alienum ad limen amantes
   nocturnaeque canes ebria signa morae,
ut per te clausas sciat excantare puellas
   qui uolet austeros arte ferire uiros.'          50

28 cauis] can- *Π*        29 orgia *Heinsius*: ergo *Ω*        30 Pan
Tegeaee *ς*: pantegee *S*: panetegee *F*: pategee *NLPTΓMU*: patagee *RC*
31 Veneris] uentris *FL*: ueteres *P*        cura *Passerat*        32 punica
*FSΓYC*: pum- *NL*, *P primo*, *T (ł nu s.l.)*    rostra *P p.c.*, *T u.l.*, *SΓY*: n-
*NΠTC*        33 *alii* diuerseque, *alii* et diuersa *(ς) legunt*    iura *ς*: r- *Ω*
35 neruis] uern- *FL*        36 aptat] apta *N*        39 uectabere] n- *Π*
41 ne *Passerat*: nil *Ω*: nec *Fruterius*        42 flare *Fruterius*: flere *Ω*
*fort.* morte *uel* caede        45 *fort.* ut        Suebo *ς*: saeuo *Ω*
perfusus] percussus *S*        46 maerenti *om. C, spat. rel.*: mŏrenti *T*
uectet] n- *LP*        47 coronatos] -tas *Π*        48 nocturnas . . . faces
*Markland*    morae *Heyworth 1986*: fugae *Ω*        49 clausas] cau- *LP*

talia Calliope, lymphisque a fonte petitis
ora Philitea nostra rigauit aqua. ⊗

ARMA deus Caesar dites meditatur ad Indos,                        **iv**
    et freta gemmiferi findere classe maris.
magna, Quiris, merces: parat ultima terra triumphos;
    Tigris et Euphrates sub tua iura fluent;
sera, sed Ausoniis ueniet prouincia uirgis;                      5
    assuescent Latio Partha tropaea Ioui.
ite agite; expertae bello, date lintea, prorae;
    ad solitum, armigeri, ducite munus equos.
omina fausta cano: Crassos clademque piate.
    ite et Romanae consulite historiae.                          10
Mars pater, et sanctae fatalia lumina Vestae,
    ante meos obitus sit precor illa dies
qua uideam spoliis oneratos Caesaris axes,                       13
    <............................>
tela fugacis equi et bracati militis arcus,                      17
    et subter captos arma sedere duces,                          18
<..............................>
    ad uulgi plausus saepe resistere equos;                      14
inque sinu carae nixus spectare puellae                          15
    incipiam et titulis oppida capta legam.                      16

51 petitis *FLTSYC*: petistis *N primo*; peritis *P a.c. ut uid.*, *Γ*
III iv 1 *nou. el. indic. N (l.m.)*, *ΠTSKY (tit.)*, *JWC (int.)*
3 Quiris *Wistrand 1977*: uiri *Ω*          4 sub noua iura *Heinsius*: sub iuga
uestra *Postgate*          5 sera sed] Seres et *C*          6 accedent *Fontein*
8 ad *van Eldik*: et *Ω*          equos *Baehrens*: equi *Ω*          9 omina *NΠW*:
omnia *T* (mi *s.l.*): omnia *SJY*: *de K et C incert.*          11 sanctae *Post-*
*gate*: sacrae *Ω*          13 onerato ... axe *Muretus*          13, *lac.*, 17–18,
*lac.*, 14 *Heyworth*: 17–18 *post* 14 *Keil*: 18, 17 *post* 13 *Butrica 1984*: *post*
14 *lacunam Shackleton Bailey*          17 bracati] -ri *Π*          14 ac (et
*Paley*) ... plausu *ς*          16 titulis] -us *FL*

ipsa tuam serua prolem, Venus: hoc sit in aeuum      19
    cernis ab Aenea quod superesse caput.              20
praeda sit haec illis quorum meruere labores:
    mi sat erit Sacra plaudere posse Via. ⊗


Pacis Amor deus est; pacem ueneramur amantes.      v
    stant mihi cum domina proelia dura mea;
nec tamen inuiso uictus mihi carpitur auro,
    nec bibit e gemma diuite nostra sitis,
nec mihi mille iugis Campania pinguis aratur,      5
    nec mixta aera paro clade, Corinthe, tua.
o prima infelix fingenti terra Prometheo!
    ille parum caute pectoris egit opus;
corpora disponens mentem non uidit in arto:
    recta animi primum debuit esse uia.            10
nunc maris incauti uento iactamur, et hostem
    quaerimus, atque armis nectimus arma noua.
haud ullas portabis opes Acherontis ad undas;
    nudus at inferna, stulte, uehere rate.

19 prolem serua *tr. Π*    hoc *ΠSΓ*: ħ (= haec/hoc) *N* (*sic et in* 21): h̊ (=
hoc) *ex* ħ (= haec) *T*: haec *YC*    22 mi ς: me *Ω*    sacra *om. Π* (media
*suppl. FP*)

III v 1 *nou. el. indic. N* (*l.m.*), *ΠTSKY* (*tit.*), *ℐWC* (*int.*): *cont. Muretus
et alii*    2 sat *Livineius*    dira *Markland*    *post* 2 *lac. Kraffert*:
3 *cum* 5 *commut. Carutti*    3 tantum *Lachmann*    iniusto *Burman*
uictus *Giardina 1984–5*: pectus *Ω*    4 e] in *Francius*    gemma]
gemina *NL*    5 aratur] -tri *L*: -tra *T*: antra *W*    6 mixta
*Ruhnken*: miser *Ω*: misera (*pro uoc. habendum*) *Acidalius*    aera *Λ*: aere
*N*: ire *Π*    clade] classe *LP*: pace *F*    7 fingenti] frang- *N*: frug- *F*
8 cauti ς    9 in arto *Housman*: in arte *Ω*: inertem ς    prouidit
inepte *Hall**    addidit arti *Heinsius*    11 incauti *Alton*: in tantum
*Ω*: in uastum *Cornelissen*    ponto *Housman*    12 nectimus arma]
quaeri- ora *Π* (*cf.* quaerimus)    13 *habet Flor.1*    haud] non *Flor.1*
undas] umbras *Flor.1* (*m.rec. ras.*)    14 at (*Schrader*: in *Palmer*: ab ς)
inferna . . . rate ς: ad -as . . . -es *Ω*

uictor cum uicto pariter miscetur in umbris:                    15
  consule cum Mario, capte Iugurtha, sedes;
Lydus Dulichio non distat Croesus ab Iro.
  optima mors carpta quae uenit ante die.
me iuuat in prima coluisse Helicona iuuenta
  Musarumque choris implicuisse manus;                          20
me iuuat et multo mentem uincire Lyaeo
  et caput in uerna semper habere rosa.
atque ubi iam Venerem grauis interceperit aetas
  sparserit et nigras alba senecta comas,
tum mihi naturae libeat perdiscere mores,                       25
  quis deus hanc mundi temperet arte domum;
qua uenit exoriens, qua decidit; unde coactis
  cornibus in plenum menstrua luna redit;
unde salo superant uenti; quid flamine captet
  Eurus; et in nubes unde perennis aqua;                        30
si uentura dies mundi quae subruat arcem;
  purpureus pluuias cur bibit arcus aquas;
aut cur Perrhaebi tremuere cacumina Pindi,
  solis et atratis luxerit orbis equis;
cur serus uersare boues et plaustra Bootes;                     35
  Pleïadum spisso cur coit igne chorus;
curue suos fines altum non exeat aequor,
  plenus et in partes quattuor annus eat;

---

15 uicto *Willis 1966*: -is *Ω*    miscetur in *Housman*: -ebitur *Ω*    Indis
*Gulielmius*        18 carpta *Baehrens*: parca *NLPΛ*: parta *F*    ante
*Helm 1934*: acta *NLPTSY, C s.l.*: apta *F, P p.c., C*: abacta *Γ*        19 in]
a *Burman*        21 iuuat *PS*: -et *NFLTΓΥC*        24 sparserit et
nigras *C*: -erit<sup>&</sup>integras *T* (er *postea expunct.*): -erit integras *P mg.*: -erit et
integ- *NSΓΥ*: -it et integras *Π*        26 qua *ς*        27-8 *post* 34
*Broukhusius*        27 qua²] *fort.* quo    decidit *Hutchinson 1986*: deficit
*Ω*        28 luna] plena *N* (*cf.* plenum)        29 superant] -ent *C*:
spirent *Cornelissen*    captat *Francius*        31 si *ς*: sit *Ω*    arcem *ς*:
arces *NΛ*: artes *LP*: arem *F*        34 atratis] attractis *F, L p.c., PS*
35 serus] -os *N*: ferus *LP*    plaustra bootes *SC*: p- boetes *T* (boone[ *in*
*mg. ext.*), *P ras.*: p- boones *Y*: palustra boetes *Γ*: flamma boon *N*: flamma
palustra *Π*        36 imbre *Heinsius*        38 et] ut *Heinsius*

sub terris si iura deum et tormenta reorum; 39
num rota, num scopuli, num sitis inter aquas, 42
aut Alcmaeoniae furiae aut ieiunia Phinei; 41
Tisiphones atro si furit angue caput; 40
num tribus infernum custodit faucibus antrum 43
Cerberus, et Tityo iugera pauca nouem;
an ficta in miseras descendit fabula gentes 45
et timor haud ultra quam rogus esse potest.
exitus hic uitae superest mihi; uos quibus arma
grata magis, Crassi signa referte domum. ⊗

Dic mihi de nostra quae sensti uera puella: **vi**
sic tibi sint dominae, Lygdame, dempta iuga. 2
omnis enim debet sine uano nuntius esse, 5
maioremque metu seruus habere fidem.
nunc mihi, si qua tenes, ab origine dicere prima
incipe: suspensis auribus ista bibam.
sic illam incomptis uidisti flere capillis?
illius ex oculis multa cadebat aqua? 10
nec speculum in strato uidisti, Lygdame, lecto?
ornabat niueas nullane gemma manus? 12

39 si ς: sint Ω reorum *Housman*: *om. N*: gigantum *ΠΛ*: nocentum *Lobeck* 42, 40 *inter se mut. Housman* 42 num *ter*] non *N, L* (non[1] *ex* num) 41 aut . . . aut] anne . . . an ς furiae] furt- *Π* 43 num] non *NL* infernum] -ni *S* 44 pressa *Palmer* 45 escendit *Broukhusius* mentes ς 47 superet ς

III vi 1 *nou. el. indic. N* (*l.m.*), *ΠTSKY* (*tit.*), *JWC* (*int.*) 1 quae sensti *Butrica 1983*: q- sensit Ω: quaerenti *Wassenbergh* 2 sic] si/ *L*: si *P* dempta] depta *N*: lenta *W* 3–4 *post* 12 *Heyworth* (*iam post* 8 *Housman*) 5–6 *deleuit Lachmann, fort. recte* 5 *habet Flor.1* uano nuntius esse] falso n- e- *Flor.1* (*m.rec., s.l.*): uanus esse *F, L primo*: uanis e- relator *L p.c., P* 6 metu *Muretus*: timens Ω seruus] serus *N* 7 nunc] non *N* 9 sic illam *Havet*: sicut eam *ΠΛ*: si $\overline{ca}$ *N a.c.*: si eam *N p.c.*: sicine ς, eram ς: sic erat? *Phillimore* 11 in *Heinsius*: *om.* Ω

num me laetitia tumefactum fallis inani,      3
     haec referens quae me credere uelle putas?      4
<'. . . . . . . . . . . . . . . . . . . . . . . . . . . . >
     <. . . . . . . . . . . . . . . . . . . . . . . . >
et maestam teneris uestem pendere lacertis,      13
     scriniaque ad lecti clausa iacere pedes.
tristis erat domus, et tristes sua pensa ministrae      15
     carpebant, medio nebat et ipsa loco,
umidaque impressa siccabat lumina lana,
     rettulit et querulo iurgia uestra sono:
"haec te teste mihi promissa est, Lygdame, merces?
     est poena et seruo rumpere teste fidem.      20
ille potest nullo miseram me linquere facto,
     et qualem nolo dicere habere domi?
gaudet me uacuo solam tabescere lecto?
     si placet, insultet, Lygdame, morte mea.
non me moribus illa, sed herbis improba uicit:      25
     staminea rhombi ducitur ille rota;
illum turgentis sanie portenta rubetae
     et lecta exsucis anguibus ossa trahunt,
et strigis inuentae per busta recentia plumae
     raptaque funesto lanea uitta toro.      30
si non uana cadunt mea somnia, Lygdame, testor,
     poena erit ante meos sera sed ampla pedes:

---

3–4 *et lacunam* (*in qua Lygdamus loqui incipit*) *post* 12 Heyworth      12, 14 *inter se mut.* Suringar      3 num *SΤY*: non *N*: dum *ΠTC*: cur Heinsius      13 et *Keil*: ac *Ω*    maestam] uestam *N*: mestem *F, K primo* (*cf.* uestem)      16 foco *Dousa*    media ... domo *Burman*      18 uestra *Gruppe*: no- *Ω*      20 poena et *Shackleton Bailey*: poenae *Ω*      21 ille] -a *T*      22 et qualem *N*: aequalem *ΠΛ*    nolo *Palmer*: nullo *N*: nulla *ΠΛ*    domi *Heinsius*: domo *Ω*      26 rhombi] bombi *N*      27 sanie *Heinsius*: ranae *Ω*    prosecta *Heinsius*      28 exsucis (*uel* -uctis) *Burman* (*cum* unguibus): exsectis *NLPΛ*: exactis *F*      29 recentia (*uel* tep-) *Heinsius*: iacentia *Ω*      30 rapta *Heyworth*: cincta *Ω*: dempta *Smyth*: uincta *Heinsius*    toro *Heinsius* (*uel* rogo): uiro *Ω*      31 cadunt *ς*: canunt *Ω*

putris et in uacuo texetur aranea lecto:
    noctibus illorum dormiet ipsa Venus."'
quae tibi si ueris animis est questa puella,                35
    hac eadem rursus, Lygdame, curre uia,
et mea cum multis lacrimis mandata reporta:
    iram, non fraudes, esse in amore meo.
me quoque consimili impositum torrerier igni
    iurabo, bis sex integer ipse dies.                       40
quod mihi si tanto felix concordia bello
    exstiterit, per me, Lygdame, liber eris. ⊗


ERGO sollicitae tu causa, pecunia, uitae es.               **vii**
    per te immaturum mortis adimus iter;
tu uitiis hominum crudelia pabula praebes;
    semina curarum de capite orta tuo.
tu Paetum ad Pharios tendentem lintea portus               5
    obruis insano terque quaterque mari.
nam, dum te sequitur, primo miser excidit aeuo,
    et noua longinquis piscibus esca natat.                  8
ite, rates curuas et leti texite causas:                   29
    ista per humanas mors uenit acta manus.                 30
terra parum fuerat; fatis adiecimus undas:
    fortunae miseras auximus arte uias.


36 uia] uiam *N*        38 meum *Smyth*        39 consimili] -suli *N*
torrerier *Palmerius*: torque- *Ω*        40 ipse *Housman*: esse *Ω*
41 quod] quid *Π*    mihi si *FLΛ*: mihi *P* (si *s.l.*): nisi et *N*: mihi si e
*Lachmann*: sin e *Müller*
III vii 1 *nou. el. indic. N (l.m.), L mg., PTKY (tit.), SJW (int.): cont.*
*FLC*        1 tu] in *LP*: tu in *F*    pecunia] -ae *Γ*    es *om. NΠR*
5 Paetum] -tii *Y*        9–28, *qui ordine perturbati sunt, alii aliis traiec-*
*tionibus emendare temptauerunt; de eis hic acceptis infra uide*        29 ite]
ire *N*        curuas *Passerat*: -ae *Ω*: -ate *Peskett*    texite] ter- *N*

ancora te teneat quem non tenuere Penates?
  quid meritum dicas cui sua terra parum est?
uentorum est quodcumque paras: haud ulla carina     35
  consenuit; fallit portus et ipse fidem.             36
nam tibi nocturnis ad saxa ligata procellis          19
  omnia detrito uincula fune cadunt.                  20
natura insidians pontum substrauit auaris:           37
  ut tibi succedat uix semel esse potest.
saxa triumphales fregere Capherea puppes,
  naufraga cum uasto Graecia tracta salo est.         40
paulatim socium iacturam fleuit Vlixes,
  in mare cui soliti non ualuere doli.                42
nunc tulit et Paetus stridorem audire procellae      47
  et duro teneras laedere fune manus;
nec thyio thalamo aut Oricia terebintho
  effultum est pluma uersicolore caput:               50
hunc paruo ferri uidit nox improba ligno,            53
  et miser inuisam traxit hiatus aquam;               52
huic fluctus uiuo radicitus abstulit ungues:         51
  Paetus ut occideret, tot coiere mala.               54
flens tamen extremis dedit haec mandata querelis,    55
  cum moribunda niger clauderet ora liquor:

33 quem *SY*: quam *ΠΤΓ*: q͞m(= ?) *N*     19–20 *post* 36 *Housman*
(19–24 *Richardson 1976*): 21–4 *post* 38 *Canter*     20 uincula] lunc- *Π*
*fort.* cadent     21–4 *deleuit Willymott*, 23–4 *Jacob*     38 subsidat
*Heinsius*     42 soliti ç: soli *Ω*: solum ç: noti *Knauth*     43–6 *post*
66 *Heyworth*     47 nunc tulit *Barber*: non t- *Ω*: noluit *Skutsch*     et
*Heyworth*: haec *TY*: hoc *FΓC*: ħ(= haec *uel* hoc) *N*: hunc *LPS*     tulerat
*Shackleton Bailey*     *post* 48 *lac. Canter*     49 nec *Heyworth*: sed
*Ω*: seu *Barber*     thyio *Santenius* (thyiae *iam* ç): chio *Ω*     thalamo *NΓ*:
calamo *ΠΤSYC*     Oricia] cor- *ΠS*     Oriciae terebinthi *Scaliger*
50 effultum ç: et f- *Ω*: est f- *Palmer*     est *Heyworth*: om. *Ω*     pluma]
pulla *S*     uersicolore] -ere *FL*     53 *et* 51 *inter se mut. Fischer*: 51–2
*post* 54 *Smyth*     53 nox] mox *Π*     52 miserum inuisae . . .
aquae *Heinsius*     54 quot *Heinsius*

'di maris Aegaei et quos sunt penes aequora uenti
   et quaecumque meum degrauat unda caput,
quo rapitis miseros primae lanuginis annos?
   attulimus longas in freta uestra comas.             60
a miser alcyonum scopulis affligar acutis!
   in me caeruleo fuscina sumpta deo est.
at saltem Italiae regionibus euehat aestus:
   hoc de me sat erit si modo matris erit.           64
Paete, quid aetatem numeras? quid cara natanti     17
   mater in ore tibi est? non habet unda deos.'     18
subtrahit haec fantem torta uertigine fluctus;     65
   ultimaque haec Paeto uoxque diesque fuit.     66
quod si contentus patrio boue uerteret agros,     43
   uerbaque duxisset pondus habere mea,
uiueret ante suos dulcis conuiua Penates,     45
   pauper, at in terra nil nisi fleret opes.     46
o centum aequoreae Nereo genitore puellae,     67
   et tu materno tacta dolore Theti,
uos decuit lasso supponere bracchia mento:
   non poterat uestras ille grauare manus.     70
infelix Aquilo, raptae timor Orithyiae,     13
   quae spolia ex illo tanta fuere tibi?
aut quidnam fracta gaudes, Neptune, carina?     15
   portabat sanctos alueus ille uiros.     16

---

   57 et *Voss: om. Ω*        ponti *ς*        59 teneros *Heyworth*
60 longas] castas *Francius (qui et* puras): sanctas *Waardenburgh*    comas
*Oudendorp*:   manus   *Ω*    61 alcyonum]    alcynoum    *FL*
63 euehat] euehas *Y*: aduehat *ς*: inuehat *Barber*    17–18 *post* 64
*Vivona (post* 66 iam *Scaliger)*      18 tibi in ore *tr. N*      66 que
haec *ς*: quae *Ω*    uox] nox *ΠC*      43–6 *huc tr. Heyworth*
43 contentus] -os *(i.e.* contemptos) *Π*      patrios *Heinsius*
44 duxisset] dix- *Π*    45 ante suos biberet *Phillimore*    46 nisi
(ṅ) *ς*: ubi (ú) *Ω* (tibi *C)*   fleret opes *Baehrens*: flere potest *Ω*   ubi,
Caure, potes *Sandstroem*   68 tacta *ς*: tr- *Ω*     Theti *ς*: thetis
*NTSΓY*: tethys *C*: petis *LP*: pedis *F*    69 decuit] do- *S*: dicunt *C*
13–16 *post* 70 *Postgate (ante* 67 iam *Scaliger)*

<............................
    ........................ >
sed tua nunc uolucres astant super ossa marinae,          11
    nunc tibi pro tumulo Carpathium omne mare est,          12
et mater non iusta piae dare debita terrae          9
    nec pote cognatos inter humare rogos.          10
reddite corpus, aquae: posita est in gurgite uita;          25
    Paetum sponte tua, uilis harena, tegas;
et, quotiens Paeti transibit nauta sepulcrum,
    dicat: 'et audaci tu timor esse potes.'          28
at tu, saeue Aquilo, numquam mea uela uidebis:          71
    ante fores dominae condar oportet iners. ⊗


[sunt Agamemnonias testantia litora curas,          21
    quae notat Argynni poena Athamantiadae.
hoc iuuene amisso classem non soluit Atrides,
    pro qua mactata est Iphigenia mora.]




Dᴠʟᴄɪs ad hesternas fuerat mihi rixa lucernas          **viii**
    uocis et insanae tot maledicta tuae.          2
tu uero nostros audax inuade capillos          5
    et mea formosis unguibus ora nota,
tu minitare oculos subiecta exurere flamma;
    fac mea rescisso pectora nuda sinu!          8

    *lac.*, 11–12, 9–10 *sic* Heyworth (9–10 *post* 12 *iam Walsh 1987*)
12 est *om. F, P primo*          25–8 *ante* 71 *Carutti*          25 aquae
*Damsté*: humo Ω          est *N*: que ΠΛ (*fort. ex* aquae *s.l. scripto*)
28 dicet *Livineius*          72 condar] -at *FU*
    22 quae *F*: qua *NLPΛ*          natat ꜱ          Athamantiadae *Hertzberg*: minan-
tis aquae Ω          qua n- A- p- natantis aquas *Parrhasius*: qua natat Argynnus
(*Waardenburgh*) praeda morantis aquae *Thompson*          23 hoc] nec Π
    III viii 1 *nou. el. indic. N (l.m.), P (tit.), TSYC (int.): cont. FLΓ*
3–4 *post* 8 *Heyworth 1986* (9–10 *post* 4 *iam Carutti*)          7 minitare]
mutare *F*: inmutare *L p.c.*          8 pectora] -e *F, P a.c.*

cum furibunda mero mensam propellis et in me    3
   proicis insana cymbia plena manu,    4
nimirum ueri dantur mihi signa caloris:    9
   nam sine amore graui femina nulla dolet.    10
quae mulier rabida iactat conuicia lingua,
   haec Veneris magnae uoluitur ante pedes;
custodum grege si circa se stipat euntem,
   seu sequitur medias Maenas ut icta uias,
seu timidam crebro dementia somnia terrent,    15
   seu miseram in tabula picta puella mouet,
his ego tormentis animi sum uerus haruspex;
   has didici certo saepe in amore notas.
non est certa fides quam non in iurgia uertas:
   hostibus eueniat lenta puella meis.    20
in morso aequales uideant mea uulnera collo:
   me doceat liuor mecum habuisse meam.
aut in amore dolere uolo aut audire dolentem,
   siue meas lacrimas siue uidere tuas.    24
odi ego quos numquam pungunt suspiria somnos;    27
   semper in irata pallidus esse uelim.
dulcior ignis erat Paridi, cum Graia per arma
   Tyndaridi poterat gaudia ferre suae:    30
dum uincunt Danai, dum restat Dardanus Hector,
   ille Helenae in gremio maxima bella gerit.

3 cum ꜱ: cur Ω    4 irata *Burman* (*cf.* insanae, 2)    9 haec
*ante* ueri *Fontein*    11 rabida *Scaliger*: grauida Ω    12 haec
*Livineius*: et Ω    13 custodum] -em *LP*    grege si *Butrica 1984*
(grege seu *iam Heinsius*): gregi *SΓ*: gregis *Y*: que gregi *C*: gregibus *NΠΤ*:
grex hanc *Giardina 2005*    se] seu *Lachmann*    14 rapitur mediis
... uiis *Liberman 1992* (*an* media ... uia?)    maenas medias *tr. S a.c.*
uias] comas *S a.c.*    18 has] nam *Π*    certas (ꜱ) esse *Francius*
notas] r- *S* (n *s.l.*)    19 in iurgia *N*: iniuria *ΠΛ*    uertas *Vahlen*:
uersat *NLPΛ*: uertat *F*    22 liuor] leuior *S*    25–6 *alienos cen-*
*suit Dorvillius*    27 quos ꜱ: quae Ω    28 irata *Guyetus*: -am Ω
29 Graia *Palmerius*: grata Ω    31 Dardanus *Heinsius*: barbarus Ω

aut tecum aut pro te mihi cum riualibus arma
   semper erunt: in te pax mihi nulla placet.     34
at tibi, qui nostro nexisti retia lecto,     37
   sit socer aeternum nec sine matre domus!
cui nunc si qua data est furandae copia noctis,
   offensa illa mihi, non tibi amica, dedit. ⊗     40

[tecta superciliis si quando uerba remittis,     25
   aut tua cum digitis scripta silenda notas]     26

[gaude, quod nulla est aeque formosa: doleres,     35
   si qua foret: nunc sis iure superba licet.]     36

MAECENAS, eques Etrusco de sanguine regum,     **ix**
   intra fortunam qui cupis esse tuam,
quid me scribendi tam uastum mittis in aequor?
   non sunt apta meae grandia uela rati.
turpe est quod nequeas capiti committere pondus     5
   et pressum inflexo mox dare terga genu.
omnia non pariter neruis sunt omnibus apta,
   palma nec haec ex quo ducitur illa iugo.
gloria Lysippo est animosa effingere signa;
   exactis Calamis se mihi iactat equis.     10

34 pax] par *Y*     35–6 *del. Burman*     37 *uersum citat ob formam* nexi *Priscianus* (GLK *2.536.15*), *uerba* nexisti r- l- *Diomedes* (GLK *1.369.22*)     nexisti *Prisc., Diomed., P ras.*: tendisti *Ω*     40 offensa ς: -am *Ω*

35 doleres] -ores *LM*

III ix 1 *nou. el. indic. N* (*l.m.*), *ΠTSKY* (*tit.*), *JWC* (*int.*)     2 infra *Livineius*     tuam] -a *FL*     4 *habet Flor.1*     5 capiti] capti *FL*     7 neruis *Palmer*: rerum *Ω*     8 palma ς: flamma *Ω* (-mina *LSC*): fama ς     haec ex quo *Sandstroem*: ex aequo *Ω*     illa ς: ulla *Ω*: una ς loco *Enk*     9 effingere] f- *ΠK*

in Veneris tabula summam sibi ponit Apelles;
   Parrhasius parua uindicat arte iocum.
argumenta magis sunt Mentoris addita formae;
   at Myos exiguum flectit acanthus iter.
Phidiacus signo se Iuppiter ornat eburno;                    15
   Praxitelen propria uendit ab urbe lapis.
est quibus Eleae contingit palma quadrigae;
   est quibus in celeres gloria nata pedes;
hic satus ad pacem, hic castrensibus utilis armis:
   naturae sequitur semina quisque suae.              20
tu, cum Romano dominas in honore secures            23
   et liceat medio ponere iura foro,
uel tibi Medorum pugnaces ire per arcus,                 25
   atque onerare tuam fixa per arma domum,
et tibi ad effectum uires det Caesar, et omni
   tempore tam faciles insinuentur opes,
parcis et in tenues humilem te colligis umbras;
   uelorum plenos subtrahis ipse sinus.              30
crede mihi, magnos aequabunt ista Camillos
   iudicia, et uenies tu quoque in ora uirum,
Caesaris et famae uestigia iuncta tenebis:
   Maecenatis erunt uera tropaea fides.             34
at tua, Maecenas, uitae praecepta recepi,           21
   cogor et exemplis te superare tuis.              22

---

11 ponit apelles *TSKWY*: poscit ap- *NP*: posita p- *L*: posita ap- *F*: ponat ap- *J*: om. *C*    12 Pireicus *ς* (*ex Plin.* nat. 35.112; *an* Pirasicus?)    iocum *Lachmann*: l- *Ω*    13 edita forma *Alton*    14 at *ς*: ad *Ω*    Myos *ς*: miros *LPΛ*: nuros *F*: muros *N*    15 Phidiaca ars s- te *Lachmann*    16 uendit ab *Barber*: uindicat *Ω*    17 contingit *Vannini 2002*: -currit *Ω*: -fertur *Alton*    18 celeres] -re *S*    19 satus] -is *Π*    20 sequimur *Broukhusius*    quisque] quae- *N*    21–2 *post* 34 *Heyworth*    23 tu cum *Heyworth*: cum tibi *Ω*    25 arcus *Heluetius*: hostes *Ω*: hastas *ς*    26 onerare] honor- *LP, F s.l.*: orn- *ς*    29 parcis] pacis *SC*    30 contrahis *Heinsius*    33–4 *post* II i 38 *Housman* (II i 37–8 *ante* 33 *Postgate*)    33 iuncta *ΠSJKYC*: uinc- *TW*: uic- *N*    21 at] haec *Baehrens*    recepi] -pti *N*    22 conor *Heinsius*

non ego uelifera tumidum mare findo carina:     35
    tuta sub exiguo flumine nostra mora est.
non flebo in cineres arcem sedisse tepentes
    Cadmi nec septem proelia clade pari;
nec referam Scaeas et Pergama, Apollinis arces,
    et Danaum decimo uere redisse rates,     40
moenia cum Graio Neptunia pressit aratro
    uictor Palladiae ligneus artis equus.
inter Callimachi sat erit placuisse libellos
    et cecinisse modis, Coe poeta, tuis.
haec urant pueros, haec urant scripta puellas,     45
    meque deum clament et mihi sacra ferant.     46
mollia tu coeptae fautor cape lora iuuentae,     57
    dexteraque immissis da mihi signa rotis;     58
te duce uel Iouis arma canam caeloque minantem     47
    Coeum et Phlegraeis Oromedonta iugis;
celsaque Romanis decerpta palatia tauris
    ordiar et caeso moenia firma Remo,     50
eductosque pares siluestri ex ubere reges,
    crescat et ingenium sub tua iussa meum;
prosequar et currus utroque ab litore ouantes,
    Parthorum astutae tela remissa fugae,
claustraque Pelusi Romano subruta ferro,     55
    Antonique graues in sua fata manus.     56

---

35 *om. N, damnat Faltin*          36 tuta ς (*T s.l.*): tota Ω     *post* exiguo
*habent* e *FL*, est *P*     mora est] mora *P*: ratis *T mg.*          37 flebo]
phebo *N*          urbem *Heyworth*          tepentes *Heyworth apud Morgan
1986*: paternos Ω: parentis *Allen 1989*: perustam *Morgan 1986*
38 septem *Lipsius*: semper Ω          43 mi per *Baehrens*          iacuisse *anon.
apud Burman*          44 Coe ς: dure Ω (*ex* II xxxiv 44)          *possis etiam*
docte (*Foster*) *uel* clare (*Ayrmann*) Philita (ς)          45 urant *bis* ς: cu- *bis*
Ω          57–8 *ante* 47 *Heyworth*          57 mollia *Broukhusius*: -is Ω
molliter inceptae *Ayrmann*          fautor Λ (*iam F mg.*): faustor Π: factor *N*
48 Eurymedonta *Hemsterhusius*          49 *et* 51 *inter se mut. Peiper*, 52
*et* 52 *Baehrens*          49 Romuleis *Palmer*          52 crescat *Camps*: -et
Ω     et *om. LP*          54 astuta . . . fuga *Freinsheim*          55 claustra
*Palmerius*: cas- Ω     subruta] -ritia *Y*

nunc mihi, Maecenas, laudes concedis, et a te est     59
quod ferar in partes ipse fuisse tuas. ⊗           60


MIRABAR quidnam risissent mane Camenae          **x**
  ante meum stantes sole rubente torum.
natalis nostrae signum misere puellae
  et manibus faustos ter crepuere sonos.
transeat hic sine nube dies, stent aëre uenti,      5
  ponat et in sicco molliter unda minas.
aspiciam nullos hodierna luce dolentes,
  et Niobae lacrimas supprimat ipse lapis;
alcyonum positis requiescant ora querelis,
  increpet absumptum nec sua mater Ityn.        10
tuque, o cara mihi, felicibus edita pennis,
  surge et praesentes iusta precare deos.
ac primum pura somnum tibi discute lympha,
  et nitidas presso pollice finge comas.
dein qua primum oculos cepisti ueste Properti      15
  indue, nec uacuum flore relinque caput,
et pete, qua polles, ut sit tibi forma perennis,
  inque meum semper stent tua regna caput.
inde coronatas ubi ture piaueris aras
  luxerit et tota flamma secunda domo,         20

59–60 *post* 46 *Lachmann*        59 nunc *Heyworth*: hoc Ω
III x 1 *nou. el. indic.* N (*l.m.*), *ΠTSK* (*tit.*), *ȝWYC* (*int.*)
1 quidnam] quod- *Γ*: quid me *Guyetus*    risissent *Passerat*: m- Ω: u- ς
mane] in acie *Y*      2 oriente *Heinsius*      3 misere *NPΛ*: -erere
*FL*: risere *Richards*        4 ter] tum *Y*      6 ponat *Colucius, P, T s.l.*:
-et *NFLΛ*    minas *Colucius, T s.l.*: -ax Ω        11 excita *Heyworth*
Parcis *Withof*      12 praesentes ς: posc- Ω: propensos *Alton*
15 dein qua] te q- *LP*: denique *F*    cepisti] -esti *N primo*        17–
18 *om.* NC (*ob  homoeoteleuton); post* 12 *Housman\*, Barber*
17 polles *Λ*: pelles *Π*        19 ubi] tibi *ΠC*        20 flamma] flamina
*N*

sit mensae ratio noxque inter pocula surgat
  et crocino nares murreus ungat onyx;
tibia continuis succumbat rauca choreis;
  adsint nequitiae libera uerba tuae,
dulciaque ingratos adimant conuicia somnos;          25
  publica uicinae perstrepat aura uiae.
sint sortes nobis talorum interprete iactu
  quem grauius pennis uerberet ille puer.
cum fuerit multis exacta trientibus hora,
  noctis et instituet sacra ministra Venus,          30
annua soluamus thalamo sollemnia nostro,
  natalisque tui sic peragamus iter. ⊗


QVID mirare meam si uersat femina uitam          **xi**
  et trahit addictum sub sua iura uirum,
criminaque ignaui capitis mihi turpia fingis,
  quod nequeam fracto rumpere uincla iugo?          4
ista ego praeterita iactaui uerba iuuenta:          7
  tu nunc exemplo disce timere meo.
Colchis flagrantes adamantina sub iuga tauros
  egit et armifera proelia seuit humo,          10
custodisque feros clausit serpentis hiatus
  iret ut Aesonias aurea lana domos.

---

21 surgat *Cornelissen*: currat *Ω*     22 crocino naris *C*: crocinonaris
*NTSΓ*: croci nonaris *Π*: crocinon aris *Y*: c- crines *Heinsius*     23–
4 *post* 28 *Sandbach*     23 continuis *Housman*: nocturnis *Ω*
incumbat *Heinsius*     rauca] p- *Π*     24 adsint *Heyworth*: et sint *Ω*
25 que *om. N*     conuicia *Broukhusius*: -uiuia *Ω*     26 uicina ... uia
*Guyetus*     perstrepat *F primo (per errorem, ut uid.), mox Colucius*: -pet *Ω*
27–8 *post* 22 *Butrica 1997*     27 sint sortes *Sandbach*: sit sors et *Ω*:
sit sors e *Phillimore*     iactu] t- *FLΓY*     28 grauius *Guyetus*: -ibus *Ω*
puer] dies *S primo*     31 sollemnia] et s- *Π*
III xi 1 *nou. el. indic. N (l.m.), ΠTSKY (tit.), JWC (int.)*     5–6 *del.*
*Georg**     8 disce] -co *Γ*     cauere *Gruterus*     *ante* 9, 13, 17, 21,
39 ¶ *habet N mg.*     10 armifera *Livineius*: -gera *Ω*

ausa ferox ab equo quondam oppugnare sagittis
   Maeotis Danaum Penthesilea rates;
aurea cui postquam nudauit cassida frontem,       15
   uicit uictorem candida forma uirum.
quin etiam in tantum formae processit honorem
   Lydia Gygaeo tincta puella lacu
ut qui pacato statuisset in orbe columnas
   tam dura traheret mollia pensa manu.       20
Persarum statuit Babylona Semiramis urbem
   et solidum cocto sustulit aggere opus
ut duo in aduersum mitti per moenia currus
   nec possent tacto stringere ab axe latus.
duxit et Euphraten medium quam condidit arcis,   25
   iussit et imperio subdere Bactra caput.
nam quid ego heroas, quid raptem in crimina diuos?
   (Iuppiter infamat seque suamque domum.)
quid, modo qui nostris opprobria nexerit armis
   et famulos inter femina trita suos?       30
coniugii obsceni pretium Romana poposcit
   moenia et addictos in sua regna patres.
noxia Alexandria dolis aptissima tellus;
   et, totiens nostro Memphi cruenta malo,

14 maeotis *N, P mg., T* (M *ex corr.*), *SC*: iniectis *FP*: nectis *L*: heotis *Γ*: concotis *Y*     15 *citant Charisius* (GLK *1.103.17*), *auctor de dub.nom.* (GLK *5.576.22–3*)     16 suum ς     17 *nou. el. indic. FY* (*tit.*), *T* (*mg.*): ¶ *N mg.*     17 quin etiam *Heinsius*: Omphale *NLPTSℐC*: Onip- *FKWU*: O michale *MR*: egregiae *Baehrens*   in tantum *om. C, spat.rel.*: et t- *Y*     19 qui *NΠΤΓ* ('qui peccato -' *suppl. S in spat. rel.*): ibi *Y*: tibi *C*   orbe] u- *Y*     21 *nou. el. indic. ΠΚΥ* (*tit.*), *ℐW* (*int.*), *T* (*mg.*), *S* (*litt.capit.*): ¶ *N mg.*     21 posuit *Schrader* (*cf.* 19; 13–16 *post* 20 *Housman*)     22 et ... sustulit *Giardina 2005*: ut ... tolleret *Ω*     23 ut ς: et *Ω*   duo] dño (= domino) *N*   mitti *Tyrrell*: missi *Ω*     24 nec] ne *P, T p.c.*     25 quam *Π*: qua *NΛ*: quas *Markland*     26 subdere *Burman sen.*: surgere *Ω*     27 quid²] nec *Heyworth*   crimina ς: -ne *Ω*     29 qui *Baehrens*: quae *Ω*   nexerit ς: u- *Ω*     31 coniugii *Passerat*: -gis *Ω*     33–40 *fort. delendi*

tres tua Pompeio detraxit harena triumphos.                    35
   tollet nulla dies hanc tibi, Roma, notam;
issent Phlegraeo melius quam ibi funera campo,
   uel sua si socero colla daturus erat.
scilicet, incesti meretrix regina Canopi,
   una Philippei sanguinis usta nota,                    40
ausa Ioui nostro es latrantem opponere Anubin,
   et Tiberim Nili cogere ferre minas,
Romanamque tubam crepitanti pellere sistro,
   baridos et contis rostra Liburna sequi,
foedaque Tarpeio conopia tendere saxo,                         45
   iura dare statuas inter et arma Mari.
quid nunc Tarquinii fractas iuuat esse secures,
   nomine quem simili uita superba notat,
si mulier patienda fuit? cane, Roma, triumphum
   et longum Augusto salua precare diem.                 50
fugisti tamen in timidi uaga flumina Nili;
   accepere tuae Romula uincla manus.
bracchia spectasti sacris admorsa colubris,
   et trahere occultum membra soporis iter.
'non hoc, Roma, fui tanto tibi ciue uerenda:'                  55
   dixerat assiduo lingua sepulta mero.

   35 tres] res *L*: re *P*: haec *F*     tua *Hoeufft*: ubi *NT*: tibi *ΠSΓYC*
uerna *Heinsius*          36 Roma] Magne *Guyetus*          37 quam ibi
*Heyworth*: tibi *Ω*          38 sua . . . erat *Butrica 1993*: tua . . . eras *Ω*     si]
qui *Heyworth*          39 *nou. el. indic. ΠY (tit.), Γ (int.), T (mg.):* ¶ *N mg.*
40 illa *Damsté*     Philippei sanguinis usta *Heyworth*: -o -e adusta *Ω*
inusta *ς*: es usta *Lachmann*          41 es *Heyworth*: *om. NFLΛ*: est *P*
42 et] e *S*          46 dare <ut> *C*, <et> *ς*          47–50 *post* 60 *Housman*
49 cane *Camps*: cape *Ω*          *ante* 51 *lacunam Baehrens*          51 uaga
*S*: uada *NΠTΓYC*: caua *Francius*          52 nec cepere tuas *Markland*
53 spectasti *Markland*: -aui *Ω*          55 hoc] haec *M*     fui *ς*: fuit *Ω*
56 dixerat *Housman*: dixit et *Ω*: d- ut *Barber*

septem urbs alta iugis, toti quae praesidet orbi,          57
<............................> 

haec di condiderant, haec di quoque moenia seruant:
    uix timeat saluo Caesare Roma Iouem.          66
nunc ubi Scipiadae classes, ubi signa Camilli,
    aut modo Pompeia, Bospore, capta manu?          68
Hannibalis spolia et uicti <fera tela> Syphacis          59
    et Pyrrhi ad nostros gloria fracta pedes?          60
Curtius expletis statuit monumenta lacunis;
    admisso Decius proelia rupit equo;
Coclitis abscissos testatur semita pontes;
    est cui cognomen coruus habere dedit.          64
Leucadius uersas acies memorabit Apollo:          69
    tantum operis belli sustulit una dies.          70
at tu, siue petes portus seu, nauita, linques,
    Caesaris in toto sis memor Ionio. ⊗

[uenturam melius praesagit nauita mortem,          5
    uulneribus didicit miles habere metum.]          6

57 toti *Colucius*: toto *Ω*          58 *om. N*: femineas (-at *M*, -a *W*) timuit
(*om. FL, P primo, ut uid.*: -ne auso *Courtney 1982*) territa (-te *FS*) Marte
minas *ΠΛ*: f- t- Martia terra m- *Kenney 1981*: stat non humana deicienda
manu *Sandbach*          65–8 *ante* 59 *Housman* (67–8 *iam Passerat*)
65 condiderunt *ς*          68 tuque ubi (*F*) P- *Dousa*          capte *ς*
59 <fera tela> *Heyworth e.g.*: monumenta *Ω*: documenta *Burman*: sunt
nostra *Smyth*: *alii alia*          61 Curtius *Γ*: Curius *NTSYC*: Durius *Π*
meruit *Giardina 2005*          62 admisso Decius *Scaliger*: at (ac *LP*) D-
misso *Ω*          63 abscissos *YC*: abscisos *ΠΤSΤ*: adscisos *N*
64 est *ς*: et *Ω*          70 tanti ... bellum *Housman*          72 tuto *Fruterius*
5 uentorum *Postgate*          morem *Barber*: motum *Palmer*          post
5 *lac. Courtney 1995, qui confert* CLE *1552.A 63*          6 metum]
mecum *Γ*

Postvme, plorantem potuisti linquere Gallam,    **xii**
    miles et Augusti fortia signa sequi?
tantine ulla fuit spoliati gloria Parthi,
    ne faceres Galla multa rogante tua?
si fas est, omnes pariter pereatis auari    5
    et quisquis fido praetulit arma toro.
tu tamen immunda tectus, uesane, lacerna
    potabis galea fessus Araxis aquam.
illa quidem interea fama tabescet inani,
    haec tua ne uirtus fiat amara tibi,    10
neue tua Medae laetentur caede sagittae,
    ferreus armato neu cataphractus equo,
neue aliquid de te flendum referatur in urna:
    sic redeunt illis qui cecidere locis.
ter quater in casta felix, o Postume, Galla:    15
    moribus his alia coniuge dignus eras.
quid faciet nullo munita puella marito
    cum sit luxuriae Roma magistra suae?
sed securus eas: Gallam non munera uincent,
    duritiaeque tuae non erit illa memor.    20
nam quocumque die saluum te fata remittent,
    pendebit collo Galla pudica tuo.
Postumus alter erit miranda coniuge Vlixes:
    non illi longae tot nocuere morae,    24
castra decem annorum, et Ciconum mors, Ismara capta,
    exustaeque tuae nox, Polypheme, genae,

---

III xii 1 *nou. el. indic. N* (*l.m.*), *ΠTSKY* (*tit.*), *JWC* (*int.*)
2 signa] regna *S*    4 faceres] -ias *Π*: fugeres *Heinsius*
7 immunda *Heyworth*: intecta *Ω* (*n.b.* tectus): iniecta ς    8 portabis
ς    10 sibi ς    12 armato *Broukhusius*: aur- *Ω*: aer- *Guyetus*
14 sic redeunt *T*: si credunt *NC*: si credent *ΠSΓY*    qui] quae *Π*
17 marito *Heinsius*: timore *Ω*    18 cui sis *Palmer*    suae ς: tuae *Ω*
24 morae] uiae *S primo*    25 mors ς: mons *Ω*: manus *Lachmann*
capta *Fontein*: calpe *NFTSYC*: talpe *LPΓ*    domita (mersa *Housman*) I-
clade *van Eldik*    26 nox *Higt*: mox *Ω*: trux *Markland*    atque
exusta . . . lux (*Suringar*) *Kenney 1981*

et Circae fraudes, lotosque herbaeque tenaces,
    Scyllaque et alterna saeua Charybdis aqua,
Lampeties Ithacis ueribus mugisse iuuencos
    (pauerat hos Phoebo filia Lampetie),                    30
et thalamum Aeaeae flentis fugisse puellae,
    totque hiemis noctes totque natasse dies,
nigrantesque domos animarum intrasse silentum,
    Sirenum surdo remige adisse lyras,
et ueteres arcus leto renouasse procorum,                  35
    errorisque sui sic statuisse modum;
nec frustra, quia casta domi persederat uxor.
    uincit Penelopes Aelia Galla fidem. ⊗


QVAERITIS unde auidis nox sit pretiosa puellis       **xiii**
    et Venere exhaustae damna querantur opes.
certa quidem tantis causa et manifesta ruinis:
    luxuriae nimium libera facta uia est.
Inda cauis aurum mittit formica metallis                    5
    et uenit e Rubro concha Erycina salo,
et Tyros ostrinos praebet Cadmea colores,
    cinnamon et culti messor odoris Arabs:

27 Circae] curae Π          28 alterna . . . aqua *Camps 1966*: -as . . . -as
Ω: -is . . . -is *Faltin*      saeua *Faltin*: scissa Ω          29 Lampeties Ithacis
ς: -ie sithicis *NΠΓ*: -ie scythicis *TSYC*          31 Aeaeae *TS*: aeae
*NΠΓYC*          32 natasse] not- Π          34 lyras *Heyworth*: lacus
*NTSYC*: latus *F* (*ras. supra* t): latreus *LPΓ*: lares *Burman*: locos *Schrader*
35 leto ς: lecto Ω      renouasse] reuoc- *TC*          38 uincit] uicit *P*: uin-
cet ς      Penelopes *P*: -e *NFLΛ*      Aelia *Gulielmius*: laelia *NΠTSΓC*:
delia *Y*      fidem] -e *Y*

III xiii 1 *nou. el. indic. N* (*l.m.*), *ΠTSKY* (*tit.*), *JWC* (*int.*)
2 Venere ς: -em Ω: iuuenum *Baehrens*      exhaustae] -to *N*          3 et]
est *FPC*          4 *habet Flor.1*      *fort*. luxuria          5 mittit] nutrit *ΓY*
6 Erythraea ς          7 Tyros] -es *N*          8 culti messor *Fontein*: multi
pastor Ω: m- pistor *Bury*: m- cultor *Fontein*: m- coston *Guyetus*

haec etiam clausas expugnant arma puellas,
    quaeque gerunt fastus, Icarioti, tuos.              10
matrona incedit census induta nepotum
    et spolia opprobrii nostra per ora trahit.
nulla est poscendi, nulla est reuerentia dandi,
    aut, si qua est, pretio tollitur ipsa mora.
felix Eois lex funeris illa maritis,                 15
    quos Aurora suis rubra colorat aquis.
namque ubi mortifero iacta est fax ultima lecto,
    uxorum fusis stat pia turba comis,
et certamen habent leti, quae uiua sequatur
    coniugium: pudor est non licuisse mori.        20
gaudent uictrices et flammae pectora praebent,
    imponuntque suis ora perusta uiris.
hoc genus infidum nuptarum, hic nulla puella
    nec fida Euadne nec pia Penelope.
felix agrestum quondam pacata iuuentus        25
    diuitiae quorum messis et arbor erant.
illis munus erant decussa Cydonia ramo,
    et dare puniceis plena canistra rubis,
nunc uiolas tondere manu, nunc mixta referre
    lilia uimineos lucida per calathos,          30
et portare suis uestitas frondibus uuas
    aut uariam plumae uersicoloris auem.
his tum blanditiis furtiua per antra puellae
    oscula siluicolis empta dedere uiris.

---

9 clausas] Danaas *Alton*      puellas *Markland*: pudicas *Ω*
10 gerunt *Scioppius*: t- *Ω*    quae referunt *Heinsius*    15 illa *Mark-*
*land*: una *Ω*    16 aquis *ς*: e- *Ω*    21 gaudent *Stephanus*: ard- *Ω*
flammae] -mine *?N, Sỹ, ?K, C*    23–4 *del. Butrica 1997*
23 hic *ς*   hic *om. F*: in *LP*    pudica *ς*    26 quorum] qua- *ΠT* (*de*
*C incertum*)    27 munus erant *om. F, spat.rel.*    erant] erat *P*:
*om. L*    decussa] dis- *N*    30 uimineos *Fruterius*: uirg- *Ω*
32 uersicoloris *PKWC*: uiri- *NFLTSỹY*: uitri- *Ellis*    33 tum]
cum *LPK*    antra] rara *N*

hinnulei pellis iunctos operibat amantes,                    35
   altaque natiuo creuerat herba toro,
pinus et incumbens lentis circumdabat umbras.                37
   <. . . . . . . . . . . . . . . . . . . . . . . . . .>

corniger Arcadii uacuam pastoris in aulam                    39
   dux aries saturas ipse reduxit oues.                      40
   <. . . . . . . . . . . . . . . . . . . . . . . . . .>

   nec fuerat nudas poena uidere deas;                    38
dique deaeque omnes quibus est tutela per agros              41
   praebebant dextris uerba benigna focis:
'et leporem, quicumque uenis, uenaberis, hospes,
   et si forte meo tramite quaeris auem;
et me Pana tibi comitem de rupe uocato,                      45
   siue petes calamo praemia, siue cane.'
at nunc desertis cessant sacraria lucis:
   aurum omnes uicta iam pietate colunt.
auro pulsa fides, auro uenalia iura,
   aurum lex sequitur, mox sine lege pudor.                  50
torrida sacrilegum testantur limina Brennum
   dum petit intonsi Pythia regna dei:
at mons laurigero concussus uertice diras
   Gallica Parnasus sparsit in arma niues.

---

   35 hinnulei *Scaliger*: atque hinuli *N ut uid.*, *TSJWYC*, humili *FLK*,
humilis *P*: at uituli *Burman sen.*   iunctos *Shackleton Bailey*: totos *Ω*:
stratos *Baehrens*     37 lentis *Baehrens*: lentas *NLPΛ*: laetas *F*
*lac.*, 39–40, *lac. post* 37 *posuit Heyworth* (39–40 *damnarat Eschenburg*)
39 Arcadii *Hertzberg*: atque dei *Ω*: idaei ς     cornigerique dei ς
40 trux *Alton*     saepe *Giardina 2005*     *fort.* redegit
42 praebebant] P..bebant *N*   dextris *Heyworth*: uestris *Ω*: iustis *Baeh-*
*rens*: uisi *Ast*: ueterum *Butrica 1997*   uestri . . . foci *Barber*   se deder-
ant festis turba b- f- *Heinsius* (*lac. ante* 43 *posita*)     43–6 *alienos*
*censet Housman*     43 et *NΛ*: ut *Π*: si *Ayrmann*: tu *Hall\** uen-
aberis] ueneraberis *Π*: ueněb- *S*     44 auem] aues *T primo*
47 at] et *FL*     49–50 (. . . sequitur) *habet Flor.1*     51 limina]
lu- *Π*: cul- *Heinsius*     52 ditia *Schrader*   templa *Heinsius*
53 mons] mox *Π*   laurigero ς: aur- *Ω*   diras] du- *Π*

te scelus accepto Thracis Polymestoris auro     55
  nutrit in hospitio non, Polydore, pio.
tu quoque ut auratos gereres, Eriphyla, lacertos
  delapsis nusquam est Amphiaraus equis.
proloquar (atque utinam patriae sim falsus haruspex!):
  frangitur ipsa suis Roma superba bonis.     60
certa loquor, sed nulla fides: nempe Ilia quondam
  uerax Pergamei Maenas habenda mali;
sola Parim Phrygiae fatum componere, sola
  fallacem Troiae serpere dixit equum.
ille furor patriae fuit utilis, ille parenti;     65
  experta est ueros irrita lingua deos. ⊗


MVLTA tuae, Sparte, miramur iura palaestrae,     **xiv**
  sed mage uirginei tot bona gymnasii,
quod non infames exercet corpore ludos
  inter luctantes nuda puella uiros,
cum pila ueloces flectit per inania iactus,     5
  increpat et uersi clauis adunca trochi,
puluerulentaque ad extremas stat femina metas,
  et patitur duro uulnera pancratio;

55 te ς: et *NTΓΥC*: ut *S*     56 pio] tuo *Π*     58 delapsis ς: di-
*Ω*: -sus *LP*     nusquam] num- *ΠS*     59 falsus ς: uerus *Ω*
60 suis] sitis *N*     61 nempe *Housman**: neque enim *Ω*     nec cred-
ita *Schrader*: neque uilia ς     62 Pergamei ... mali *Luck 1964* (*iam*
*Housman**): -is ... -is *Ω*: -is ... -i *Willis 1972*     63 Parim] -um *F*,
*T t.*     64 fatalem *Giardina 2005*     Troiae *Shackleton Bailey*: patriae
(*ex* 65) *Ω*: in muros *Barber*: *an* in Troiam?     65 foret *Barber*     f-
irritus *Fontein*: uilis f- *Baehrens*     66 seros *Heinsius*: *an* duros?
diruta Troia *Fontein*

III xiv 1 *nou. el. indic. N p.c.* (*nota mg.*), *ΠTSKY* (*tit.*), *JWC* (*int.*):
*cont. N primo*     3 ludos *Auratus*: laudes *Ω*     5 *fort.* nunc
ueloci ... iactu *Scaliger*     flectit *Heyworth*: fallit *Ω*     inania *Cornelissen*:
bracchia *Ω*     8 *fort.* uerbera

nunc ligat ad caestum gaudentia bracchia loris,
    missile nunc disci pondus in orbe rotat;      10
gyrum pulsat equis, niueum latus ense reuincit,
    uirgineumque cauo protegit aere caput,
qualis Amazonidum nudatis bellica mammis
    Thermodontiacis turma uagatur agris.
et modo Taygeti, crines aspersa pruina,      15
    sectatur patrios per iuga longa canes;
<et modo. . . . . . . . . . . . . . . . . . . . . . >
    <. . . . . . . . . . . . . . . . . . . . . . . . . .>
qualis et Eurotae Pollux et Castor harenis
    hic uictor pugnis, ille futurus equis,
inter quos Helene nudis capere arma papillis
    fertur nec fratres erubuisse deos.      20
lex igitur Spartana uetat secedere amantes
    et licet in triuiis ad latus esse suae;
nec timor est ulli clausae tutela puellae,
    nec grauis austeri poena cauenda uiri:
nullo praemisso de rebus tute loquaris      25
    ipse tuis: longae nulla repulsa morae.
nec Tyriae uestes errantia lumina fallunt,
    est neque odoratae cura molesta comae.
at nostra ingenti uadit circumdata turba,
    nec digitum angusta est inseruisse uia,      30

---

10 pondus] pontus *S*      11 gyrum] c- *Y*      ense] esse *Π*
reuincit] reuicit *N*    13 mammis] mamnus *N*    14 turma *Gul-*
*ielmius*: turba *Ω*    uagatur *Heinsius*: lauatur *Ω* (-ntur *L*): agit- *Faltin*
agris *(uel* equis*) Heinsius*: aquis *Ω*    15–16 *post* 10 *Palmer, post* 12
*Canter*    *post* 16 *lacunam Richmond (sed xxxii uersuum)*    17–
20 *del. Knoche*    17 harenis *ς*: hab- *NΛ*: ath- *Π*    18 superbus
*Giardina 2005*    equis] quis *N a.c.*    19 quos] que hos *Lachmann*
capere arma] arma *L*: armata *P*: est armata *F*: ferre arma *Nencini*
papillis] c- *Π*    20 duos *Fruterius*    22 tuae *Barber*
23 nec] non *Π*    est ulli *Broukhusius*: aut ulla est *NFΛ*: ad u- e- *L*: u- nec
e- *P*    27 nec] non *Π*    28 odoratae] ad- *NK*    comae *Canter*:
domi *Ω*    29 at] aut *T*    ingenti] -nii *N*    30 uia] tria *Π, ut*
*uid.*

nec quae sint faciles nec quae dent uerba roganti
    inuenias: caecum uersat amator iter.
quod si iura fores pugnasque imitata Laconum,
    carior hoc esses tu mihi, Roma, bono. ⊗


Vᴛ mihi praetexti pudor est releuatus amictus      **xv**
    et data libertas noscere Amoris iter,          4
illa rudes animos per noctes conscia primas        5
    imbuit, heu nullis capta Lycinna datis.
tertius (haud multo minus est) iam ducitur annus:
    uix memini nobis uerba coisse decem.
cuncta tuus sepeliuit amor, nec femina post te
    ulla dedit collo dulcia uincla meo.          10
fabula nulla tuas de nobis concitet aures;       45
    te solam et lignis funeris ustus amem:      46
sic ego non ullos iam norim in amore tumultus     1
    nec ueniat sine te nox uigilanda mihi.        2
at tu non meritam parcas uexare Lycinnam:     43
    nescit uestra ruens ira referre pedem.       44

---

31 sint] sit *P*     faciles *ς*: facies *Ω*     dent uerba *Enk* (det *iam Burman sen.*): sint u- *Ω*: sit acerba *Burman sen.*     roganti *Burman sen.*: -ndi *ΠΛ*: -nd *N*: -ndo *ς*     33 fores] fe- *N, T t.*     pugnas] -am *S*: -os *Otto*: luctas *Fontein*     imitata] mutata *Π*: inimica *T*     Laconum] leo- *N*: lato- *L*: Lacae- *Phillimore*

III xv 1 *nou. el. indic. N* (*l.m.*), *ΠTSKY* (*tit.*), *JWC* (*int.*)     1–2 *post* 46 *Heyworth; iam post* 6 *Gwynn*     3 praetexti *N*: -a *ΠΛ*: -o *uel* -ae *ς*     releuatus *Fontein*: uela- *Ω*: subla- *ς*: abla- *Heinsius*     amictus *LP*: -cus *NFΛ*: -ctu *ς*     5 conscia] coscia *N*: Cynthia *Postgate*     6 Lycaena (*sic et in* 43) *Fontein*     7 haud] aut *NC, quo accepto* paulo *Palmer*     iam *Postgate*: cum *Ω*: nunc *Housman**     *post* 10 *nou. el. indic. N* (*l.m.*), *Π* (*tit.*): *cont. Λ*     *lac. post* 10 *Guyetus;* 45–6 *huc transp. Fischer* (*quos post* 2 *Otto*), 1–2 *Heyworth,* 43–4 *Vulpius*     45 iras *ς*     46 amem] amen *FP*     1 sic] h- *N rub.*(s *mg. m.1*), *U*     ullos] n- *Π*     44 ira] ire *N*

testis erit Dirce, tam uero crimine saeua                    11
  Nycteos Antiopen accubuisse Lyco.
a quotiens pulchros uulsit regina capillos,
  molliaque immites fixit in ora manus.
a quotiens famulam pensis onerauit iniquis                  15
  et caput in dura ponere iussit humo.
saepe illam immundis passa est habitare tenebris;
  uilem ieiunae saepe negauit aquam.
Iuppiter, Antiopae nusquam succurris habenti
  tot mala? corrumpit dura catena manus.                20
si deus es, tibi turpe tuam seruire puellam:
  inuocet Antiope quem nisi uincta Iouem?
sola tamen, quaecumque aderant in corpore uires,
  regales manicas rupit utraque manu.
inde Cithaeronis timido pede currit in arces;               25
  nox erat et sparso triste cubile gelu.
saepe uago Asopi sonitu permota fluentis
  credebat dominae pone uenire pedes.
et durum Zethum et lacrimis Amphiona mollem
  experta est stabulis mater abacta suis.                30
ac ueluti, magnos cum ponunt aequora motus
  Eurus et aduersus desinit ire Noto,
litore subtractae sonitus rarescit harenae,
  sic cadit inflexo lapsa puella genu.

11 uano *Franz*: sero *Phillimore*        13 uulsit *Titius*: ussit *NΠΤΓ*:
iussit *SC*: uxit *Y*        14 immites *ς*: -ttens *Ω*        15 pensis] imp-
*FL*        17 tenebris] theatris *S*: latebris *Heinsius*        19 numquam
*Giardina 2005*        21 deus es *P*: d- est *Ω*: pudor est *Giardina 2005*
seruare *ς*        22 inuocet] inn- *FL*        uincta *P*: uicta *NFLΛ*
27 uago *T*: -a *NΠSΓΥC*        30 stabulis *ς*: t- *Ω*        31 ac] at *F, L
p.c.*        32 et *Keil*: *om. K* (in *add. s.l.*): sub *N*: in *ΠΤSℐWΥC*: ubi
*Lachmann*        aduersus *K* (o *add. supra* us): -os *ΠΤSℐWMRC*: -o *NU*
noto *N*: -os *ΠΛ*        33 subtractae *Richardson 1976*: sic tacito *Ω*: iam t-
*Havet*: sedato *Heinsius*: sollicito *Nairn*        34 sic] si *Π*        lassa *ς*
lacunam et 29–30 *post* 34 *Burman*

sera tamen, pietas; natis est cognitus error.                    35
    digne Iouis natos qui tueare senex,
tu reddis pueris matrem; puerique trahendam
    uinxerunt Dircen sub trucis ora bouis.
Antiope, cognosce Iouem: tibi gloria; Dirce
    ducitur in multis mortem obitura locis.                      40
prata cruentantur Zethi, uictorque canebat
    paeana Amphion rupe, Aracynthe, tua. ⊗                       42


Nox media, et dominae mihi uenit epistula nostrae: **xvi**
    Tibure me missa iussit adesse mora,
candida qua geminas ostendunt culmina turres
    et cadit in patulos nympha Aniena lacus.
quid faciam? obductis committam mene tenebris,                    5
    ut timeam audaces in mea membra manus?
at si haec distulero nostro mandata timore,
    nocturno fletus saeuior hoste mihi.
peccaram semel, et totum sum pulsus in annum:
    in me mansuetas non habet illa manus.                        10
nec tamen est quisquam sacros qui laedat amantes;
    Scironis media quis licet ire uia.


35 et *ϛ*        36 natos] prolem *Baehrens*        38 uinxerunt]
uix- *N*: uinc- *F*        40 incultis *Heinsius*    obitura *Heinsius*: habi- *Ω*
41 prata *ϛ*: parta *Ω*    Zetho *Guyetus*        43–6: *uid. post* 10
    III xvi 1 *nou. el. indic. N* (*l.m.*), *ΠTSKWY* (*tit.*), *ϞC* (*int.*)
2 Tibure *TSΓC*: -ri *NΠ*: -r *Y*    missa] nulla *F, P ut uid.*        4 cadit]
-et *ΠC*    nympha] l- *S*        5 mene] ne me *Y*        6 ut] et *Guyetus*:
cum *Heinsius*        7 distulero haec *tr. N*                nostrae *Henry*
8 fastus *Heyworth*: fuerit *Giardina 2005*        9 pulsus] portus *N*
11 laedat] -it *Π*        12 quis *Watt 1992*: si *ΠΛ*: sci- *N*: sic *ϛ*: *fort.* mi
licet] libet *S*    medias his . . . uias *Heinsius*

quisquis amator erit, Scythicis licet ambulet oris,
    nemo adeo ut feriat barbarus esse uolet.          14
sanguine tam paruo quis enim spargatur amantis          19
    improbus? ecce suis it comes ipsa Venus;          20
luna ministrat iter; demonstrant astra salebras;          15
    ipse Amor accensas concutit ante faces;
saeua canum rabies morsus auertit hiantes:
    huic generi quouis tempore tuta uia est.          18
quod si certa meos sequerentur funera casus,          21
    talis mors pretio uel sit emenda mihi.
afferet haec unguenta mihi sertisque sepulcrum
    ornabit, custos ad mea busta sedens.
di faciant mea ne terra locet ossa frequenti          25
    qua facit assiduo tramite uulgus iter.
post mortem tumuli sic infamantur amantum.
    me tegat arborea deuia terra coma,
aut humer ignotae cumulis uallatus harenae.
    non iuuat in media nomen habere uia. ⊗          30


NVNC, o Bacche, tuis humiles aduoluimur aris:          **xvii**
    da mihi pacato uela secunda, pater.

13–14 = CIL *4.1950* (*inscr. Pomp.*)          13 erit *om. FL*          Scythicis]
-iae *inscr.*          ambulet *inscr., ΛP*: -at *NFL*          14 adeo *inscr., ς*: deo *Ω*
feriat *inscr.*: noceat *Ω*          19–20   *post* 14 *Struchtmeyer*
19 laetetur *Heyworth*          20 ecce suis *Fischer*: exclusis *Ω*: et cuius
*Palmer*          it *Dorvillius*: fit *Ω*: sit *ς*          15 illustrat *Baehrens*
16 concutit *Francius*: per- *Ω*: prae- *ς*          17 eunti *Markland*
21 cursus *Markland*          22 tali *ς*    *fort.* uel ... mors          23 haec
*ς*: huc *Ω*    unguenta] inge- *FL*    sepulcrum] -chum *N*          25 ne *ς*:
nec *Ω*          27 amantum] -es *Π*          28 arborea] a b- *Π*
29 humer *TΓMR*: -eri *NC*: -or *ΠS*: -et *U, ut uid.*    cumulis *NTSMUC*:
-us *FΓR*: tumulis *L, P a.c., ut uid.*          30 non] me *Π*
    III xvii 1 *nou. el. indic. N* (*l.m.*), *ΠTSKWY* (*tit.*), *JC* (*int.*)
2 placatus *Postgate* (pac- *iam Auratus*)

te quoque enim non esse rudem testatur amoris          7
   lyncibus ad caelum uecta Ariadna tuis.          8
tu potes insanae Veneris compescere flatus,          3
   curarumque tuo fit medicina mero.
per te iunguntur, per te soluuntur amantes:          5
   tu uitium ex animo dilue, Bacche, meo.          6
hoc mihi quod ueteres custodit in ossibus ignes          9
   funera sanabunt aut tua uina malum.          10
semper enim uacuos nox sobria torquet amantes;
   spesque timorque animum uersat utroque modo.
quod si, Bacche, tuis per feruida tempora donis
   accersitus erit somnus in ossa mea,
ipse seram colles pangamque ex ordine uites,          15
   quas carpant nullae me uigilante ferae.
dum modo purpureo spument mihi dolia musto
   et noua pressantes inquinet uua pedes,
quod superest uitae per te et tua cornua uiuam,
   uirtutisque tuae, Bacche, poeta ferar.          20
dicam ego maternos Aetnaeo fulmine partus,
   Indica Nysaeis arma fugata choris,
uesanumque noua nequiquam in uite Lycurgum,
   Pentheos et triplici funera grata gregi,
curuaque Tyrrhenos delphinum corpora nautas          25
   in uada pampinea desiluisse rate,

---

7–8 *ante* 3 *Heyworth* (*iam ante* 5 *Richmond*)          7 quoque enim]
-que horum *Heinsius*     amoris *Burman*: in astris Ω          8 ad] in *J*
3 flatus *Camps*: fastus Ω: fluctus ς          4 fit] sit *ΠSC*          11 nox]
uox *LP*          12 animum ς: -o Ω: -os ς     modo] meum ς          15–
16 colles … uites| quas *Guyetus*: uites … colles| quos Ω (caules *Burman
sen.*)          16 carpent *Camps*     nullae] mille *ΠJK*          17 dum] tum
*S*: iam *Guyetus*: da *Burman*     spument ς: numen *NΛ, Flor.2*: -em *P*:
-erem *L*: -ine *F*: tumeant *Phillimore*: manent *Palmer*          19 cornua]
munera *Guyetus*          21 fulmine] flu- *ΠY*          24 et triplici … gregi
*Heyworth*: in -es … -es Ω     rapta *Scaliger*

et tibi per mediam bene olentia flumina Diam,
   unde tuum potant Naxia turba merum.
candida laxatis onerabo colla corymbis;
   cinget Bassaricas Lydia mitra comas;      30
leuis odorato ceruix manabit oliuo,
   et feries nudos ueste fluente pedes;
mollia Dircaeae pulsabunt tympana Thebae;
   capripedes calamo Panes hiante canent;
uertice turrigero iuxta dea magna Cybebe      35
   tundet ad Idaeos cymbala rauca choros;
ante fores templi cratere antistes et auro
   libabit, fundens in tua sacra merum.
haec ego non humili referam memoranda coturno,
   qualis Pindarico spiritus ore tonat:      40
tu modo seruitio uacuum me siste superbo,
   atque hoc sollicitum uince sopore caput. ⊗


CLAVSVS ab umbroso qua ludit pontus Auerno,   **xviii**
   fumida<que exundant> stagna tepentis aquae,
qua iacet Euboica tubicen Troianus harena,
   et sonat Herculeo structa labore uia,

---

27 mediam ... Diam ς: m- ... naxon Ω (uaron *F*): Diam (*Palmer*) ...
nasci *Baehrens*   28 Naxia] Bacchica *uel sim. Shackleton Bailey*:
ebria *Watt 1992*   29 onerabo ς: -ato Ω   30 cinget ς: -it Ω
31 leuis] lenis *LPC*   32 nitidos *Passerat*   33 Tmolia *Palmer*
Thyiae  *Shackleton  Bailey*   36 tundet  *Canter*:  f-  Ω
37 cratere ς: -er Ω   antistes et *Heinsius*: -stitis Ω (-stis *F*)
38 libabit *Foster*: libatum Ω   40 tonat] s- *S a.c.*
   III xviii 1 *nou. el. indic.* N (*l.m.*), ΠΤSKY (*tit.*), *JWC* (*int.*)
1 tundit *Baehrens*   2 fumida *Scaliger*: h- Ω   que exundant *Hey-*
*worth, e.g.*: Baiarum Ω   3 iacet] latet *LP*   Euboica tubicen Troi-
anus *Heinsius*: et Troiae t- Misenus Ω (tumidumisenus *S*)

hic olim, <Hesperias> dexter cum quaereret urbes,          5
  cymbala Thebano concrepuere deo.
at nunc, inuisae magno cum crimine Baiae,
  quis deus in uestra constitit hostis aqua?
<. . . . . . . . . . . . . . . . . . . . . . . . . . . . >
  <. . . . . . . . . . . . . . . . . . . . . . . . >
his pressus Stygias uultum demisit in undas,
  errat et inferno spiritus ille lacu.          10
quid genus aut uirtus aut optima profuit illi
  mater, et amplexum Caesaris esse focos?
aut modo tam pleno fluitantia uela theatro,
  et per maturas omnia gesta manus?
occidit, et misero steterat uicesimus annus:          15
  tot bona tam paruo clausit in orbe dies.
i nunc, tolle animos et tecum finge triumphos,
  stantiaque in plausum tota theatra iuuent;
Attalicas supera uestes, atque omnia conchis
  gemmea sint Indis: ignibus ista dabis.          20
sed tamen huc omnes, huc primus et ultimus ordo:
  est mala sed cunctis ista terenda uia;
exoranda canis tria sunt latrantia colla,
  scandenda est torui publica cumba senis.

---

5 olim Hesperias (*uel* Etruscas) *Heyworth, e.g.*: ubi mortales Ω
dexter] -tra *L a.c.* (*ut uid.*), *P p.c., SY*     uiseret *Havet*          8 uestra]
no- *FP          ante* 9 *lac.* (*in qua inductus est Marcellus*) *posuit Guyetus*
9 his pressus *NFLSΓYC*: bis p- *PT*: hic p- *Guyetus*: hic fessus *Cas-*
*tiglioni 1955*: Marcellus *Phillimore*     uultum] m- *FK*     demersit ⲟ
10 inferno *Housman*: in uestro *NLΛ* (*cf.* 8): in no- *FP*     12 amplexo
*Scaliger*          14 maturas *Barber*: maternas Ω          18 iuuent] uiu-
*KW* (*ut uid.*), *Y*: tuum *Heinsius*          19–20 conchis* . . . Indis *Housman*
(*qui etiam* bacis* *et* ostra smaragdis): magnis . . . ludis Ω          20 sint]
sunt *Π*          21 huc[1] ⲟ: hoc Ω          22 uia ⲟ: uia est Ω          24 torui
*T p.c., SΓC*: torci *F, T a.c., Y*: torti *L, P primo ut uid.*: troci *N*: curui *P p.c.*:
taetri *Housman*          *post* 24 *lac. Postgate; huc* II xxviii 57–8 *transp.*
*Housman*

ille licet ferro cautus se condat et aere,                    25
  mors tamen inclusum protrahit inde caput.
Nirea non facies, non uis exemit Achillem,
  Croesum aut Pactoli quas parit umor opes.          28
at tibi nauta pias hominum qui traicit umbras       31
  hac animae portet corpus inane suae
qua Siculae uictor telluris Claudius et qua
  Caesar ab humana cessit in astra uia. ⊗

[hic olim ignaros luctus populauit Achiuos,          29
  Atridae magno cum stetit alter amor.]              30


OBICITVR totiens a te mihi nostra libido.            **xix**
  crede mihi, uobis imperat ista magis.
uos, ubi contempti rupistis frena pudoris,
  nescitis captae mentis habere modum.
flamma per incensas citius sedetur aristas,           5
  fluminaque ad fontis sint reditura caput,
et placidum Syrtes portum, et bona litora nautis
  praebeat hospitio saeua Malea suo,
quam possit uestros quisquam reprehendere cursus
  et rabidae stimulos frangere nequitiae.            10

<hr>

25 condat] -da *N*    aere] auro *S a.c.*        26 protrahit] -et *P,*
*Livineius*        28 aut] haud *TJKY*    parit] premit *FC*        29–
30 *alienos esse uidit Scaliger: post* II vi 16 *transp. Phillimore, fort. recte:*
*post* IV vi 34 *Housman*        31 tibi] tu *Markland*    traicit *Paley:* -is *Ω*
32 hac *Guyetus:* huc *Ω* (hunc *S primo*): hoc *ς*    portet *ς:* -ent *Ω:* -es
*Heinsius*    suae *Heinsius:* t- *Ω:* uia *Housman*        *post* 32 *lac. Richmond*
33 quo ... quo *Barber*        Claudius et] transiit aut *Heyworth*
34 humanis *Barber:* -o *Henry*    uice *Baehrens*
  III xix 1    *nou. el. indic. N (l.m.), ΠΤSKY (tit.), JWC (int.)*
4 captae] liberae *Π:* cupidae *Heinsius*        6 fontis] -es *LP:* montes *F:*
*om. Γ*    sunt *Postgate*        9 quisquam uestros *tr. P*        10 rabidae
*ς:* rap- *Ω*

testis Cretaei fastus quae passa iuuenci
  induit abiegnae cornua falsa bouis;
testis Thessalico flagrans Salmonis Enipeo
  quae uoluit liquido tota subire deo;                              14
nam quid Medeae referam, quo tempore matris                        17
  iram natorum caede piauit amor,
quidue <tuum facinus>, propter quam tota Mycenis
  infamis stupro stat Pelopea domus?                               20
crimen et illa fuit patria succensa senecta,                       15
  arboris in frondes condita Myrrha nouae,                         16
tuque o Minoa uenumdata Scylla figura                              21
  tondens purpuream, regna paterna, comam.
hanc igitur dotem uirgo desponderat hosti:
  Nise, tuas portas fraude reclusit Amor.
at uos, innuptae, felicius urite taedas:                           25
  pendet Cretaea tracta puella rate.
non tamen immerito Minos sedet arbiter Orci:
  uictor erat quamuis, aequus in hoste fuit. ⊗


CREDIS eum iam posse tuae meminisse figurae                        **xx**
  uidisti a lecto quem dare uela tuo?
durus qui lucro potuit mutare puellam.
  tantine ut lacrimes Africa tota fuit?


12 abiegnae *F, P* (b *ex corr.*), *L m.rec.*: a...... *L*: abiegno *Λ*: aiegno *N*
bouis ς: -i *Ω*       15–16 *post* 20 *Postgate*       17 Medeam *Guyetus*
pectore *Palmer*       19 tuum facinus (*uel sim.*) *Housman*: Clytaemes-
trae *Ω*: -am *Guyetus*       20 infamis] -antis *ΠΚW*       stat] sta *N*: stant
*Γ*       15 luit *Barber*       16 nouae] nouem *NC*       21 teque
*Guyetus*       22 tondens *NΠTSΓ*: -es *YC*       purpuream ... comam
*Markland*: -a ... -a *Ω*       25 at] et *F*: ut *L*       27 non etenim
*Baehrens*       27–8 *ante* 25 *Housman, del. Knoche*
   III xx   1 *nou. el. indic.* N (*l.m.*), *ΠTSKY* (*tit.*), *JWC* (*int.*)
4 tantine ut lacrimes *Heinsius*: -isne in -is *Ω* (ne *om. Π*)

at tu, stulta, deos, tu fingis inania uerba;          5
  forsitan ille alio pectus amore terat.
est tibi forma potens, sunt castae Pallados artes,
  splendidaque a docto fama refulget auo.
fortunata domus, modo sit tibi fidus amicus;
  fidus ero: in nostros curre, puella, toros.          10
tu quoque, qui aestiuos spatiosius exigis ignes,
  Phoebe, moraturae contrahe lucis iter;
nox mihi prima uenit: primae da tempora nocti.
  longius in primo, luna, morare toro.          14
quam multae ante meis cedent sermonibus horae          19
  dulcia quam nobis concitet arma Venus!          20
foedera sunt ponenda prius signandaque iura          15
  et scribenda mihi lex in amore nouo.
haec Amor ipse suo constringet pignora signo,
  testis sidereae torta corona deae.          18
namque ubi non certo uincitur foedere lectus,          21
  non habet ultores nox uigilata deos,
et quibus imposuit soluit mox uincla libido:
  contineant nobis omina prima fidem.
ergo qui tacta sic foedera ruperit ara,          25
  pollueritque nouo sacra marita toro,
illi sint quicumque solent in amore dolores
  et caput argutae praebeat historiae,

---

5 stulta adeo es *Rossberg*     tu fingis] tu flebis *Leo*: testaris *Heyworth*
6 pectus] -tuus *N* (*fort.* -tu *a.c.*): -tu *W*          7 est] ast *N*
9 domus] nimis *Markland*          10 ego *Heinsius*     toros] sinus *ς*
11 quoque] que o *Lachmann*: *fort.* modo          spatiosius] -sus *Π*
13 da ... nocti *Palmer*: date ... noctis *Ω*          14 morare] -ate *N primo*,
*ʒ primo*          19–20 *ante* 15 *Lachmann, post* 16 *Scaliger*          19 nam
*Heyworth* (*uel* et *si post* 16)     cedent] -ant *Π*          15 ponenda] pang-
*Burman*          17 constringet *ς*: -it *NΛ*: -fringit *Π*          21 que] quod
*F* (*ut uid.*), *L*          uincitur] -etur *N*          22 uigilata *Palmer*: -la *N*:
-landa *ΛΠ*: uiolata *Heinsius*          23 mox *ς*: nox *NFLΛ*: modo *P*
24 omina *NPSΓM*: omnia *FLTURC*          25 tacta sic ... ara *Hous-*
*man*: pactas in ... aras *Ω*: tactis pia (haec *Burman*) ... aris *van Eldik*
ruperit] -at *Γ*          27 sint] sunt *ΠSC*

nec flenti dominae patefiant nocte fenestrae:
    semper amet, fructu semper amoris egens. ⊗          30


MAGNVM iter ad doctas proficisci cogor Athenas          **xxi**
    ut me longa graui soluat Amore uia.
crescit enim assidue spectando cura puellae;
    ipse alimenta sibi maxima praebet Amor.
omnia sunt temptata mihi quacumque fugari          5
    possit: at exsomnis me premit usque deus.
bis tamen aut semel admittit, cum saepe negarit;
    seu uenit, extremo dormit amicta toro.
unum erit auxilium: mutatis Cynthia terris
    quantum oculis, animo tam procul ibit Amor.          10
nunc agite, o socii, propellite in aequora nauem,
    remorumque pares ducite sorte uices;
iungiteque extremo felicia lintea malo:
    iam liquidum nautis aura secundat iter.
Romanae turres et uos ualeatis amici,          15
    qualiscumque mihi tuque, puella, uale.
ergo ego nunc rudis Hadriaci uehar aequoris hospes,
    cogar et undisonos nunc prece adire deos.
deinde per Ionium uectus cum fessa Lechaei
    sedarit placida uela phaselus aqua,          20

---

29 dominae] durae *Postgate*: solitae *Baehrens*
    III xxi 1 *nou. el. indic.* N (*l.m.*), ΠTSKY (*tit.*), ℐWC (*int.*)
3 spectando] -di *N*: -ti *Müller*     puellam *Burman*          4 inde *Burman*
6 posset *Richards*     exsomnis *Barber* (-nem *iam Heinsius*): ex omni Ω
usque *Heinsius*: ipse Ω: ille ς          7–8 *del. Paldamus, post* 4 *Postgate*
7 bis *Cornelissen*: uix Ω          admittit ς: ami- Ω          8 amicta *Scaliger*:
-ca Ω          11 aequora *F*: -re *NLPΛ*          12 pari *Heinsius*     sorte] f-
Π          13 extremo] -os *FL*          14 *citat* (*e 'lib.IIII'*) *Nonius 249.33
Lindsay*          17 uehar] -or *S*          18 undisonos] undosis .. *S*:
undosos *Markland*          19 Lechaei *Guyetus*: lychaeo *uel* lichaeo Ω
(*fort. ex* lechaëo)

quod superest, sufferre, pedes, properate laborem
  isthmos qua terris arcet utrumque mare.
inde ubi Piraei capient me litora portus,
  scandam ego Theseae bracchia longa uiae.
illic in spatiis animum emendare Platonis                    25
  incipiam, aut hortis, docte Epicure, tuis;
persequar aut studium linguae, Demosthenis arma,
  libaboque tuos, munde Menandre, sales;
aut certe tabulae capient mea lumina pictae,
  siue ebore exactae seu magis aere manus.                    30
aut spatia annorum et longa interualla profundi
  lenibunt tacito uulnera nostra sinu;
seu moriar, fato, non turpi fractus amore;
  atque erit illa mihi mortis honesta dies. ⊗


FRIGIDA tam multos placuit tibi Cyzicus annos,          **xxii**
  Tulle, Propontiaca qua fluit isthmos aqua
Dindymis et sacra fabricata e uite Cybebe
  raptorisque tulit quae uia Ditis equos?
si te forte iuuant Helles Athamantidos urbes,                    5
  <. . . . . . . . . . . . . . . . . . . . . . . . . .>

22 terris] turpis *S*      23 mea lintea *ς*      *post* 24 *lacunam Keil*
25 in *Heyworth*: uel *Ω*: aut *Walker 1827*    spatiis *Broukhusius* (*uel* stad-):
stud- *Ω*    26 laete *Slothouwer*    28 libabo *Suringar*: librorum
*Ω*    munde *Kuinoel*: om. *K*: docte *NΠTSƷWYC* (*cf.* 26): culte *Heinsius*
29 capient] -ti *Γ*    31 et *ς*: sic *Hall\** et *Scaliger*: aut *Ω*    longi
*Heinsius*    32 situ *ς*    34 atque] certe *uel* nempe *Heyworth*
    III xxii *nou. el. indic. N* (*l.m.*), *ΠTSKY* (*tit.*), *ƷWC* (*int.*)    1 iam
*Heinsius*    annos *P, et post corr. FLTK*: annus *NFLΛ*    2 qua *T p.c.*:
quae *Ω*    fremit *Baehrens*    3 Dindymis *Unger*: -us *Ω*    e uite
*Haupt*: inuenta *Ω* (iuu- *F*): in caute *Housman*    secto . . . e dente *Barton*
4 quae *ς*: qua *Ω*    5 iuuant *C*: -at *NΠTSΓY*    5, *lac.*, 15–16,
*lac.*, 6 *Heyworth*: 15–16 *post* 6 iam *Housman*: *lac. post* 5 *Havet*

siue et olorigeri uisenda est ora Caystri                                    15
   et quae serpentes temperat unda uias;                     16
<. . . . . . . . . . . . . . . . . . . . . . . . . . . . . . .>
   et desiderio, Tulle, mouere meo.                            6
tu licet aspicias caelum omne Atlanta gerentem,
   sectaque Persea Phorcidos ora manu,
Geryonae stabula et luctantum in puluere signa
   Herculis Antaeique Hesperidumque choros;                    10
tuque tuo Colchum propellas remige Phasin
   Peliacaeque trabis totum iter ipse legas,
qua rudis immissa natat inter saxa columba
   in faciem prorae pinus adacta nouae;                        14
omnia Romanae cedent miracula terrae:                                       17
   natura hic posuit quicquid ubique fuit.
armis apta magis tellus quam commoda noxae,
   Famam, Roma, tuae non pudet historiae.                      20
nam quantum ferro tantum pietate potentes
   stamus: uictrices temperat ira manus.
hic, Anio Tiburne, fluis, Clitumnus ab Vmbro
   tramite, et aeternum Marcius umor opus,
Albanus lacus, et foliis Nemorensis abundans,                               25
   potaque Pollucis nympha salubris equo.
at non squamoso labuntur uentre cerastae,
   Itala portentis nec furit unda nouis;

15 siue et *Heyworth* (si quaue *iam* ϛ: si qua et *Heinsius*: si tibi *Palmer*): et (at *FL*, aut *P*) si qua *Ω*: et sis qua *Haupt*     olorigeri ϛ: orige *Ω*: Ortygie ϛ (et *add*. *Haupt*)     uisenda] uid- *S*     ora] orta *T*     16 quae *Palmer*: qua *Ω*     serpentes *Hubbard*: septenas *Ω*     6 at *Phillimore*: nec ϛ mei *Broukhusius* (*cf*. IV iii 28)     7 ferentem ϛ     9 Geryonae ϛ: -is *Ω*     10 domos *Burman*     13 immissa *Heyworth 1986*: Argoa *Ω*     14 nouam *Heyworth 1986*     18 ubique] ubi *Γ*     fuit] nitet *Heinsius*: boni est *Housman**     19–22 *ante* 39 *Baehrens*     19 noxae <est> *Fuchs 1974*     22 ara *Cornelissen*: illa ϛ     23 fluis ϛ: -es *Ω*     25 lacus] lo- *N*: ideus *S*     foliis . . . abundans *Housman*: socii . . . ab unda *Ω*     26 lympha *P p.c.*     27 non] nunc *N*     labuntur] lamb- *L*: lanib- *F*     28 furit ϛ: fuit *Ω*: fluit ϛ     unda ϛ: una *Ω*

non hic Andromedae resonant pro matre catenae,
   nec tremis Ausonias, Phoebe fugate, dapes;     30
nec cuiquam absentes arserunt in caput ignes,
   exitium nato matre mouente suo;
Penthea non saeuae uenantur in arbore Bacchae,
   nec soluit Danaas subdita cerua rates;
cornua nec ualuit curuare in paelice Iuno     35
   aut faciem turpi dedecorare boue.     36
haec tibi, Tulle, parens, haec est pulcherrima sedes,   39
   hic tibi pro digna gente petendus honos,     40
hic tibi ad eloquium ciues, hic ampla nepotum
   spes, et uenturae coniugis aptus amor. ⊗

[arboreasque cruces Sinis, et non hospita Grais     37
   saxa, et curuatas in sua fata trabes.]

ERGO tam doctae nobis periere tabellae,     **xxiii**
   scripta quibus pariter tot periere bona!
has quondam nostris manibus detriuerat usus,
   qui non signatas iussit habere fidem.
illae iam sine me norant placare puellas     5
   atque eaedem sine me uerba diserta loqui;
non illas fixum caras effecerat aurum:
   uulgari buxo sordida cera fuit.

---

30 Argolicas *Rossberg*     32 sua ς     33 uenantur] mira- *S*
34 dapes (*ex* 30) *ante* rates *S*     35–6 *alienos censet Burman*
36 boue ς: -i *Ω*     37–8 *del. Knoche: ante* 37 *lac. Livineius*
39 est] et *Hall**     40 hic] haec *Π*     41 alloquium *Otto*   lites
*Cornelissen*     42 altus ς
37 Sinis ς: sen- *Ω*     38 saxa] f- *S*   curtatas ς   sua] fera
*Baehrens*   curtatos ... toros *Burman,* paues *Hertzberg,* uiros *Heyworth*
III xxiii 1 *nou. el. indic. N* (*l.m.*), *ΠTSKY* (*tit.*), *ƷWC* (*int.*)
2 tot] non *Π*     3 nostris] -as *N a.c.*     5 iam] etiam *P*
puellas] -ae *S a.c.*: -am ς     6 atque eaedem *Heinsius*: et quaedam *Ω*

qualescumque, mihi semper mansere fideles,
    semper et effectus promeruere bonos.          10
forsitan haec illis fuerunt mandata tabellis:
    'irascor quoniam es, lente, moratus heri:
an tibi nescioquae uisa est formosior? an tu
    non bene de nobis crimina ficta iacis?'
aut dixit: 'uenies hodie, cessabimus una:         15
    hospitium tota nocte parauit Amor;'
et quaecumque uolens reperit non stulta puella,
    garrula cum blandis ducitur hora iocis.
me miserum, his aliquis rationem scribit auarus
    et ponit duras inter ephemeridas!         20
quas si quis mihi rettulerit, donabitur auro:
    quis pro diuitiis ligna retenta uelit?
i puer, et citus haec aliqua propone columna,
    et dominum Esquiliis scribe habitare tuum. ⊗


FALSA est ista tuae, mulier, fiducia formae,    **xxiv**
    olim elegis nimium facta superba meis.
noster amor tales tribuit tibi, Cynthia, laudes:
    uersibus insignem te pudet esse meis.
mixtam te uaria laudaui saepe figura,         5
    cum quod non esses esse putaret Amor;

---

10 promeruere] per- *T*    suos *ς*       11 fuerunt *Γ*: -ant *ΠTC*: -int
*NSY*    14 bene *ς*: bona *Ω*    nobis] bonis *Π*     15 dixit *P, T s.l.*:
dixi *NFLΛ*    cessabimus *ς*: -uimus *Ω*    16 parabit *Heinsius*
17 uolens *ς*: d- *Ω*    quoscumque dolos *Giardina 2005*    18 dicitur
*ς*    iocis *ς*: dolis *Ω*: notis *ς*    19 rationes *Markland*    auarus *ς*: -ri
*Ω*    20 duras *Π*: diras *NΛ*    21 has *Francius*    22 ligna *ς*:
s- *Ω*
III xxiv 1 *nou. el. indic. NL (l.m.), FPTSKY (tit.), ЈWC (int.)*
2 elegis *Schrader*: oculis *Ω*    tuis *Burman*    5 uaria] -am *KW*
6 cum *Dousa f.*: ut *NLPΛ*: et *F primo*    esse] saepe *Π*

et color est totiens roseo collatus Eoo,
   cum tibi quaesitus candor in ore foret.        8
haec ego nunc ferro, nunc igne coactus, et ipsa    11
   naufragus Aegaea uerba loquebar aqua.
correptus saeuo Veneris torrebar aëno;
   uinctus eram uersas in mea terga manus.    14
quod mihi non patrii poterant auertere amici,    9
   eluere aut uasto Thessala saga mari.    10
ecce coronatae portum tetigere carinae;    15
   traiectae Syrtes, ancora iacta mihi est.
nunc demum uasto fessi resipiscimus aestu,
   uulneraque ad sanum nunc coiere mea.
Mens Bona, si qua dea es, tua me in sacraria dono:
   exciderunt surdo tot mea uota Ioui.    20
risus eram positis inter conuiuia mensis    **xxv**
   et de me poterat quilibet esse loquax.
quinque tibi potui seruire fideliter annos:
   ungue meam morso saepe querere fidem.
nil moueor lacrimis; ista sum captus ab arte;    5
   semper ad insidias, Cynthia, flere soles.
flebo ego discedens, sed fletum iniuria uincit:
   tu bene conueniens non sinis ire iugum.
limina iam nostris ualeant lacrimantia uerbis
   nec tamen irata ianua fracta manu.    10

   8 *fort.* ut      9–10 *post* 14 *Tremenheere* (*iam post* 12 *Housman*)
11 hoc *Foster* (*cf.* 9)    nunc . . . nunc *Heyworth*: non . . . non Ω   et ipsa]
inani *S*: at ς, ipse *Baehrens*    12 uera *Passerat*    loquebar *Hey-*
*worth*: fatebor Ω: fatebar ς    14 uinctus] uic- *NFW*    9 quae
*Guyetus* (*cf.* 11)    10 eluere *P p.c., TJ, K p.c., WC*: fl- *NFLS, K a.c.,*
*Y*: fle- *P primo*    18 que] et *F*    19 dea es ς: deo est Ω
20 exciderunt ς: -ant Ω    III xxv 1 *cont. Π*: *nou. el. indic. N* (*l.m.*),
*TKY* (*tit.*), *SJWC* (*int.*)    1 risus] u- *KW*    6 ad insidias
*Baehrens*: ab -is Ω: in -is *Burman*    7 uincet ς    8 bene] bone *Γ*
ire] esse *Π*    9 limina] lu- *ΠY*    adamantina *Cornelissen*

at te celatis aetas grauis urgeat annis
   et ueniat formae ruga sinistra tuae;                                    12
exclusa inque uicem fastus patiare superbos,                                  15
   et quae fecisti facta queraris anus.
has tibi fatales cecinit mea pagina diras:
   euentum formae disce timere tuae. ⊗

[uellere tum cupias albos a stirpe capillos                                   13
   a speculo rugas increpitante tibi.]

---

12 curua senecta *Skutsch* (*cf.* 14)          13–14 *interpolatos ratus Hey-*
*worth* (13 *ex Tib. 1.8.45*)          15 exclusa in] -sam *S*          18 formae]
dominae *Π*

   13 tollere *codd. Tib.*          tum] cum *Π*          cupias *LP*: ca- *NFΛ*: cura est
*codd. Tib.*          14 a] et ς: iam *Shackleton Bailey*

# LIBER IV

Hoc quodcumque uides, hospes, qua maxima Roma est,
  ante Phrygem Aenean collis et herba fuit,
atque ubi Nauali stant sacra Palatia Phoebo,
  Euandri profugae concubuere boues.
fictilibus creuere deis haec aurea templa,                    5
  nec fuit opprobrio facta sine arte casa,
Tarpeiusque pater nuda de rupe tonabat,
  et Tiberis nostris aduena murus erat.
nunc gradibus domus ista Remi se sustulit; olim
  unus erat fratrum maxima regna focus.                        10
curia, praetexto quae nunc nitet alta senatu,
  pellitos habuit, rustica corda, patres;
bucina cogebat priscos ad uerba Quirites:
  centum illi in prati saepe senatus erat;
nec sinuosa cauo pendebant uela theatro;                      15
  pulpita sollemnes non oluere crocos.
nulli cura fuit externos quaerere diuos
  cum tremeret patrio pendula turba sacro;                     18
< . . . . . . . . . . . . . . . . . . . . . . . . . . . . . >
  < . . . . . . . . . . . . . . . . . . . . . . . . . . . >

*librum nouum indic. NJWC (int.), ΠTSKY (tit.)* 1 qua ς: quam
Ω    est *om. FW*    2 Phrygem] -ge *N*    6 nec] non *Π*    arte]
arce *S*    8 murus *Heyworth 1986*: bubus *NΛ*: tutus *Π*    9 nunc
*Heyworth*: quo *ΠΛ*: quod *N*: qua ς: quot *Dieterich*    10 regia magna
*Havet*    11–14 *citat Lactantius* (inst.diu. 2.6.14), 11–12 *post 14
codd. complures, fort. recte*    11 nunc quae *apud Lact.*    13 *citat
Isidorus* (orig. 18.4.1)    uerba] arma *apud Isid.*    Quirini *anon.1\**
14 prati *Heinsius*: -to Ω, *et apud Lact.*    erant *Heinsius*    *ante*
15 *lac. Heyworth*    15 cauo *om. Π* (*suo suppl. P*)    18 credula
*Livineius*: sedula *Heimreich*    19–20 *deletis, lacunam indicauit Hey-
worth*: *lac. ante* 19 *Lachmann, post* 19 *Havet*

Vesta coronatis pauper gaudebat asellis;                    21
　ducebant macrae uilia sacra boues;
pauca saginati lustrabant compita porci,
　pastor et ad calamos exta litabat ouis.
uerbera pellitus saetosa mouebat arator,                    25
　unde licens Fabius sacra Lupercus habet;
nec rudis infestis miles radiabat in armis:
　miscebant usta proelia nuda sude.
prima galeritus posuit praetoria Lycmon;
　magnaque pars Tatio rerum erat inter oues.               30
hinc Tities Ramnesque uiri Luceresque Soloni;
　quattuor hinc albos Romulus egit equos.
quippe suburbanae parua minus Vrbe Bouillae,
　et, qui nunc nulli, maxima turba Gabi,
et stetit Alba potens, albae suis omine nata,              35
　tunc ubi Fidenas longa erat isse uia.
nil patrium nisi nomen habet Romanus alumnus:
　sanguinis altricem non putat esse lupam.                 38
optima nutricum nostris, lupa Martia, rebus,              55
　qualia creuerunt moenia lacte tuo!                       56
huc melius profugos misisti, Troia, Penates;              39
　heu quali uecta est Dardana puppis aue!                  40
iam bene spondebant tunc omina, quod nihil illos
　laeserat abiegni uenter apertus equi,

---

21 Vesta *P p.c., T p.c., SΓYC*: uestra *NΠ, T primo*          22 uilia]
iulia *N, ?F, ?P*          23 pauca *Lachmann*: parua *Ω*: parca *Baehrens*
26 ciens Fabios *Heinsius*          Luperca facit *Heyworth*          28 nuda]
facta *Π*          30 Tatio] tacito *N (scil. ex* taċio)          31 hinc] hic *S
feri Palmer*          soloni *N, P u.l., TJC*: coloni *Π, T u.l., S, J s.l., K*: scoloni
*W*: seloni *Y*: seueri *Housman*          32 albos] allos *FL*: alios *P*
33 eminus *Lachmann*: *an* procul?          Bouillae *ς*: uiolae *NΠTSΓY*: epiolae
*C*          34 *et* 36 *inter se mut. Müller*          36 tunc *Ritschl (uel* hinc):
hac *Ω*          longa ... uia *ς*: longe ... uias *Ω*          isse] ire *Π*: ipsa *C a.c.*
37 patrium *NTSJKYC*: -uum *Π*: -ui *W*: -ii *Heinsius*          38 non]
nunc *ς*: quis *Hutchinson 1984*          putat *R*: putet *NFLTSΓMUC*: pudet *P*
55–6 *post* 38 *Lange, lacunam post* 38 *Baehrens*          40 huc *Palmer*
41 omina *NLPSMC*: omnia *FTΓUR*          illos *Schrader*: illam *Ω*

cum pater in nati trepidus ceruice pependit
  et uerita est umeros urere flamma pios.
tunc animi uenere Deci Brutique secures,                45
  uenit et ipsa, sui Caesaris arma, Venus,
arma resurgentis portans uictricia Troiae:
  felix terra tuos cepit, Iule, deos.
si modo Auernalis tremulae cortina Sibyllae
  dixit Auentino rura pianda Remo,                      50
aut si Pergameae sero rata carmina uatis
  longaeuum ad Priami lata fuere caput,                 52
dicam: 'Troia, cades, et Troica Roma, resurges;'        87
  et maris et terrae candida regna canam.               88
'uertite equum, Danai: male uincitis. Ilia tellus       53
  uiuet, et huic cineri Iuppiter arma dabit.'           54
Ennius hirsuta cingat sua dicta corona:                 61
  mi folia ex hedera porrige, Bacche, tua.              62
moenia namque pio conor disponere uersu:                57
  ei mihi, quod nostro est paruus in ore sonus!
sed tamen exiguo quodcumque e pectore riui
  fluxerit, hoc patriae seruiet omne meae,              60
ut nostris tumefacta superbiat Vmbria libris,           63
  Vmbria Romani patria Callimachi.
scandentes si quis cernet de uallibus arces,            65
  ingenio muros aestimet ille meo.

43 cum] tum *T*        45 hinc *Heinsius*        gemini *Heinsius*
46 uenit *Hollis**: uexit Ω        47–8 *post* 40 *Marr 1970* (47–52 *iam
Housman*)        52 lata *Heyworth*: uera Ω    uera tulere *Murgia**
87–8 *post* 52 *Müller*        87 *fort.* dicam ego        88 candida regna
*Murgia 1989* (maxima r- *uel* sceptra secunda *Heyworth*): longa sepulchra
Ω: regna superba *Housman*    cano *Murgia 1989*        55–6 *post* 38
*Lange*        61–2 *ante* 57    *Heyworth*        61 cingat] g- *N*
57 conor ς: -er Ω        58 quam *Francius*    59 sed] si *Y*        65–
6 *secl. Lütjohann*        65 siquis *P ras., TS*: quisquis *N* (quis[1] *in spat.
rel.: cf. Birt p. xxx*): quasuis *Π*: asis *T mg., YC*: asis siquis *Γ*    cernet *F*:
cernit *NLPΛ*        66 aestimet] ext- *FPTWM*

Roma, faue: tibi surgit opus; date candida, ciues,
   omina; et inceptis dextera cantet auis:
sacra deosque canam et cognomina prisca locorum:
   has meus ad metas sudet oportet equus. ⊗    70

[annuaque accenso celebrare Parilia faeno,    19
   qualia nunc curto lustra nouantur equo.]    20

Qvo ruis imprudens? fuge discere fata, Properti!    **i B**
   non sunt a dextro condita fila colo.
accersis lacrimas: auersus cantat Apollo;
   poscis ab inuita uerba pigenda lyra.
certa feram certis auctoribus; aut ego uates    75
   nescius aerata signa mouere pila.
me creat Archytae suboles, Babylonius Orops,
   Horon, et a proauo ducta Conone domus.
di mihi sunt testes non degenerasse propinquos,
   inque meis libris nil prius esse fide.    80
nunc pretium fecere deos et fallitur auro
   Iuppiter <. . . . . . . . . . . . . . . . . . . . . >
<. . . . . . . . . . . . . . . . . . . . . . . . . . . . . >
   <. . . . . . . > obliquae signa iterata rotae,

68 omina] omnia *JKR*    inceptis *NΛ, P ras.*: incertis *F*: in tectis *L*
69 deos *Wellesley 1969*: dies *Ω*
   19 que] at *Lachmann*    celebrante *Housman*: celebrata *Phillimore*:
coluere *Binder*
   71 *nou. el. ς: cont. Ω*    71 fuge *Livineius*: uage *Ω*: caue *Schippers*:
tua *Sandbach**    discere *ς*: dic- *Ω*: duc- *Hetzel*    facta *ς*: sacra *ς*
72 candida *Heinsius*    73 lacrimas] -is *Y*    auersus cantat *Sand-
bach*: cantas auersus *Ω* (adu- *FSW*)    auersis Musis (a- *Charisin
Heinsius*: at certis lacrimis *Munro*) cantas; auersus A- *ς    post* Apollo,
est *add. P*    74 et inuitam . . . lyram *Lachmann*    78 a *N s.l.*,
*ΠΤΓΥC*: om. *N primo, S*    81 nunc] in *Π*    et
fallimus auro| (Iuppiter!) *Housman*    82 *post* Iuppiter *lacunam
posuit Sandbach**, ante* 83 *Lachmann    uersus* 81–2 *alienos censuit
Lütjohann: ante* 109 *Tremenheere*

felicesque Iouis stellas Martisque rapaces
  et graue Saturni sidus in omne caput,
quid moneant Pisces animosaque signa Leonis          85
  lotus et Hesperia quid Capricornus aqua.           86
dixi ego, cum geminos produceret Arria natos         89
  (illa dabat natis arma uetante deo),               90
non posse ad patrios sua pila referre Penates:
  nempe meam firmant nunc duo busta fidem.
quippe Lupercus, equi dum saucia protegit ora,
  heu bene prolapso, non sibi, cauit equo.
Gallus at in castris, dum credita signa tuetur,      95
  concidit ante aquilae rostra cruenta suae.
fatales pueri, duo funera matris auarae,
  uera, sed inuito, contigit ista fides.
idem ego, cum Cinarae traheret Lucina dolores
  et facerent uteri pondera lenta moram,             100
'Iunonis facito uotum impetrabile' dixi:
  illa parit; libris est data palma meis.
haec neque arenosum Libyci Iouis explicat antrum,
  aut sibi commissos fibra locuta deos,
aut si quis motas cornicis senserit alas,            105
  umbraue quae magicis mortua prodit aquis.
aspicienda uia est caeli uerusque per astra
  trames et ab zonis quinque petenda fides.
exemplum graue erit Calchas: namque Aulide soluit
  ille bene haerentes ad pia saxa rates;             110

83 felicis *Kidd 1979*    rapaces ⲋ: -cis Ω        85 moneant *LTSΓY*:
mou- *NFPC*        86 lotus] laetus *FY*    Hesperia] hismaria *S*    quid
*NΠTSΓ*: quam *Y*: qui *C*        87–8 *post* 52 *Müller*: *post* 68 *Marcilius*,
*post* 70 *Scaliger, post* III ix 48 *Courtney 1969*        94 bene ... sibi
*Heyworth*: sibi ... bene Ω        96 signa ⲋ    cruenta] superba *S*
97–8 *del. Georg**        98 sera *Palmer*        inuito] in uno Π
101 Iunoni ⲋ        facito *Lachmann*: facite Ω        uotum facite *tr.* ⲋ
102 uerbis *Heinsius*    103 haec *SY*: hoc *NΠTΓC*    Libyci ⲋ: Lib-
yae Ω        104 aut] at Π        106 ue quae *Turnebus*: ne qu(a)e (*uel*
neque) *NΛ*: qu(a)e ne Π        107 certus *Keil*: rectus *Schneidewin*: an
uerax?        108 trames] tames Γ

idem Agamemnoniae ferrum ceruice puellae
  tinxit, et Atrides uela cruenta dedit.
nec rediere tamen Danai: tu diruta fletum
  supprime et Euboicos respice, Troia, sinus.
Nauplius ultores sub noctem porrigit ignes,          115
  et natat exuuiis Graecia pressa suis.
uictor Oiliade, rape nunc et dilige uatem
  quam uetat auelli ueste Minerua sua.
hactenus historiae: nunc ad tua deuehor astra;
  incipe tu lacrimis aequus adesse nouis.          120
Vmbria te notis antiqua Penatibus edit
  (mentior? an patriae tangitur ora tuae?)
qua nebulosa cauo rorat Meuania campo
  et lacus aestiuis intepet Vmber aquis;          124
ossaque legisti non illa aetate legenda          127
  patris, et in tenues cogeris ipse Lares;
nam tua cum multi uersarent rura iuuenci,
  abstulit excultas pertica tristis opes.          130
mox ubi bulla rudi dimissa est aurea collo
  matris et ante deos libera sumpta toga,
tum tibi pauca suo de carmine dictat Apollo
  et uetat insano uerba tonare foro.
'at tu finge elegos, fallax opus (haec tua castra),          135
  scribat ut exemplo cetera turba tuo.

---

111–12 *fortasse delendi*          111 idem] nempe *uel* ille *Hall**
Agamemnoniae] -non *Π*          112 Atridis *Wakker*          116 tuis
*Auancius*          117 rabe *Shackleton Bailey*          detrahe *Georg**: delige
*Shackleton Bailey*          118 quam *NLPT*: qua *SΓYC*: *de F incertum est*
sede *ς*          119 deuehor *ς*: -ar *Ω*          120 tuis *ς*          122 tenditur
*Markland*          123 qua *ς*: quam *Ω*          124 non tepet *Housman*
agris *Butler*          125–6 *interpolatos censuit Richmond*          128 ire
*Meursius*          129 cum tua non *Burman*          pauci *Heyworth*
132 *fort.* toga est          133 tum *NTSȢKYC*: cum *Π*: tu *W*          tibi
*ΠTSȢKYC*: *om. N*: mihi *W*          tuo *Heyworth*          culmine *Burman*
134 bella *Fontein*          135–46 *Apollini dat Heimreich,* 135–8 *Lütjo-
hann*          135 at *NLPTSΓY*: et *F*: aut *C*          fallax] pellax *Heinsius*:
audax *Giardina 2005*

militiam Veneris blandis patiere sub armis
   et Veneris pueris utilis hostis eris.
nam tibi uictrices quascumque labore pararis,
   eludet palmas una puella tuas;             140
et bene cum fixum mento decusserit uncum,
   nil erit hoc: rostro te premet ipsa suo.
illius arbitrio noctem lucemque uidebis;
   gutta quoque ex oculis non nisi iussa cadet.
nec mille excubiae nec te signata iuuabunt       145
   limina: persuasae fallere rima sat est.'
nunc tua uel mediis puppis luctetur in undis,
   uel licet armatis hostis inermis eas,
uel tremefacta cauum tellus diducat hiatum,
   octipedis Cancri terga sinistra time! ⊗      150

[scandentisque Asis consurgit uertice murus,    125
   murus ab ingenio notior ille tuo]          126

QVI mirare meas tot in uno corpore formas,    **ii**
   accipe Vertumni signa paterna dei.

137 Veneris] dominae *Heyworth*     138 sed *Voss*   futilis *Voss*
139 pararis *Murgia 1989*: -asti *Ω*    140 eludet *ς*: eludit *NFΛ*: et
ludit *LP*      141–2 *post* 146 *Baehrens, post* 144 *Housman*
141 cum fixum *SY*: confixum *NΠΤΓC*   mento] merito *Π*   decusserit
*ς*: dis- *Ω*: discusseris *ς* (de- *Broukhusius*)    142 erit] premit *Π*
rostro *ς*: n- *Ω*   premet *ς*: -at *NLPΛ*: -it *F*   ipsa *Heyworth*: ausa *Ω*: ansa
*ς*   suo *ΠΛ*: tuo *N*    144 quoque] quidem *Π*   oculis *om. FL*
non] nunc *N*   146 limina *TSYC*: lumina *NΠΓ*   rima *ς*: prima
*NLPΛ* (*om. F*)   149 cauum *ς*: cauo *Ω*   diducat] ded- *Π*   hia-
tum] -tu *C*   cauos . . . diducat hiatus *uel* cauo . . . discedat hiatu *Heinsius*
150 signa *Giardina 2005*   time] caue *LP*
    125 arcis *Scaliger*: Asisi *Lachmann apud Hertzberg* (*contra metrum, ut
uid.*)
    IV ii 1 *nou. el. indic. N* (*l.m.*), *ΠΤSKY* (*tit.*), *JWC* (*int.*)   1 Qui *ς*:
Quid *Ω*    2 signa] regna *Housman*    paterna *NΛ*: petenda *Π*:
patere *Sandbach*   fatente deo *Shackleton Bailey*   *fort.* Vertumni
<uerba beni>gna

Tuscus ego, et Tuscis orior, nec paenitet inter
　　proelia Volsinios deseruisse focos.
haec me turba iuuat; nec templo laetor eburno:　　　　5
　　Romanum satis est posse uidere forum.
hac quondam Tiberinus iter faciebat, et aiunt
　　remorum auditos per uada pulsa sonos;
at postquam ille suis stagnum concessit alumnis,
　　Vertumnus uerso dicor ab amne deus;　　　　10
seu, quia uertentis fructum praecerpimus anni,
　　Vertumni rursus creditur esse sacrum.　　　　12
mendax fama, uaces: falsa es mihi nominis index;　　　　19
　　de se narranti tu modo crede deo.　　　　20
opportuna mea est cunctis natura figuris:
　　in quamcumque uoles uerte, decorus ero.
indue me Cois: fiam non dura puella;
　　meque uirum sumpta quis neget esse toga?
da falcem et torto frontem mihi comprime faeno:　　　　25
　　iurabis nostra gramina secta manu.
arma tuli quondam et, memini, laudabar in illis.
　　corbis in imposito pondere messor eram.
sobrius ad lites; at cum est imposta corona,
　　clamabis capiti uina subisse meo.　　　　30

---

3 et ⲋ: *om.* Ω: e ⲋ: a ⲋ　　　5 haec] nec *T s.l.*, *C*: hoc *S*: hae *J*　　me
*PΛ*: mea *NFL*　　　7 et] ut *LP*　　　9 stagnum *Housman\**: tantum
Ω: tandem *Annius*: campum ⲋ: spatium *Heinsius*　　　11 praecerpimus
*Fea*: praecep- *NTΓY*: percep- *ΠSC*: praecerps- *Heinsius*
12 rursus] rus se *uel* Tuscus *Heinsius*　　creditur ⲋ: credidit Ω　　Ver-
tumno fructus creditur e- sacer *Ayrmann*　　　13–18 *post* 44 *transp.*
*Heyworth*　　　19 uoces (= uaces, *quod* ⲋ) *ΠW*: noces *NTSJKYC*
falsa es *Lachmann*: alius Ω　　　22 quamcumque] qua- *ΠC*
24 neget] -at *LP*　　　26 secta] facta *Π*　　　27 memini et *tr.*
*Francius*　　in armis *Markland*　　　28 corbis in imposito *NTJKC*:
c- imp- *ΠSWY*: imp- c- *Postgate*: c- et imp- *T s.l.* (ab ⲋ, at *Passerat*); *fort.*
in imbelli (*cf.* 29, 33)　　　29 at] ac *FLY*　　est *om. Π*　　　30 iura *T*
*u.l.* (*rub.*, *ex Flor. S.Marco 690*)　　　subisse] -esse *PC*

cinge caput mitra: speciem furabor Iacchi;
furabor Phoebi, si modo plectra dabis.
cassibus impositis uenor; sed harundine sumpta
Faunus plumoso sum deus aucupio.
est etiam aurigae species Vertumnus, et eius 35
traicit alterno qui leue corpus equo.
sub petaso pisces calamo praedabor, et ibo
mundus demissis institor in tunicis.
pastor me ad baculum possum curuare, uel idem
scirpiculis medio puluere ferre rosam. 40
nam quid ego adiciam, de quo mihi maxima fama est,
hortorum in manibus dona probata meis?
caeruleus cucumis tumidoque cucurbita uentre
me notat, et iunco brassica uincta leui; 44
prima mihi uariat liuentibus uua racemis, 13
et coma lactenti spicea fruge tumet;
hic dulces cerasos, hic autumnalia pruna 15
cernis, et aestiuo mora rubere die;
insitor hic soluit pomosa uota corona,
cum pirus inuito stipite mala tulit; 18
nec flos ullus hiat pratis, quin ille decenter 45
impositus fronti langueat ante meae.

31 Iacchi ⛛: achei Ω    32 mihi *Francius*    34 Faunus ⛛:
Faunor *LΓ*: Fauuor *F*: Fauŏr *TS*: Fauon/ *P* (on/ *ras.*): Fauon *YC*: Fauor
*N*: fautor *Rossberg*: laetor *Giardina 2005*    plumoso] uiscoso *Heinsius
fort.* nauus pl- dicor in au-    35 etiam] mea et *Postgate*: mihi et
*Hanslik, ut uid., apud Schmeisser 1972*    Vertumnus] cum uerbere *Post-
gate*    36 corpus *Passerat*: pondus Ω    37 sub petaso *Alton
apud Smyth*: suppetat hoc *ΠΛ*: supperat hoc *N*    39 pastor me
*Ayrmann*: pastorem Ω    curuare ⛛: curare Ω    40 *fort.* uendere uere
*uel* cogere uere    42 dona] -nata *S* (*cf.* probata)    44 notat]
nota *S*: necat *Π*    iunco *LPTSWC*: ui- *NỸKY*: uinci *F*    uincta] iu- *Π*
13–18 *post* 44 *Heyworth* (41–6 *post* 18 *iam Schrader, post* 12 *Lütjohann*)
14 tumet] ti- *SW*: tument *C*    15 pruna] p.... *L primo* (runa *add.
m.rec.*): prima pruna *S*: prima *Γ*: pruma *U*    46 impositus] -is *Γ*

at mihi, quod formas unus uertebar in omnes,

&lt;. . . . . . . . . . . . . . . . . . . . . . . . . . . . . . .&gt;

tempore quo sociis uenit Lycomedius armis     51
    atque Sabina feri contudit arma Tati,
uidi ego labentes acies et tela caduca,
    atque hostes turpi terga dedisse fugae;     54

&lt;. . . . . . . . . . . . . . . . . . . . . . . . . . . . . .&gt;

    nomen ab euentu patria lingua dedit,     48
et tu, Roma, meis tribuisti praemia Tuscis,
    unde hodie Vicus nomina Tuscus habet.     50
sed facias, diuum sator, ut Romana per aeuum     55
    transeat ante meos turba togata pedes.
sex suberunt uersus; te qui ad uadimonia curris
    non moror: haec spatiis ultima creta meis.
STIPES ACERNVS ERAM, PROPERANTI FALCE DOLATVS
    ANTE NVMAM PAVPER PAVPERE IN VRBE DEVS.     60
AT TIBI, MAMVRRI, FORMAE CAELATOR AËNAE,
    TELLVS ARTIFICES NE TERAT OSCA MANVS,
QVI ME TOT DOCILEM POTVISTI FVNDERE IN VSVS.
    VNVM OPVS EST, OPERI NON DATVR VNVS HONOS. ⊗

HAEC Arethusa suo mittit mandata Lycotae,     **iii**
    cum totiens absis, si potes esse meus.

47, *lac.*, 51–4, *lac.*, 48: *sic Heyworth*     52 quoque *Morel*
contudit] -lit *ΠTU*     54 hostes] -em *Y*: hospes *ꝯ*     48 nomina
Vertumni *Schrader*     49–50 *post* 54 *Housman* (51–6 *post* 4 *trans-*
*positis*)     49 et] at *ΠT*: haec *Camps*     55 sed] *fort.* at; *cf. Pinotti*
*1983*     57 suberunt *Heyworth* (suberant *iam Richardson 1976*):
superant *Ω*     58 creta] ereta *ꝯK*: meta *ς*     59 acernus] -ruus
*FL*     60 pauper paupere *Heyworth*: grata pauper *Ω*: parca p-
*Damsté*: ingrata p- *anon. apud Camps*     62 ne] me *Π*     premat
*Livineius*     63 qui] quod *LP*: quot *Baehrens*     tot doci"lem
*Hertzberg improbanter*: tam dociles *Ω*     64 opus] usus *Π*
    IV iii 1 *nou. el. indic. N* (*l.m.*), *ΠTSKY* (*tit.*), *ꝯWC* (*int.*)     1 Haec
Arethusa *P, T mg.*: Har- *NFLTꝯ*: Ar- *SYC*: Aar- *K*: &lt;&gt;ar- *W*

si qua tamen tibi lecturo pars oblita derit,
    haec erit e lacrimis facta litura meis;
aut si qua incerto fallet te littera tractu,                          5
    signa meae dextrae iam morientis erunt.
te modo uiderunt intentos Bactra per arcus,
    te modo munito ferreus hostis equo,
hibernique Getae, pictoque Britannia curru,
    ustus et Eoa decolor Indus aqua.                          10
haecne marita fides et pacta haec foedera nobis,
    cum rudis urgenti bracchia uicta dedi?
quae mihi deductae fax omen praetulit, illa
    traxit ab euerso lumina nigra rogo,
et Stygio sum sparsa lacu, nec recta capillis                        15
    uitta data est: nupsi non comitante deo.
omnibus heu portis pendent mea noxia uota;
    texitur haec castris quarta lacerna tuis.
occidat immerita qui carpsit ab arbore uallum
    et struxit querulas rauca per ossa tubas,                   20
dignior obliquo funem qui torqueat Ocno
    aeternusque tuam pascat, aselle, famem.
dic mihi, num teneros urit lorica lacertos?
    num grauis imbelles atterit hasta manus?

---

3–4 *om. Γ* (*scil. ob homoeoteleuton uel homoearchon*); *post* 8 *habet* K, *post*
5 *W*          4 a *Passerat*          5 aut] at *Π*          ductu *Heinsius*
7 intentos *Sandbach\*, Morgan 1986*: iteratos *Ω* (iratos *R*): ire acres
*Postgate*          Ituraeos uiderunt *Housman*          Bactra per arcus *Housman*: b-
p- ortus *ΠΛ*: *om.* N          8 munito ς: -tus *Ω*          ferreus *Postgate*: hericus
*Ω*: Persicus *Dousa f.*: Sericus ς: *alii alia*          9 que² *om. Π*          uultu
*Schrader*          10 tusus *Housman*: tinctus *Postgate*: lotus *anon.1\*, Allen
1989*: rursus *Barber*          decolor ς: disc- *Ω*          11 et pacta haec foedera
nobis *Watt 1992*: et parce auia noctes *N*: et pacatae mihi n- *FLTΓY*: et
pacta iam mihi n- *P*: *om.* C: et [*spat. rel.*] n- *S*: hae pactae sunt mihi n- ς:
et pacta haec munera nuptae *Goold 1992*          13 omen *NTΓC*: omni
*ΠS*: omne *Y*: lumen *Livineius*          14 arsuro *Heinsius*          17 mea
pendent anxia *Guyetus*          19 qui] quae *N*          carpsit] traxit *S*
20 aera ς          21 obliquum ς: -que *Richards*          ocno *N, T p.c. et u.l.*:
oeno *FL, T a.c., SΓYC*: (torquet) aeno *P*: orno *T u.l.*          23 num *P
p.c.*: dum *Ω*

haec noceant potius quam dentibus ulla puella        25
    det mihi plorandas per tua colla notas.
diceris et macie uultum tenuasse; sed opto
    e desiderio sit color iste meo.
at mihi cum noctes induxit uesper amaras,
    si qua relicta iacent, osculor arma tua.        30
tum queror in toto non sidere pallia lecto,
    lucis et auctores non dare carmen aues.
noctibus hibernis castrensia pensa laboro
    et Tyria in chlamydas uellera lecta tuas;
et disco qua parte fluat uincendus Araxes,        35
    quot sine aqua Parthus milia currat equus;        36
quae tellus sit lenta gelu, quae putris ab aestu,        39
    uentus in Italiam qui bene uela ferat.        40
<. . . . . . . . . . . . . . . . . . . . . . . . . . . . . >
    <. . . . . . . . . . . . . . . . . . . . . . . . . >
nam mihi quo Poenis nunc purpura fulgeat ostris        51
    crystallusque meas ornet aquosa manus?
limina surda tacent, rarisque assueta Kalendis
    uix aperit clausos una puella Lares,
Craugidos et catulae uox est mihi grata querentis:        55
    illa tori partem uindicat una tuam.        56

27 dicitur et macies *Heinsius*        macie] in a- *JK*        28 mei
*Broukhusius*        33 castrensia *LPΛ*: -entia *NF*        34 chlamydas
*Housman\**, *Barber*: gladios *Ω*: calathos *Heinsius*: radios *ς*        lecta *Heinsius*: secta *Ω*: ducta *Broukhusius*: texta *ς*        tuas *apud Lee 1994*: suos *Ω*:
tuos *Passerat*: suo *Rossberg*        35 aut *Paley*        36 quot] quod *N*
aqua] qua *N primo*, *W*        37–8 *del. Heyworth 1999*        40 ferat]
-ant *S*        lac. et 51–6 ante 41 *Heyworth 1999 (lac. et 51 et seqq. post 42
iam Lütjohann*: 55–6 *post 32 Housman*)        51 nam] ei *Heyworth 1999*:
nunc *Barber*        nunc *Housman*: te *N*: tibi *ΠΛ*: ter *Palmer*        sine te stola
fulgeat *Damsté*        52 meas *N*: tuas *ΠΛ*: suas *Broukhusius*
53 limina *Heinsius*: omnia *Ω*        iacent *Heyworth 1999*        que *om. Π*
adducta *Heyworth 1999*        kalendis] kl- *S*        54 lares *ΠΛ* (l *in ras. T*):
-os *N*        55 Craugidos *Bergk*: grauc- *Ω* (granc- *F*): glauc- *ς*
56 tori . . . tuam *Heyworth 1999*: tui . . . toro *Ω*: tui . . . tori *ς*: tuam . . .
toro *Gebhard*

assidet una soror, curis et pallida nutrix                    41
　peierat hiberni temporis esse moras.
felix Hippolyte nuda tulit arma papilla
　et texit galea barbara molle caput.
Romanis utinam patuissent castra puellis!                     45
　issem militiae sarcina fida tuae,
nec me tardarent Scythiae iuga, cum Pater altas
　astrictam in glaciem frigore uertit aquas.
omnis amor magnus; sed rapto coniuge maior:
　hanc Venus, ut uiuat, uentilat ipsa facem.                  50
flore sacella tego, uerbenis compita uelo,                    57
　et crepat ad ueteres herba Sabina focos.
siue in finitimo gemuit stans noctua tigno
　seu uoluit tangi parca lucerna mero,                        60
illa dies hornis caedem denuntiat agnis,
　succinctique calent ad noua lucra popae.
ne, precor, ascensis tanti sit gloria Bactris,
　raptaue odorato carbasa lina duci,
plumbea cum tortae sparguntur pondera fundae,                 65
　subdolus et uersis increpat arcus equis;
sed, tua sic domitis Parthae telluris alumnis
　pura triumphantes hasta sequatur equos,
incorrupta mei conserua foedera lecti:
　hac ego te sola lege redisse uelim;                         70
armaque cum tulero portae uotiua Capenae,
　subscribam SALVO SALVA PVELLA VIRO. ⊗

---

43 papilla] pu- *KW*　　　　　46 issem *Heinsius*: e- *Ω*
48 astrictam *Schippers* (-to *van Eldik*): affricus *Ω*: acriter *Keil*　uertit
*Morgan 1986*: nectit *Ω*　　49 rapto *Hoeufft*: aperto in *Ω*: adempto
*nescioquis apud Hoeufft*: deserta in *Burman* (sed *del.*)　　　*post* 50 *lac.*
*Baehrens*　　59 gemuit] gen- *Π*　tecto *Burman*　　60 tingi ς:
spargi *Rossberg*　plena *Heyworth 1999*　　61 agnis] annis *N primo*
62 succincti ς: -tae *Ω*　sacra ς　　64 carbasa] g- *S*　picta *Palmer*:
laxa *Shackleton Bailey*　　67 sed] sic *Heinsius*　tu *Hall\**　sic] sit
*L, P a.c.*: sint *F*　　69 foedera] -ere *T t.*　　71 tuleris *Heinsius*
72 salua *Burman*: grata *Ω*

[cogor et e tabula pictos ediscere mundos,                    37
   qualis et haec docti sit positura dei.]                     38


TARPEIVM nemus et Tarpeiae turpe sepulcrum          **iv**
   fabor et antiqui limina capta Iouis.                        2
quid tum Roma fuit, tubicen uicina Curetis            9
   cum quateret lento murmure saxa Iouis?             10
namque, ubi nunc terris dicuntur iura subactis,
   stabant Romano pila Sabina foro.
murus erant montes; ubi nunc est Curia saepta,
   bellicus e uiuo fonte bibebat equus.                        14
hunc Tatius fontem uallo praecingit acerno            7
   fidaque suggesta castra coronat humo.                       8
lucus erat felix hederoso conditus antro              3
   multaque natiuis obstrepit arbor aquis,
Siluani ramosa domus, quo dulcis ab aestu             5
   fistula poturas ire iubebat oues.                           6
hunc Tarpeia deae fontem libarat; at illi             15
   urgebat medium fictilis urna caput.                         16


37 conor *Broukhusius*: coner *Heyworth 1999*      Scythicos ... montes
*Giardina 2005*          38 aetherii *Passerat*      seducti ... Dai *Barber*: Eux-
ini ... maris *Giardina 2005*      dispositura *Shackleton Bailey*
   IV iv 1 *nou. el. indic.* N (*l.m.*), *ΠTSKY* (*tit.*), *JWC* (*int.*)
1 scelus *Kraffert*      turpe] pulchre *Π*      2 limina] lu- *Π*      3–
6 *ante* 15 *Baehrens*, 7–8 *post* 14 *Postgate*: 3–8 *post* 14 *Shackleton Bailey*
9 quid] quod *LP*      tum] c- *Π*      Curitis *Bergk*      10 cum] t- *LP*
saxa] facta *Π*      11–12 *post* 14 *Schippers*      11 namque *Hey-
worth*: atque *Ω*      12 starent *Guyetus*      foro *ς*: foco *Ω*      14 e
uiuo *Waardenburgh*: ex illo *Ω*      7 hic *Guyetus*      fontem] montem
*Heinsius*: lucum *Giardina 2005*: contra *Camps*      acerno] -uo *FΓ*
3 herboso *uel* umbroso *Heinsius*      5 siluani *FPTSJWYC*: silua ni
N (u *fort. ex corr.*): siluam *LK*      15 hunc *Canter*: hinc *Ω*: hic *ς*
rorem *Heinsius*: lympham *uel* laticem *Barber*: furtim *Richmond*      libarat
*Fontein*: -auit *Ω*

uidit harenosis Tatium proludere campis                    19
   pictaque per flauas arma leuare iubas:              20
obstipuit regis facie et regalibus armis;
   interque oblitas excidit urna manus.
saepe illa immeritae causata est omina lunae
   et sibi tingendas dixit in amne comas;
saepe tulit blandis argentea lilia nymphis,                25
   Romula ne faciem laederet hasta Tati;
cumque subit primo Capitolia nubila fumo,
   rettulit hirsutis bracchia secta rubis;
et sua Tarpeia residens ita fleuit in arce
   uulnera, uicinae non patienda Iouis:                 30
'ignes castrorum, et Tatiae praetoria turmae,
   et formosa oculis arma Sabina meis,
o utinam ad uestros sedeam captiua Penates,
   dum captiua mei conspicer ora Tati!
Romani montes, et montibus addita Roma,                    35
   et ualeat probro Vesta pudenda meo:
ille equus, ille meos in castra reponet amores
   cui Tatius dextras collocat ipse iubas.
quid mirum patrios Scyllam secuisse capillos
   candidaque in saeuos inguina uersa canes?             40
prodita quid mirum fraterni cornua monstri
   cum patuit lecto stamine torta uia?
quantum ego sum Ausoniis crimen factura puellis,
   improba uirgineo lecta ministra foco!

---

17–18 *post* 86 *Housman* (*post* 44 *Baehrens, post* 92 *Broukhusius*)
20 *nondum explicatus*     24 finxit ς     27 cum *Heyworth 1999*:
dum Ω     prono ... Phoebo *Cornelissen*     Capitolia] -tula *LP*
29 Tarpeia sua *tr. Palmer*     in *Heyworth 1999*: ab Ω     30 uicinae
... Iouis *Heyworth 1999*: -no ... -i Ω: -no ... -e *Wellesley 1969*     non
patienda] comp- Π     32 formosa ς: fam- Ω     34 ora *Gronovius*:
esse Ω     35 septeni *Heinsius*     addita] abd- Γ     37 reportet ς
39 patrios ... secuisse ς: in p- ... saeuisse Ω (fle- C)     40 saeuos]
foedos *Heinsius*     42 stamine] -na T

Pallados extinctos si quis mirabitur ignes,                    45
   ignoscat: lacrimis spargitur ara meis.
cras, ut rumor ait, tota potabitur urbe:
   tu cape spinosi rorida terga iugi.
lubrica tota uia est et perfida: quippe latentes
   fallaci celat limite semper aquas.                    50
o utinam magicae nossem cantamina Musae:
   hanc quoque formoso lingua tulisset opem.
te toga picta decet, non quem sine matris honore
   nutrit inhumanae dura papilla lupae.
dic, hospes: spatierne tua regina sub aula?                    55
   dos tibi non humilis prodita Roma uenit.
si minus, at raptae ne sint impune Sabinae,
   me rape, et alterna lege repende uices.
commissas acies ego possum soluere nupta:
   uos medium palla foedus inite mea.                    60
adde, Hymenaee, modos; tubicen, fera murmura conde;
   credite: uestra meus molliet arma torus.
et iam quarta canit uenturam bucina lucem,
   ipsaque in Oceanum sidera lassa cadunt.
experiar somnum; de te mihi somnia quaeram;                    65
   fac uenias oculis umbra benigna meis.'
dixit, et incerto permisit bracchia somno,
   nescia se furiis accubuisse nouis:

  46 hoc noscat *Heyworth*          47 potabitur *Palmer, Rossberg*: pugna-
*Ω*: turba- *Watt 1992*          48 tum *Rossberg*          49 latentes *Rossberg*:
tac- *Ω*          50 semper] subter *Rossberg*: caespes *Palmer*
51 magicae] -inae *N*          52 hanc *Baehrens*: haec *Ω*: sic *Fontein*
55 dic *Passerat*: sic *Ω*          spatierne *Housman* (-ior- *iam Heinsius*): pari-
amne (*uel* -anne) *NTSKWY*: patrianue *F*: -iaue *P*: -iamne *J*: -ia ne *C*:
patrare *L* (trare *ex corr.*)          patria uiuam *Perrone 1991*          57 sin *ς*
59 nupta *Lütjohann*: nuptae *Ω*: raptae *Stahl 1985* (*p. 378*)
60 media *Baehrens*          61 conde (*uel* c̄de) *NTΓC*: crede *FPSY, C*
*mg.*: c̄de *L*          64 lassa *ς*: lapsa *Ω*          66 uenias oculis] o- u- *P*: o-
nimias *F*: o- minias *L*          67 lumina *uel* pectora *Markland*
68 se furiis *ς*: nefariis *Ω*: se flammis *Pius*          succubuisse *Heinsius*: incalu-
isse *Giardina 2005*

nam Venus, Iliacae felix tutela fauillae,
    culpam alit et plures condit in ossa faces.        70
illa furit qualis celerem prope Thermodonta
    Strymonis abscisso pectus aperta sinu.
urbi festus erat: dixere Parilia patres:
    hic primus coepit moenibus esse dies,
annua pastorum conuiuia, lusus in urbe,        75
    cum pagana madent fercula diuitiis,
cumque super sacros faeni flammantis aceruos
    traicit immundos ebria turba pedes.
Romulus excubias decreuit in otia solui
    atque intermissa castra silere tuba.        80
hoc Tarpeia suum tempus rata conuenit hostem:
    pacta ligat, pactis ipsa futura comes.
mons erat ascensu dubius festoque remissus;
    nec mora, uocales occupat ense canes.
omnia praebebat somnus; sed Iuppiter illam     85
    decreuit poenis inuigilare suis —        86
et satis una malae potuit mors esse puellae     17
    quae uoluit flammas fallere, Vesta, tuas?    18

---

69 Venus *Kraffert*: uesta *N*Λ: ueste *Π*      70 curam *Heinsius*
plures] diras *Heinsius*    71–2 *alienos huic loco putabat Lütjohann, qui
post* 26 *tr.; nonne melius post* 22?    71 furit *Baehrens*: ruit *Ω*
72 abscissos … sinus *Broukhusius*    pectus *Hertzberg*: fertur *Ω*
73 urui *Richmond*    74–5 *del. Butrica 2000*    74 hic *ΠΤΣΓΥ*:
hi *N*: hinc *C*: qui *Phillimore*    *fort.* hoc primis … die    coepit] -i
*N*    75 urbe *ΠΛ*: urbi *N*: herba *Fontein*: umbra *Housman**
76 fictilibus *Heinsius*: deliciis *ς*: lautitiis *Postgate*    77 sacros *Pas-
serat*: raros *Ω*: ternos *Butrica 2000*    78 traicit] tai- *Γ*    immundos
… pedes *ς*: -as … dapes *Ω*    83 mons erat ascensu *Jacob*: ascen-
sum monstrat *Housman*    dapibus *Jacob*: dubium *Hanslik*    *post*
dubius *lacunam duorum uersuum Baehrens*    custosque *Shackleton Bailey*
remissus *N*Λ: -is *Π*: -um *Hanslik*    85–6 *ante* 83 *Barber*
85 otia *Hosius*    praebebat somnus *Markland*: -ant -os *Ω*: carpebant -os
*Lütjohann*: torpe- -o *Koch*    illam *Heyworth 1999*: unus *Ω*    te I- unam
*Wellesley 1969*    86 suis *ς*: tuis *Ω*    17–18 *post* 86 *Housman*
18 Vesta] ueste *Γ*

prodiderat portaeque fidem patriamque iacentem,       87
    nubendique petit quem uelit ipsa diem.
at Tatius (neque enim sceleri dedit hostis honorem),
    'nube' ait 'et regni scande cubile mei!'       90
dixit, et ingestis comitum super obruit armis.
    haec, uirgo, officiis dos erat apta tuis.
a duce turpe Iouis mons est cognomen adeptus:
    o uigil, iniustae praemia sortis habes. ⊗


TERRA tuum spinis obducat, lena, sepulcrum,       v
    et tua perpetuam sentiat umbra sitim,
nec sedeant cineri manes, et Cerberus ultor
    turpia ieiuno terreat ossa sono.
docta uel Hippolytum Veneri mollire negantem,       5
    concordique toro pessima semper auis,
Penelopen quae neglecto rumore mariti
    nubere lasciuo cogeret Antinoo,
illa uelit, poterit magnes non ducere ferrum
    et uolucris nidis esse nouerca suis.       10:


88 ipse ς       93–4 del. Kuinoel       93 hac uice Weidgen: a te
Schippers: a nece (Tarpeiae) Bassanus       turpe Iouis Weidgen: Tarpeio Ω:
-um Palmer: -a ς: -us Rossberg       94 o] non Peerlkamp       uirgo
Guyetus       sunt qui iniuste legant       mortis Lütjohann: fraudis Damsté
iniusti . . . amoris Heyworth 1999
    IV v 1 nou. el. indic. NF (l.m.), LPTSKY (tit.), JWC (int.)
1 Acanthi Lee 1975       2 perpetuam Heyworth 1999: quod non uis N
p.c. (uis s.l.), ΠΛ: q- non tu Havet: q- nolis Burman: q- nunc es Fontein:
quam meruit Broukhusius       3 cedant Fruterius       nec se dent c-
Heinsius: nec sedem tibi dent Hartman: incessent cineris Alton       sed ς:
at ς       usque Bonazzi       4 putria Alton       tergemino Wassius
5 docta] nocte Π (-to F)       Phaedrae Slothouwer       7 quae Guyetus:
quoque Ω       9–12 damn. Lütjohann       9 poterat Fontein: potuit
Baehrens       non ducere] ind- Π       10 nidis] indis F ut uid., L

quippe et, Collinas ad fossam mouerit herbas,
 stantia currenti diluerentur aqua.
audax cantatae leges imponere lunae
 et sua nocturno fallere terga lupo,
posset ut intentos astu caecare maritos,                          15
 cornicum immeritas eruit ungue genas;
consuluitque striges nostro de sanguine, et in me
 hippomanes fetae semina legit equae.
exercebat opus uerbis: 'tu blanda peruris

*       *       *

saxosamque terat sedula turba uiam.                               20
si te Eoa lecta lapis iuuat aurea ripa
 et quae sub Tyria concha superbit aqua,
Eurypylisue placet Coae textura Mineruae
 sectaque ab Attalicis putria signa toris,
seu quae palmiferae mittunt uenalia Thebae                        25
 murreaque in Parthis pocula cocta focis,
sperne fidem, prouolue deos, mendacia uincant,
 frange et damnosae iura pudicitiae;

11–12 *locus nondum explicatus*      11 quin *Baehrens*      ut *ς*
umbras *Heinsius*          post 11 *lac. Heinsius*      12 saxa in currentes
dissoluentur aquas *Heinsius*      13 cantatae] -arae *N*          ausa ex-
cantatae *Valckenaer*      15 possit *ς*      ut *ς*: et *Ω*      17 que *om. ς*
*inter uu.* 19–20 *lacunam (in qua incipit oratio lenae) Richardson 1976*
19 exercebat *Housman*: exorabat *Ω*: exornabat *ς*      *fort.* exorabat opes
tu *Barber*: ceu *NΠTSWYC*: seu *J primo, K*: heu *Housman*          peruris
*Heyworth 1999*: perure *NFLΓ*: -ret *PTS*: -rit *YC*: pererrat *Waardenburg*
blatta terebrat *Palmer* (b- papyrum *Hosius*)      20 ue *Jacob*      terat *ς*:
ferat *Ω* (-ant *S*): terit *Wakker*: teret *anon.1\**: forat *Rossberg*          culpa *Ω*: cura *Barber*: talpa *ς*: gutta *Jacob*: lympha *ς*      19–20 exercebat
opus tenebris ceu blatta papyron| suffossamque forat sedula talpa uiam
*Goold 1966*          21 siue *Heyworth*      lecta lapis *Heyworth 1999*:
dorozantum *NTSΓϒ*: derora- *Π*: dorota- *C*: topazorum *Housman*:
chrysolithus *Morgan apud Goold 1989* (*unde* chrysolithus si te E- *Reeve*):
*alii alia*      22 rubescit *Giardina 2005*      23 Eurypylis *Heinsius*:
-li *Ω*      ue *Skutsch 1990*: que *Ω*      24 secta] sexta *Π*      uiuida
*Heyworth 1999, e.g.*      25 quae] q; (= que) *N*: q *L*: quam *PΛ*: *de F*
*incert.*          28 frange et *ς*: frangent *Ω*: cedant *ς*

et simulare moram pretium facit; utere causis:
  maior dilata nocte recurret amor.                          30
si tibi forte comas uexauerit, utilis ira:
  postmodo mercata pace premendus erit.
denique ubi amplexu Venerem promiseris empto,
  fac simules puros Isidos esse dies.
ingerat Apriles Hyale tibi, tundat Omichle             35
  natalem Maiis Idibus esse tuum.
supplex ille sedet; posita tu scribe cathedra
  quidlibet: has artes si pauet ille, tenes.
semper habe morsus circa tua colla recentes,
  dentibus alterius quos putet esse datos.                   40
nec te Medeae delectent probra sequacis
  (nempe tulit fastus ausa rogare prior),
sed potius mundi Thais pretiosa Menandri,
  cum ferit astutos comica moecha Getas.
in mores te uerte uiri: si cantica iactat,                   45
  i comes et uoces ebria iunge tuas.
ianitor ad dantes uigilet; si pulsat inanis,
  surdus in obductam somniet usque seram.
nec tibi displiceat miles non factus amori,
  nauta nec attrita, si ferat aera, manu;                    50
aut quorum titulus per barbara colla pependit,
  cretati medio cum saluere foro.

---

  *ante* 29 *fort. lac.*      29 moram *Lütjohann*: uirum Ω: metum
*Heinsius*      dabit *Heinsius*      34 simules *om.* Π    Isidos *Hertzberg*
(-dis *iam ς*): sideris Ω    dies] deos *LP*      35 Hyale *Palmer*: iole Ω
Omichle] am- *N primo, C*      36 suum ς      38 quidlibet] qui- Π:
cui- *Baehrens*      39 circa] circum *P*      40 dentibus *Heinsius*: lit-
Ω: lus- *Guyetus*    alterius Πẏ: -ernis *NTSKWYC*    putet *NTSΓY*: -at
ΠC      41 nec] non Π      43 blandi ς      Thais] tanais *S*
speciosa ς      44 comis amica *Guyetus*    Getas] getes *N*    astutum
... Getam *Fontein*      45 in] i *F primo, K primo*    bracchia *Heinsius*
temptat *Giardina 2005*      45–6 *post* 28 *Otto, ante* 49 *Risberg*: 47–8
*post* 32 *Heyworth*      47–8 = CIL *4.1894 (inscr. Pomp.)*    pulsat *inscr.*:
-et Ω      50 aera *ci. Colucius, P p.c., TSΓYC*: acra *NΠ, M p.c., U p.c.*
52 cretati *Passerat*: celati Ω

aurum spectato, non quae manus adferat aurum:
  uersibus auditis quid nisi uerba feres?                54

qui uersus Coae dederit nec munera uestis,              57
  istius tibi sit surda sine aere lyra.

dum uernat sanguis, dum rugis integer annus,
  utere, ne quid cras libet ab ore dies.                60

uidi ego odoratum uictura rosaria Paestum
  sub matutino cocta iacere Noto.'

his animum nostrae dum uersat Acanthis amicae,
  per tenuem ossa mihi sunt numerata cutem.

sed cape torquatae, Venus o regina, columbae          65
  ob meritum ante tuos guttura secta focos:

uidi ego rugoso tussim crebescere collo
  sputaque per dentes ire cruenta cauos,

atque animam in tegetes putrem exspirare paternas:
  horruit algenti pergula curua foco.                   70

exsequiae fuerint rari furtiua capilli
  uincula et immundo pallida mitra situ,

et canis in nostros nimis experrecta dolores
  cum fallenda meo pollice claustra forent.

---

55–6 (= I i 1–2: Quid iuuat ornato procedere, uita, capillo,/ et tenuis
Coa ueste mouere sinus) *om.* ϛ: *habet* Ω          57 qui *NTSΓURC*: quid
(*scil. ex* 55) *ΠM*      nec] ne *Y*        58 istius ϛ: ips- Ω      aere *NTSJKY*:
arte *ΠC*: acre *W*        59 integra es, annis (ϛ) *Heinsius* (*qui et* integra
frons est)        60 cras ne quid *tr. Müller*        61 odoratum . . .
Paestum *Schippers*: -ti . . . -ti Ω      uictura] n- *L*: uix orta *Heinsius*
63 animum *R*: -us *NLPTSΓMUC*: -is *F*: -os ϛ        64 per tenuem
ossa mihi (suam *Palmer*: a me *Barber*) . . . cutem *Jacob*: p- tenues ossa . . .
cutes Ω: p- tenuem ossa cutem . . . mea *Heyworth 1999*: ossa per haec
tenuem . . . c- *Housman\**      per tenuem ossa cutem dinumerata putes
*Smyth 1956*        65–6 *ante* 63 *Shackleton Bailey*        67 uidi] uudi
*N*    rugosum tussi . . . collum *Baehrens*    crebescere *Housman*: con-
crescere Ω        68 cauos] canos *Π*        69 patentes ϛ: tabernae *Ross-
berg*      70 pergula ϛ: perc- *NLPΛ*: peru- (*uel* paru-) *F*: tegula ϛ
curta ϛ: parua *Otto*        71 fuerint *Graevius*: -ant Ω: -unt *Passerat*
72 pallida *ΠTSΓY*: -lia *NC*: squalida *Heinsius*        74 claustra ϛ: cal-
tra Ω (cul- *P*): clatra ϛ

sit tumulus lenae curto uetus amphora collo;                    75
    urgeat hunc supra uis, caprifice, tua.
quisquis amas, scabris hoc bustum caedite saxis,
    mixtaque cum saxis addite uerba mala. ⊗


SACRA facit uates: sint ora fauentia sacris;                    v
    et cadat ante meos icta iuuenca focos.
serta Philiteis certet Romana corymbis,
    et Cyrenaeas urna ministret aquas.
costum molle date et blandi mihi turis honores,                 5
    terque focum circa laneus orbis eat.
spargite me lymphis, carmenque recentibus aris
    tibia Mygdoniis libet eburna cadis.
ite procul fraudes, alio sint aëre noxae:
    pura nouum uati laurea mollit iter.                     10
Musa, Palatini referemus Apollinis aedem:
    res est, Calliope, digna fauore tuo.
Caesaris in nomen ducuntur carmina: Caesar
    dum canitur, quaeso, Iuppiter ipse uaces.
est Phoebi fugiens Athamana ad litora portus,                   15
    qua sinus Ioniae murmura condit aquae;
Actia Iuleae celebrant monumenta carinae;
    nautarum uotis nunc onerata uia est.
huc mundi coiere manus; stetit aequore moles
    pinea; nec remis aequa fauebat auis:                    20

75 trito *Heinsius*          76 hanc ς          77 caedite ς: -to Ω
    IV vi 1 *nou. el. indic.* N (*nota marg.*), TYC (*int.*): *cont.* ΠΣΓ
1 fauentia] -ti Γ          2 cadat] -et Π          3 serta *Scaliger*: cera Ω: ara
*Haupt*          certent *Scaliger*: niteat *Giardina 2005*          8 modis ς
11 *nou. el. indic.* N (*nota marg.*), F (*l.m.*), LPKM (*tit.*), TSJWURC (*int.*)
17 celebrant *Heyworth*: pelagus Ω: pandens *Fea*: Leucas *Markland*: por-
tus *Waardenburgh*          18 *fort.* n- et          nunc *Carutti*: non Ω          onerata
(*uel* op-) *Heyworth*: operosa Ω          est *P*: *om.* Ω          19 stetit] stent LSY
20 auis] aquis JK

altera classis erat Teucro damnata Quirino
  pilaque femineae turpiter apta manu;
hinc Augusta ratis, plenis Iouis omine uelis,
  signaque iam patriae uincere docta suae.
tandem aciem geminos Nereus lunarat in arcus,       25
  armorum et radiis icta tremebat aqua,
cum Phoebus linquens stantem se uindice Delon,
  (nam tulit iratos mobilis ante Notos),
astitit Augusti puppim super, et noua flamma
  luxit in obliquam ter sinuata facem.       30
non ille attulerat crines in colla solutos
  aut testudineae carmen inerme lyrae,
sed quali aspexit Pelopeum Agamemnona uultu
  egessitque auidis Dorica castra rogis,
aut quali flexos soluit Pythona per orbes,       35
  serpentem imbelles quem timuere deae.
mox ait: 'o Longa mundi seruator ab Alba,
  Auguste, Hectoreis cognite maior auis,
uince mari: iam terra tua est; tibi militat arcus
  et fauet ex umeris hoc onus omne meis.
solue metu patriam, quae nunc, te uindice freta,       40
  imposuit prorae publica uota tuae;
quam nisi defendes, murorum Romulus augur
  ire Palatinas non bene uidit aues.

22 femineae *Markland*: -ea Ω    acta *ς*      23 Augusta] ang- *NW*
omine] omne *Γ*     25 acies *ς*     Nereus *TSΓ*: neruis *NΠYC*
lunarat *FΛ*: lim- *NP*: lini- (*mox* lani-) *L in spat., ut uid.*    26 icta *ς*:
picta Ω: tacta *Richards*: que icta *Housman* (et *om.*)    28 nam] non *ς*:
quam *Rossberg* (*cum* irato . . . Noto: -is . . . -is *iam Paley*)    ante *Lipsius*:
unda Ω: una *ς*     *post* 32 *ob homoeoteleuton* 37–8 *add*. *S* (o *e* 37 *omisso*)
34 egessit *ς*: egisset Ω    35 quali *Rossberg*: -is Ω    36 cum
*Müller*    deae *Willymott*: lyrae Ω: chori *Paley*    37 o *om*. *Γ*
41 uindice] iud- *N*     43 auctor *ς*

en, nimium remis audent prope: turpe Latinos          45
    principe te fluctus regia uela pati.
nec te quod classis centenis remigat alis
    terreat: inuito labitur illa mari;
quodque uehunt prorae Centauros saxa minantes:
    tigna caua et pictos experiere metus.          50
frangit et attollit uires in milite causa;
    quae nisi iusta subest, excutit arma pudor.
tempus adest: committe rates; ego temporis auctor
    ducam laurigera Iulia rostra manu.'
dixerat, et pharetrae pondus consumit in hostes;          55
    proxima post arcus Caesaris hasta fuit.
uincit Roma fide Phoebi; dat femina poenas;
    sceptra per Ionias fracta uehuntur aquas.
at pater Idalio miratur Caesar ab astro:
    'sum deus: est nostri sanguinis ista fides.'          60
prosequitur cantu Triton, omnesque marinae
    plauserunt circa libera signa deae.
illa petit Nilum cumba male nixa fugaci
    occultum, iusso non moritura die.
di melius! quantus mulier foret una triumphus,          65
    ductus erat per quas ante Iugurtha uias!

---

45 en ς: et Ω: heu *uel* a *Kershaw 1992*      nimium] numen *LP*: lumen *F*
audent prope] a-, pro! ς: a-; quam *Hall\**: procedunt *Heyworth* (*cf. Verg.
ecl. 3.94*)      Latinos *Markland*: -is Ω          46 principe] inc- *LP*
47 remigat ς: -et Ω (-es *F*)          49 quod] qui *L m.2, P*: quot ς
Centauros *Guyetus*: -ria *N primo, Y*: -rica *N p.c., ΠΤSΓC*      signa *Mark-
land*: monstra *Heinsius*          50 experiere] -iare Π          51 *habet
Flor.1*          52 pauor *Giardina 2005*          53 Caesaris ultor *Giardina
2005*          55 hostes *Heyworth*: arcus Ω: ictus *Burman*          56 furit
*Guyetus*: ruit *Butrica 1997*          59 haec *Butrica 1997*      Idalio] it- *N*
60 tu meus *Baehrens*: cui deus *Butrica 1997* (*cum* uestri)      tu (*iam
Carutti*) d- es *Richter 1966*      est] en ς      numinis *Heyworth*      iste
*Markland*          61 concha *Dempster*          62 circum *Markland*
63 illa] ille *FL*: ipsa *Keil*      fisa *Giardina 2005*          64 occultum *Ross-
berg*: hoc unum Ω: hoc cursu *Barber*

Actius hinc traxit Phoebus monumenta, quod eius
   una decem uicit missa sagitta rates.
bella satis cecini: citharam iam poscit Apollo
   uictor et ad placidos exuit arma choros.      70
candida nunc molli subeant conuiuia luco,
   blandae utrimque fluant per mea colla rosae,
uinaque fundantur prelis elisa Falernis,
   perluat et nostras spica Cilissa comas.
ingenium potis irritet Musa poetis:      75
   Bacche, soles Phoebo fertilis esse tuo.
ille paludosos memoret seruire Sygambros;
   Cepheam hic Meroën fuscaque regna canat;
hic referat sero confectum foedere Parthum:
   'reddit signa Remi, mox dabit ipse sua;      80
siue aequus pharetris Augustus parcet Eois,
   differat in pueros ista tropaea suos.
gaude, Crasse, nigras si quid sapis inter harenas:
   ire per Euphraten ad tua busta licet.'
sic noctem patera, sic ducam carmine, donec      85
   iniciat radios in mea uina dies. ⊗


Svnt aliquid manes: letum non omnia finit,      **vii**
   luridaque exstinctos effugit umbra rogos.

---

   67–8 *damnat Peerlkamp*      67 Actius] haec a- *L* (ha- *Γ*)   hinc] in
*Π*   eius] arcu *Peerlkamp*      71 lecto *Ayrmann*      72 blandae
utrimque *Lachmann*: blanditiaeque *Ω*: -itaeque *ς*      74 perluat et
*Morgan 1986*: perque lauet *Ω*      75 potis *ς*: positis *Ω*   irritat *Canter*
79 hic] haec *Π*   confectum *Livineius*: -fessum *Ω*      80 reddit *ς*: -at
*Ω*      81 aequus *Housman*: aliquis *Ω*: -quid *ς*: almus *Baehrens*
82 differet *Francius*      85 noctem] uocem *Π*   carmine *Π*: -na *NΛ*
   IV vii 1 *nou. el. indic. NF* (*l.m.*), *LPSK* (*tit.*), *TℐWYC* (*int.*)
1 *habet Flor.1*      2 exstinctos *Passerat*: euinc- *F p.c.* (*m. incert.*),
*LPΛ*: eiunc- *N*: euic- *F primo*: exus- *Hopf\**: exstruc- *ς*

171

Cynthia namque meo uisa est incumbere fulcro,
  murmur ad extremae nuper humata tubae,
cum mihi somnus ab exsequiis penderet amoris        5
  et quererer lecti frigida regna mei.
eosdem habuit secum quibus est elata capillos,
  eosdem oculos; lateri uestis adusta fuit,
et solitum digito beryllon adederat ignis
  summaque Lethaeus triuerat ora liquor.           10
spirantesque animos et uocem misit (at illi
  pollicibus fragiles increpuere manus):
'perfide, nec cuiquam melior sperande puellae,
  in te iam uires somnus habere potest?
iamne tibi exciderunt uigilacis furta Suburae       15
  et mea nocturnis trita fenestra dolis?
per quam demisso quotiens tibi fune pependi,
  alterna ueniens in tua colla manu?
saepe Venus triuio est commissa, et pectore mixto
  fecerunt tepidas proelia nostra uias.             20
foederis heu pacti, cuius fallacia uerba
  non audituri diripuere Noti.
at mihi non oculos quisquam inclamauit euntes;
  unum impetrassem te reuocante diem.

4 murmur ad] margine in ς: marmor ad ς    tubae *Housman*: uiae Ω
*Tiburis extrema* . . . uia *Carutti*: Tibure ad extremam . . . uiam *Housman*
*post Heinsium*        5 ab exsequiis somnus *tr. P p.c., R*    amoris ΠΛ:
-res *N*: amaris ς: amarus *Livineius*        6 quererer *NLPTSJKY*: -ret
*FW*: -r *C*        7 eosdem ς: hos- Ω        capillos *P*: -lis *NFLΛ*
8 eosdem] hos- Π        9 beryllon] -os *N*        10 tinxerat *Schrader*
11 que *del.* ς        suspirans animas (ς) uix u- emisit *Fruterius*
12 graciles *Cornelissen*        15 exciderunt ς: -ant Ω    furta *NΛ*: tecta
Π        16 trita *NF, T p.c., Y*: trista *LTSΓC*: certa *P*        19 triuio
est *Heyworth*: t- Ω        commissa ς: -mixta Ω        et *Guyetus*: est Ω
20 tepidas *N, P p.c.*: tre- ΠΛ    proelia *anon. ap. Lütjohann*: pallia *NΛ*:
pectora Π: corpora *Rossberg*        21 pacti *Palmer*: taciti Ω: sancti *Giar-
dina 2005*        23 ei *Page\**    oculos] -is *N primo*: nomen *Liberman
2002*    clamauit *Heyworth*: inclinauit ς    eunti *Reland*: hiantes *Hein-
sius*: hebentes *Barber*

nec crepuit fissa me propter harundine custos,          25
  laesit et obiectum tegula curta caput.
denique quis nostro curuum te funere uidit?
  atram quis lacrimis incaluisse togam?
si piguit portas ultra procedere, at illuc
  iussisses lectum lentius ire meum.          30
cur uentos non ipse rogis, ingrate, petisti?
  cur nardo flammae non oluere meae?
hocne etiam graue erat, nulla mercede hyacinthos
  inicere et fracto busta piare cado?
Lygdamus uratur; candescat lamina uernae:          35
  sensi ego cum insidiis pallida uina bibi;
ut Nomas arcanas tollat uersuta saliuas,
  dicet damnatas ignea testa manus.
quae modo per uiles inspecta est publica noctes,
  haec nunc aurata cyclade signat humum;          40
et grauiora rependit iniquis pensa quasillis
  garrula de facie si qua locuta mea est;
nostraque quod Petale tulit ad monumenta coronas,
  codicis immundi uincula sentit anus.
caeditur et Lalage tortis suspensa capillis,          45
  per nomen quoniam est ausa rogare meum.
te patiente meae conflauit imaginis aurum,
  ardente e nostro dotem habitura rogo.
non tamen insector, quamuis mereare, Properti:
  longa mea in libris regna fuere tuis.          50

25–6 post 20 Scaliger          25 fissa NLPTJKYC: fixa FSW
26 tegula] r- S          27 furuum Passerat          28 immaduisse ⟨
30 iussisses N p.c., ΠΤΓΥΣ: -et N primo, S          32 flammae NLPT
SYC: -mine FΓ          33 hocne Hall*: hoc Ω          erat] erit Π          ante
35 lacunam suspicatur Heyworth: 35–8 post 76 Schrader, post 72 Postgate,
post 50 Carutti          35 candescat] -ant T primo          36 insidiis] -ias
Γ          pallida] -lia N          37 ut ⟨: aut Ω: at ⟨          saliuas C: -nas
NFLTΓΥ: sabinas PS          38 damnandas anon.1*          41 at
Markland          rependit NΛ (iniquis r- tr. S): fundit FL: effundit P
44 codicis] cond- T          sentit] -sit P          45 tortis] torus Y          47–
8 post 40 Schrader          48 ardente ⟨: -ent Ω

iuro ego Fatorum nulli reuolubile carmen,
   tergeminusque canis sic mihi molle sonet,
me seruasse fidem. si fallo, uipera nostris
   sibilet in tumulis et super ossa cubet.
nam gemina est sedes turpem sortita per amnem,    55
   turbaque diuersa remigat omnis aqua.
cumba Clytaemestram stuprumue in Tartara Cressae
   portat mentitae lignea monstra bouem.
ecce coronato pars altera uecta phaselo
   mulcet ubi Elysias aura beata rosas,    60
qua numerosa fides, quaque aera rotunda Cybebes
   mitratisque sonant Lydia plectra choris.
Andromedeque et Hypermestre sine fraude marita
   narrant historias, foedera nota, suas.
haec sua maternis queritur liuere catenis    65
   bracchia nec meritas frigida saxa manus.
narrat Hypermestre magnum ausas esse sorores:
   in scelus hoc animum non ualuisse suum.
sic mortis lacrimis uitae sancimus amores;
   celo ego perfidiae crimina multa tuae.    70
sed tibi nunc mandata damus, si forte moueris,
   si te non totum Chloridos herba tenet.

---

51 iuro] iure *LP*    carmen *om. L*: stamen ϛ    54 et] strix *Hein-sius*    *post* 54 *lac. Baehrens*: 55–70 *post* 92 *Fontein*    57 cumba *Rossberg*: una Ω: unda *Hertzberg*    Clytaemestram *Lütjohann*: -trae Ω    ue (que *Nencini*) in Tartara *Weidgen*: uehit altera Ω    Cressae] crassae *T primo*: fase *T mg. u.l.*    57–8 Cressam| . . . mentitam *Haupt*    58 bouem *Postgate*: bouis Ω    59 uecta ϛ: parta Ω: rapta *Palmer*: lata *Müller*    61 quaque aera rotunda *Turnebus*: qua quaerar (quaerat *Π*) ut unda Ω    62 mitratis] mur- *Y*    63 marita *Heinsius*: -tae Ω    64 narrant (*fort. ex* 67)] errant *Havet*: maerent *Stroh 1971*    historias . . . suas *Markland*: -ae . . . suae Ω    foedera *Heinsius*: pectora Ω: uulnera *Fontein*: tempora *Ayrmann*    nota pericla *Heimreich*    turbant historia p- nostra sua *temptat Heyworth*    65 sua maternis ϛ: summa aeternis Ω    66 nec] ne *S*    67 sorores] sores *Γ*    69 sancimus *Rossberg*: sanamus Ω: solamur *Passerat*: memoramus *Paldamus*    amara *Markland*    72 si] sed *Π*

nutrix in tremulis ne quid desideret annis
  Parthenie: potuit, nec tibi auara fuit;
deliciaeque meae Latris, cui nomen ab usu est,          75
  ne speculum dominae porrigat illa nouae;
et quoscumque meo fecisti nomine uersus,
  ure mihi: laudes desine habere meas.
pone hederam tumulo mihi, quae praegnante corymbo
  mollia contortis alliget ossa comis.                 80
ramosis Anio qua pomifer incubat aruis
  et numquam Herculeo numine pallet ebur,
hic carmen media dignum me scribe columna,
  sed breue, quod currens uector ab urbe legat:
HIC SITA TIBVRNA IACET AVREA CYNTHIA TERRA:             85
  ACCESSIT RIPAE LAVS, ANIENE, TVAE.
nec tu sperne piis uenientia somnia portis:
  cum pia uenerunt somnia pondus habent.
nocte uagae ferimur, nox clausas liberat umbras,
  errat et abiecta Cerberus ipse sera.                 90
luce iubent leges Lethaea ad stagna reuerti:
  nos uehimur, uectum nauta recenset onus.
nunc te possideant aliae; mox sola tenebo,
  mecum eris et mixtis ossibus ossa teram.'
haec postquam querula mecum sub lite peregit,          95
  inter complexus excidit umbra meos. ⊗

---

73 quid] quod *Π*      74 auara] amara *P*      79 pone *anon.1\**,
*Sandbach*: pelle *Ω*    quae] ne *Kenney 1981*    praegnante *Cornelissen*:
pugna- *Ω*: palle- *Burman*        80 mollia ς: -li *Ω*: -lis ς    contortis]
-toris *Π*    alliget *anon.1\**, *Shackleton Bailey*: -at *Ω*: ambiat *Sandbach*
81 pomosis ... spumifer *Broukhusius*        83 hic *NΛ*: hoc *Π*: i *Hein-
sius*      84 uector] uic- *Π*      85 hic sita Tiburna iacet *Palmer*: sed
tiburna i- hic *NΛ*: sed tribuna i- hic *L*: sed tiburtina i- hic *FP*: hic tibur-
tina i- ς, *P p.c.*        92 onus *om. F, P primo, ut uid.*: o *L primo*
93 nunc] nec *Π*      94 ossibus *om. T*        95 peregit] pergit *N*

Disce quid Esquilias hac nocte fugarit aquosas,          **viii**
  cum uicina nouis turba cucurrit agris.
Lanuuium annosi uetus est tutela draconis,
  hic ubi tam rarae non perit hora morae.
nam sacer abripitur caeco descensus hiatu,          5
  qua penetrat uirgo (tale iter omen habet),
ieiuni serpentis honos, cum pabula poscit
  annua et ex ima sibila torquet humo.
talia demissae pallent ad sacra puellae,
  cum tenera anguino raditur ore manus.          10
ille sibi admotas a uirgine corripit escas;
  uirginis in palmis ipsa canistra tremunt.
si fuerunt castae, redeunt in colla parentum,
  clamantque agricolae: 'fertilis annus erit.'
huc mea detonsis auecta est Cynthia mannis:          15
  causa fuit Iuno; sed mage causa Venus.
Appia, dic, quaeso quantum te teste triumphum
  egerit effusis per tua saxa rotis.          18
spectaclum ipsa, sedens primo temone pependit          21
  ausa per impuros frena mouere iocos.
sed uaga iam taceo uulsi carpenta nepotis
  atque armillatos colla Molossa canes;

IV viii 1 *nou. el. indic.* N (*nota mg.*), F (*l.m.*), LPTS*J*WYC (*int.*), K
(*tit.*)          1–2 *del. Kiss** *          1 quid *LPΛ*: quod *NF*          agitarit
*Heinsius*          2 noua uicinis *Housman** *          3 est] et *LP*          dra-
conis] dro- *T*          4 rarae] rap- *N primo*: gratae *Housman*
5 nam *Heyworth*: qua *Ω*          abripitur *NLPTΓC*: arr- *FSY*          patet
abruptus *Heinsius*          6 hac *Heinsius*          penetras *Passerat*          omen
habet *Housman**: omne caue *Ω*          8 ima *Λ, P ras.*: una *NΠ*
10 tenera *ς*: temere *Ω*: *fort.* tremula *uel* trepida          raditur *Cornelissen*:
cred- *NΠTSΓY*: ced- *C*: tang- *Alton*: cond- *Birt*          11–12 *ante* 9
*Housman*          11 corripit *NTΓYC*: colligit *ΠS*          13 fuerunt *FT*:
-int *NLP, T s.l.*, *SΓYC*          15 auecta] ad- *P*          mannis *ς*: ab annis *Ω*
19–20 *deleuit Butler, transposuit post* 2 *Lütjohann* (*cf. Günther 126–7*)
22 mouere] mon- *JK*          iocos *Λ*: locos *NΠ*          23 sed uaga iam *Bon-
azzi*: siriginam (strig- *P*) *Ω*: serica nam *ς*          taceo *ς*: tacto *Ω*          nepotis *ς*:
-ti *Ω*

qui dabit immundae uenalia fata saginae                    25
  uincet ubi erasas barba pudenda genas.
cum fieret nostro totiens iniuria lecto,
  mutato uolui castra mouere toro.
Phyllis Auentinae quaedam est uicina Dianae:
  sobria grata parum; cum bibit, omne decet.              30
altera Tarpeios inter stat Teïa lucos:
  candida, sed potae non satis unus erit.
his ego constitui noctem lenire uocatis
  et Venere ignota furta nouare mea.
unus erat tribus in secreta lectulus herba.               35
  quaeris discubitus? inter utramque fui.
Lygdamus ad cyathos uitrique aestiua supellex
  et Methymnaei grata saliua meri;
Nile, tuus tibicen erat, crotalistria, Orontes,
  (haec facilis spargi munda sine arte rosa);             40
Magnus et ipse suos breuiter contractus in artus
  iactabat truncas ad caua buxa manus.
sed neque suppletis constabat flamma lucernis,
  reccidit inque suos mensa supina pedes.
me quoque per talos Venerem quaerente secundam            45
  semper damnosi subsiluere canes.

26 pudenda] put- *Π*: pig- *Hall*\*      28 mutato ς: mult- *Ω*    uolui
ς: -it *NFPΛ*: noluit *L*        *post* 28 *nou. el. indic. N (nota mg.), F (l.m.),*
*LPTSЈWYC (int.), K (tit.): cont.* ς        31 inter stat *Heyworth*: i- .... *N*
(est *add. m. rec. in spat. rel.* ): est i- ...... *LЈK*: est i- *FPTSWYC*
32 potae] -i *Π*        33 lenire] u- *N*        34 nouare] not- *Π*
35 umbra *Heinsius*        36 discubitus *Palmer*: conc- *Ω*    utramque
*m.corr. in L, P p.c., TΥYC*: utraque *NΠ*: utrasque *ci. Colucius, ut uid., S*
fui] sui *Π*        37 uitri *Scaliger*: utri *NΛ*: uter *Π*        38 grata ς:
graeca *Ω*: Graia *Palmerius*        39 Nile tuus] Miletus *Palmer (qui antea*
Teia tu t- eras): unguentum *Housman*    crotalistria *Turnebus*: c(h)oral-
*ΠTSΓ*: eboral- *N*: om. *YC, spat. rel.*    Orontes *Morgan*\*: phyllis *Ω*:
Baetis *Richardson 1976*: Byblis *Palmer*: phimus *Housman*        40 haec
*Baehrens*: et *Ω*        41 nanus ς    contractus ς: -cretus *Ω*    artus]
arcus *Π*        44 *exspectauissem* suum ... caput        45 secundam
*Palmer*: -do *Ω*: -dos ς

cantabant surdo, nudabant pectora caeco:
  Lanuuii ad portas, ei mihi, totus eram;
cum subito rauci sonuerunt cardine postes,
  nec leuia ad primos murmura facta Lares.          50
nec mora, cum totas resupinat Cynthia ualuas,
  non operosa comis, sed furibunda decens.
pocula mi digitos inter cecidere remissos,
  pallueruntque ipso labra soluta mero.
fulminat illa oculis et quantum femina saeuit,          55
  spectaclum capta nec minus urbe fuit.
Phyllidos iratos in uultum conicit ungues;
  territa, 'uicini,' Teïa clamat, 'aquam!'
crimina sopitos turbant elata Quirites,
  omnis et insana semita uoce sonat.          60
illas direptisque comis tunicisque solutis
  excipit obscurae prima taberna uiae.
Cynthia gaudet in exuuiis uictrixque recurrit
  et mea peruersa sauciat ora manu;
imponitque notam collo morsuque cruentat          65
  praecipueque oculos, qui meruere, ferit;
atque ubi iam nostris lassauit bracchia plagis,
  Lygdamus ad plutei fulcra sinistra latens
eruitur, geniumque meum prostratus adorat.
  Lygdame, nil potui: tecum ego captus eram.          70

47 caeco *FP*: caeto *NLΛ*          48 totus *Kuypers*: solus *Ω*
50 nec ς: et *Ω*          51 cum *NFΛ*: tum *LP*          53 pocula] -lo *Γ*
54 palluerunt *Livineius*: -erant *Ω*          que ipso] spisso *Heinsius*
56 nec *NΛ*: ne *LP*: non *F*          fui ς          58 uicini *Palmer*: -as *Ω*: -ae
*Willis 1972*: -is *Barber*          aquam *Palmer*: aquas *Ω*: aquae *Alton*: aqua
*Diggle 1975*          59 crimina *Goold 1966*: lumina *Ω*: murmura *anon.*
*apud Burman*: iurgia *Baehrens*          60 uoce *Fruterius*: nocte *Ω*
63 gaudet] gaude *Y*          65 collo] -a *N*          66 petit *Heinsius*
68 plutei *NFLTSΓMRC*: putei *P*: pultei *U*          fulcra ς: fusca *Ω*
69 eruitur] ex- *T*          prostratus *TSΓY*: -tractus *NΠ*: -latus *C*
70 tecum] tunc *P*

supplicibus palmis tum demum ad foedera ueni,
   cum uix tangendos praebuit illa pedes.
atque ait 'admissae si uis me ignoscere culpae,
   accipe quae nostrae formula legis erit:
tu neque Pompeia spatiabere cultus in umbra,      75
   nec cum lasciuum sternet harena forum.
colla caue inflectas ad summum obliqua theatrum,
   aut lectica tuae nudet operta morae.
Lygdamus in primis, omnis mihi causa querelae,
   ueneat, et pedibus uincula bina trahat.'      80
indixit leges; respondi ego 'legibus utar,'
   risit et imperio facta superba dato.
dein quemcumque locum externae tetigere puellae
   suffiit, et pura limina tergit aqua;
imperat et totas iterum mutare lucernas,      85
   terque meum tetigit sulpuris igne caput.
atque ita mutato per singula pallia lecto
   res pacta et toto soluimus arma toro. ⊗


[turpis in arcana sonuit cum rixa taberna,      19
   si sine me, famae non sine labe meae.]      20

71 ueni *T p.c.*, *C*: uenit *NΠTSΓΥ*     72 cum *NTΓΥC*: cui *LPS*:
cur *F*     73 si uis *ΠTSJK*: suus *ut uid. NWYC*     75 lentus
*Francius*     76 et *Livineius*     78 nec *Lipsius*   nudet *Koch*:
sudet *Ω*: se det *Gruterus*: sidat *Palmerius*   operta *ς*: ap- *Ω*   suadeat
apta *Smyth*     80 ueneat *NFTSΓΥ*: uen... *L a.c.*: -erit *P*: -erat *C a.c.*
aut *Fruterius*     81 leges *T*: legem *NΠSΓΥC*     82 risit et *Hey-
worth, ut uid.*: riserat *Ω*: risit at *Burman*: r- ita *Hall**   rato *Heinsius*
83 dein] ue in *Π*     84 suffiit et (at *Hertzberg*) *ς*: sufficat *NF*, *L* (*ex*
-ciat *fort. corr.*), *Λ*: sufficiat// *P* (iat// *ex corr.*)   limina] lu- *Π*
85 lucernas *NΛ*: lac- *L*, *P p.c.*: lat- *F*, *P primo*     87 atque] at *Υ*
88 res pacta *Müller*: respondi *Ω* (*ex 81*): lis posita *Baehrens*: et sponda
*Heinsius*: despondi *ς*: ascendi *Koch*   noto *Heinsius*   mouimus *Heinsius*

AMPHITRYONIADES qua tempestate iuuencos     **ix**
    egerat a stabulis, o Erythea, tuis,
uenit ad inuictos, pecorosa Palatia, montes,
    et statuit fessos fessus et ipse boues
qua Velabra suo stagnabant flumine quoque     5
    nauta per urbanas uelificabat aquas.
sed non infido manserunt hospite Caco
    incolumes: furto polluit ille Iouem.
incola Cacus erat, metuendo raptor ab antro,
    per tria partitos qui dabat ora sonos.     10
hic, ne certa forent manifestaque signa rapinae,
    auersos cauda traxit in antra boues.
nec sine teste deo furtum est: sonuere iuuenci,
    furis et implacidas diruit ira fores.
Maenalio iacuit pulsus tria tempora ramo     15
    Cacus, et Alcides sic ait: 'ite boues,
Herculis ite boues, nostrae labor ultime clauae,
    bis mihi quaesiti, bis mea praeda, boues,
aruaque mugitu sancite Boaria longo:
    nobile erit Romae pascua uestra forum.'     20
dixerat, et sicco torret sitis ora palato,
    terraque non ullas feta ministrat aquas;

---

    IV ix 1 *nou. el. indic.* N (*nota mg.*), *FU* (*l.m.*), *LPTSJWMRC* (*int.*), *K*
(*tit.*).     2 Erythea] -ee *T*     3 ad inuictos ⱽ: et aduic- *NΛ*: et
adiu- *F*: et ad iunc- *LP*: ad educ- *Lachmann*: ad inuictus ⱽ     4 fessas
*Markland* (*et* auersas *in* 12: *cf.* 18; *sed cf. etiam* iuuenci, 1 *et* 13)
5 flumine *F mg.*, *TSWYC*: -na *NJK*: fulmine *Π*     quaque ⱽ
8 locum ⱽ     9 incola ⱽ: insula *Ω*     10 partitos qui] qui flammas
et *Heyworth*     sonos] focos ⱽ     11 ne] nec *YC*     manifestaque
*Luck 1962* (*cf. Ov.* trist. *3.5.19*): -ta *T primo*, *KM*: -tae *NΠ*, *T p.c.*,
*SJWURC*     12 auersos] adu- *FP*     13 furtum est *Heyworth*
*1986*: furem *N*, *F p.c.*, *PΛ*: funem *F primo*: fuerem *L*     14 at *Guyetus*
implacidas] in -da *Y*     17–18 *om. ob homoeoteleuton YC*
18 quaesiti *Heyworth* (*cf.* 4): -tae *Ω*     20 erunt ⱽ     uestra] no- *F*
21 torret ⱽ: torquet *Ω*     22 ullas *SW*: nullas *NΠTJKYC*: uiuas
*Richmond*     ministrat *W*: -et *NΠTSJKYC* (*cf.* IV vi 4)

sed procul inclusas audit ridere puellas,
   murus ubi umbroso saepserat orbe nemus,
femineae loca clausa deae, fontesque piandos,    25
   impune et nullis sacra retecta uiris.
deuia puniceae uelabant limina uittae,
   putris odorato luxerat igne casa,
populus et glaucis ornabat frondibus aedem,
   multaque cantantes umbra tegebat aues.    30
huc ruit in siccam congesta puluere barbam,
   et iacit ante fores uerba minora deo:
'uos precor, o luci sacro quae luditis antro,
   pandite defessis hospita fana uiris.
fontis egens erro circum antra sonantia lymphis,    35
   et caua suscepto flumine palma sat est.
audistisne aliquem tergo qui sustulit orbem?
   ille ego sum: Alciden terra recepta uocat.
quis facta Herculeae non audit fortia clauae
   et numquam ad notas irrita tela feras?    40
atque uni Stygias homini luxisse tenebras?    41
   <. . . . . . . . . . . . . . . . . . . . . . . . . . . >
angulus hic mundi nunc me mea fata trahentem    65
   accipit: haec fesso uix mihi tecta patent.    66(=42)

---

24 murus *Fontein*: lucus *Ω*    ubi *Heinsius*: ab *Ω* (*cf.* III xviii 1)
umbrosum *Fontein*   saepserat *Fontein*: fec- *Ω*    25 casta *Fontein*
27 limina] lu- *Π*   uittae *NTΓYC*: uitrae *FL*: iutae *P ut uid.*: uitis *S*
28 turis *Heinsius*    29 glaucis *Housman*: long- *Ω*: larg- *Baehrens*
31 congesta] -iesta *F*: -gestam *PC*    32 minora *FP*: -e *NLΛ*
33 luci *ς*: -is *Ω*   sacra . . . umbra *Guyetus*    34 fana *Scaliger*, uiris
*ς*: uana uiis *Ω* (*om. C*)    35 circum antra *Burman*: circaque *Ω* (cirque
*F primo*): circa arua *Baehrens*    circumsonaque omnia *Alton*
36 flumine] ful- *S*    38 Alciden] -de *FL*: -des *P*   recepta *ΠTΓ*:
susc- *NYC*: *om. S, spat.rel.*    40 notas *ς*: nat- *FP, T rub. s.l., ΓYC*:
uat- *NLT*: uari- *S*: uast- *ς*    42 (= 66) *del. ς*; oraque tergemini conti-
cuisse canis *suppl. Francius,* Oceani tumidas nec timuisse minas *Jacob*
haec] et *N*: hic *FR*    65–6 *transp. huc Jacob*    66 (= 42) tecta
patent *Weidgen*: terra patet *Ω*

etsi Iunoni sacrum faceretis amarae,                    43
   non clausisset aquas ipsa nouerca suas.

sin autem uultusque meus saetaeque leonis               45
   terrent et Libyco sole perusta coma,
idem ego Sidonia feci seruilia palla
   officia et Lydo pensa diurna colo;
mollis et hirsutum cinxit mihi fascia pectus,
   et manibus duris apta puella fui.'                    50
talibus Alcides: at talibus alma sacerdos,
   puniceo canas stamine uincta comas:
'parce oculis, hospes, lucoque abscede uerendo;
   cede agedum, et tuta limina linque fuga.
interdicta uiris metuenda lege piatur                   55
   quae se summota uindicat ara casa.
magno Tiresias aspexit Pallada uates
   fortia dum posita Gorgone membra lauat.
di tibi dent alios fontes: haec lympha puellis,
   auia secreti limitis unda, fluit.'                    60
sic anus; ille umeris postes concussit opacos,
   nec tulit iratam ianua clausa sitim.
at postquam exhausto iam flumine uicerat aestum,
   ponit uix siccis tristia iura labris:                 64
'Maxima quae gregibus deuota est Ara repertis,         67
   ara per has' inquit 'maxima facta manus,

   43 etsi *Heyworth*: quodsi Ω        45 autem *Heyworth*: aliquem
*NFLΛ*: aliquam *P*        46 sole] -a *LΓ*        49 cinxit *Francius*: cep-
*NΠΤΓΥC*: ceper- *S*        50 doctis *Ritchie**    nec ... quasilla tuli
*Burman*        51 at] et *LK*        52 uincta] iu- *NL*        54 limina]
lu- *Π*        56 uindicat] und- *N*: uid- *W*        57 magno ς: -am Ω
60 unda *Housman*: una Ω    fluit *Fruterius*: fuit Ω        65–6 *ante* 43
*transp. Jacob*        67 receptis *Burman*

haec nullis umquam pateat ueneranda puellis,
   Herculis externi ne sit inulta sitis.'       70
hunc, quoniam manibus purgatum sanxerat orbem,   73
   sic Sancum Tatiae composuere Cures.       74
sancte pater, salue, cui iam fauet aspera Iuno;   71
   Sance, uelis libro dexter inesse meo. ⊗


Nvnc Iouis incipiam causas aperire Feretri       **x**
   armaque de ducibus trina recepta tribus.
magnum iter ascendo, sed dat mihi gloria uires:
   non iuuat e facili lecta corona iugo.
imbuis exemplum primus tu, Romule, palmae     5
   huius, et exuuiis plenus ab hoste redis,
tempore quo portas Caeninum Acrona petentem
   uictor in euersum cuspide fundis equum.
Acron Herculeus Caenina ductor ab arce,
   Roma, tuis quondam finibus horror erat.     10
hic spolia ex umeris ausus sperare Quirini
   ipse dedit, sed non sanguine sicca suo.

70 *uers. om. T primo, spat.rel.*   herculis *P, T mg.*: -le *NFLΛ*: -lea
*Housman*   externi *Heinsius*: exterminium *NFL, T p.c.*, *STY*: extremum
*P: om. C, spat.rel.*: exclusi *Owen*: inuicti *Burman*: eximii *T mg.*: aeternum
5   ne sit *P, T mg.*: nescit *NFLΛ* (u- *F a.c.*)   inulta] mu- *F a.c., JW*
71–2 *post* 74 *Passerat*     73 huic *Lütjohann*   monstris *Heyworth*
74 Sancum 5: sanctum *Ω*   Tatii *Scaliger*     71 aspera] ap- *N*
72 Sance *Richmond* (*etiam in* 71): sancte *Ω*

IV x 1 *nou. el. indic. F* (*l.m.*), *LTJWYC* (*int.*), *PSK* (*tit.*): *cont. N*
1 Feretri] fateri *N*     2 trina] terna *L primo, P*     5 imbuis]
induis *Π*   primus *Jeverus* (*cum scriberet* exemplo primus nos): primae
*NLPΛ*: primo *F*     5–6 Indiges ex- primus tu, R-, p-| huius es *Ross-
berg*: imbuis hoc templum palma tu, R-, opima| primus et (*uel* ut) *Phil-
limore*     6 huius et *NΠTΓΥC*: uiuus et *S*   exuuiis 5: exuuio (*uel
exuiuo uel* eximio) *Ω*: exuto *Postgate*     7 Acrona 5: -nta *Ω*
8 in euersum 5: nec uersum *Ω*     10 ciuibus *uel* moenibus *Fontein*

hunc uidet ante cauas librantem spicula turres
  Romulus, et uotis occupat ante ratis:
'Iuppiter, hic hodie tibi uictima corruet Acron!'          15
uouerat, et spolium corruit ille Ioui.
Vrbis uirtutisque parens sic uincere sueuit,
  qui tulit a parco frigida castra Lare.
idem equus et frenis, idem fuit aptus aratris;
  et galea hirsuta compta lupina iuba.                      20
picta neque inducto fulgebat parma pyropo,
  praebebant caesi baltea lenta boues.
Cossus at inficitur Veientis caede Tolumni,
  uincere cum Veios posse laboris erat.
necdum ultra Tiberim belli sonus: ultima praeda            25
  Nomentum et captae iugera terna Corae.
heu Veii ueteres, et uos tum regna fuistis
  et uestro posita est aurea sella foro;
nunc intra muros pastoris bucina lenti
  cantat, et in uestris ossibus arua metunt.                30
forte super portae dux Veiens astitit arcem
  colloquiumque astu fretus ab hoste petit,

---

13 uibrantem 𝔰      14 ratis *T s.l., P p.c.*: rates Ω (*excepto P, qui a.c.*
uoces . . . ratas)      15 hic *P*: haec *NFLΛ*           corruat *Heinsius*
17 uirtutisque parens *NΛ* (pares *T*): uirtutemque parem *Π*    sic *ex* sit
*corr. N*      18 a parco *Jacob*: a porco *NΠ*: aprico *Λ*      19 equus et
*Guyetus*: eques et Ω: aeque *Heyworth 1986*      20 sed *Baehrens*: cui 𝔰
20 *et* 22 *inter se mut. Baehrens*      21 parma] palma *Γ*   pyropo 𝔰:
piroto Ω      23 inficitur *Phillimore*: insequitur Ω: insignis *Hall**
25–6 *ante* 23 *Passerat: post* 8 *Richmond; an secludendi?*      26 captae 𝔰
(*T s.l.*): capta Ω     terna 𝔰: terra Ω: parua 𝔰: pauca 𝔰      27 heu *Lütjo-
hann*: e *NFΛ*: et *F p.c., LP*: o 𝔰 (*P mg.*)         tum] quoque *Heinsius*
30 sedibus arua *Phillimore*: moenibus a- *Giardina 2005*: o- arma 𝔰: fini-
bus ossa *Heyworth*         metunt] metum *Π*         31 porta *Richmond*
Veiens *Dempster*: ueius Ω      arcem *NΠΤΓΥC*: arce *S*: acer *Phillimore*
portam . . . arcis *Heyworth*      32 astu *Phillimore* (*qui et* loco): sua Ω:
suis *Barber*     cautus *Henry*: fractus *Heinsius*      hoste *Heyworth*: urbe Ω
petit *Heinsius*: dedit Ω

dumque aries murum cornu pulsabat aëno
  uineaque inductum longa tegebat opus,
Cossus ait, 'fortes melius concurrere campo.'          35
  nec mora fit: plano sistit uterque gradum.
di Latias iuuere manus: desecta Tolumni
  ceruix Romanos sanguine lauit equos.
Claudius Eridano traiectos arcuit hostes,
  Belgica cum uasti parma relata ducis,                40
Virdomari. genus hic Brenno iactabat ab ipso,
  nobilis euectis fundere gaesa rotis.
illi uirgatas maculanti sanguine bracas
  torquis ab incisa decidit unca gula.
nunc spolia in templo tria condita; causa Feretri      45
  omine quod certo dux ferit ipse ducem;
seu quia uicta suis umeris huc arma ferebant,
  hinc Feretri dicta est ara superba Iouis. ⊗

34 que inductum ꝋ: qua ductum Ω: que inceptum *Heyworth*
35 fortes *Markland*: forti Ω          36 gradum ꝋ: -du Ω          37 iuuere
ΠTSC: uiu- NΓY          38 agros *Guyetus*          39 Eridano *Passerat*
(-um *Guyetus*): a rheno Ω: at Rheno *Barber*          40 bellica *Passerat*
parma] palma T     cui *Guyetus*          41 Virdomari ꝋ: uirtomani N *s.l.*,
TSYC: -ne N *t.*: uirt^romani Γ: uutomani F: untoniani L: uircumani P
indomitum genus ... ducebat *Heinsius*               Brenno ꝋ: rheno Ω
42 nobilis ꝋ (P *p.c.*): m- Ω     euectis *Rothstein*: erecti NΛ: effecti Π: erec-
tis ꝋ (T *s.l.*): e r- *Canter*: e t- *Lipsius*: inu- *Lütjohann*: aeratis *Heinsius*: e
Raetis *Alton*          gaesa ꝋ: c- Ω          exertis ... toris *Heinsius*
43 uirgatas maculanti sanguine bracas *Waardenburgh*: uirgatis (iurg-
NW: iug- J: nigr- F) iaculantis ab agmine (-na N) bracis (pracis F: brutis
L) Ω          spicula uirgatis iaculanti ex (ꝋ) agmine bracis *Heinsius*
45 nunc NΛ: nec FL: haec *ci. Colucius,* P          46 omine NTSYC:
crimine ΠΓ: nomine *Richards*: numine *Baehrens*          nominis est (*uel*
haec) *Heinsius* (quod *om.*)     certo NFPTSYC: circo LΓ     ipse *Damsté*:
ense Ω          47 uota *Phillimore*     huc *Broukhusius*: haec Ω

DESINE, Paulle, meum lacrimis urgere sepulcrum:     **xi**
  panditur ad nullas ianua nigra preces;
cum semel infernas intrarunt funera leges,
  non exorando stant adamante uiae.
te licet orantem fuscae deus audiat aulae,                          5
  nempe tuas lacrimas litora surda bibent.
uota mouent superos: ubi portitor aera recepit,
  obserat umbrosos inuida Parca locos.
sat maestae cecinere tubae, cum subdita nostrum
  detraheret lecto fax inimica caput.                               10
quid mihi coniugium Paulli, quid currus auorum
  profuit aut famae pignora tanta meae?
num minus immites habuit Cornelia Parcas?
  en sum quod digitis quinque legatur onus.
damnatae nocti sedes, uada lenta Acherontis,                        15
  aut quaecumque meos implicat unda pedes,
immatura licet, tamen huc non noxia ueni:
  nec precor huic umbrae mollia iura meae;
at si quis posita iudex sedet Aeacus urna,
  is mea sortita iudicet ossa pila;                                 20

IV xi 1 *nou. el. indic.* F (*l.m.*), *LPTJWYC* (*int.*), *SK* (*tit.*): *cont.* N
2 *habet Flor.1*        3 infernas] infrenas N     sedes *Heinsius*
4 exorando *Fruterius*: -ato Ω: -abis *Boot*        serae *uel* fores *Heinsius*
5 furuae *Heinsius*        7 uota m- s- *habet Flor.1*        8 obsidet
*Markland*   umbrosos (ς) . . . locos (ς) *Markland*: herbosos . . . rogos Ω:
euersos . . . r- *Richmond*: umbrosas . . . domus *Hemsterhusius*   inuida
*Boot*: lurida Ω     Parca *Markland*: porta Ω      9 sat *Dousa p.*: sic Ω: si
*Schippers*        10 fax] fac Y       12 thalami . . . mei *Heinsius*
13 num *ΠΛ*: non N     habui ς     Parcas] paucas N *primo*        14 en ς:
et Ω     leuatur ς       15 aeternae *Peerlkamp*     nocti *Sandbach*: -es Ω:
-is *Butrica 1984*: tenebris *Goold 1966*     sedes *Butrica 1984*: et uos *NLΛ*:
et nos *F, P primo ut uid.*: sed uos *Sandbach*     Acherontis *Butrica 1984*:
paludes Ω        16 aut *Heyworth*: et Ω     ulua *Schrader*        17–
76 *om.* N, *folio amisso*     17 non noxia] inn- Γ        18 nec precor
*Peerlkamp*: det pater *ΠΛ*: deprecor *Koppiers*        huic P: hic *FLΛ*
19 at ς: aut *ΠΛ*     si quid *Heinsius*     uindex *Camps*: iustus *Butrica*
*1984*: *an* durus?        20 is *Heinsius*: in *ΠΛ*     iudicet] uind- F

assideant fratres, iuxta et Minoida sellam
  Eumenidum intento turba seuera foro.
Sisyphe, mole uaces; taceant Ixionis orbes;
  fallax, Tantaleo corripere ore, liquor;
Cerberus et nullas hodie petat improbus umbras,          25
  et iaceat tacita laxa catena sera.
ipsa loquor pro me: si fallo, poena sororum,
  infelix umeros urgeat urna meos.
si cui fama fuit per auita tropaea decori,
  aera Numantinos nostra loquuntur auos;                 30
altera materni hos exaequat turba Libones,
  et domus est titulis utraque fulta suis.               32
non fuit exuuiis tantis Cornelia damnum:                 43
  quin et erat magnae pars imitanda domus.               44
mox, ubi iam facibus cessit praetexta maritis,           33
  uinxit et acceptas altera uitta comas,
iungor, Paulle, tuo sic discessura cubili                35
  ut lapide hoc uni nupta fuisse legar.

                *       *       *

uidimus et fratrem sellam geminasse curulem;             65
  consule quo, fausto tempore, rapta soror.              66

    21 iuxta et ϛ: iuxta ΠΛ    Minoida sellam ϛ: minoia sella et Λ: m- sella
Π      24 corripere ore Auratus: corripiare ΠΛ        26 sed Koppiers
laxa LΛ: lapsa F: lassa P      27 loquar ϛ    fallo ϛ (T p.c.): fallor ΠΛ
29 auita] auia Y    tropaea decori Λ: decora tropaei Π      30 om. F,
spat. rel.    aera Λ: et LP    nostra Palmer: regna LPΛ: prisca Auratus
uersa ... regna ϛ: Afra ... regna Scaliger: nostra ... signa Baehrens
31 materni hos Heyne: maternos ΠΛ    his aequat Koppiers (hisce a- iam
Heinsius)    exaequant aera amicus Santenii    Libones ϛ: ligones ΠΛ
32 fulta] u- Γ       43–4 post 32 Peerlkamp        43 non Λ: ton Π
tulit Heinsius    exuuiis tantis] -i st- LPΓ: eximii st- F    damno Dousa
36 ut Graevius: in ΠΛ        lacunam et 65–6 post 36 Heyworth
66 fausto Peerlkamp: facto ΠΛ: festo Koppiers    consul quo factus
Lachmann    fati crimine Heinsius

testor maiorum cineres tibi, Roma, colendos,                    37
   sub quorum titulis, Africa, tunsa iaces,
et <......................, et illum>
   qui tumidas proauo fregit Achille domos,                 40
me neque censurae legem mollisse nec ulla
   labe mea nostros erubuisse focos.                         42
nec mea mutata est aetas, sine crimine tota est:              45
   uiximus insignes inter utramque facem.               *
mi natura dedit leges a sanguine ductas,
   nec possis melior iudicis esse metu.
quamlibet austeras de me ferat urna tabellas,
   turpior assessu non erit ulla meo,                       50
uel tu, quae tardam mouisti fune Cybeben,
   Claudia, turritae rara ministra deae,
uel cuius, sacros cum Vesta reposceret ignes,
   exhibuit uiuos carbasus alba focos.
nec te, dulce caput, mater Scribonia, laesi:                   55
   in me mutatum quid nisi fata uelis?
maternis laudor lacrimis urbisque querelis,
   defensa et gemitu Caesaris ossa mea.
ille sua nata dignam uixisse sororem
   increpat, et lacrimas uidimus ire deo.                   60

---

38 plantis *Hall** iacet ς      *lac. ante* 39 *Munro*        39 *sic*
*Heyworth*: et (at *S*) Persen proaui stimulantem pectus Achilli *ΠΛ*
(stimulat dum *Goold 1966*: stimulat quem *Plessis*: simulantem ς)
39–40 et ...| qui] qui ... | et *Heyne*        40 tumidas *Heyne*: -que tuas
*ΠΛ*      proauo *Π*: -uos (*uel* -uus) *Λ*        42 nostros ς: ue- *ΠΛ*
Lares ς        43–4 *post* 32 *Peerlkamp*        45 est[2] *om.* ς
46 insignes *Λ*: -em *Π*: insontes *Burman*        48 nec ς: ne *ΠΛ*
possem ς: potui *Peerlkamp*        49 quamlibet ς: quaelibet *ΠΛ*
demum *Guyetus*      umbra *van Eldik*        50 assessu ς: assensu
*ΠΣΓΥϹ*: adscensu *T*        52 Claudia *ci. Colucius, ut uid.*, L *u.l.*, *P*:
Gaudia *F*, L *t.*, *Λ*        turritae] tu rite *FLW*        cara *Heinsius*
53 sacros *Rothstein*: iasos *Λ*: rasos *Π*: sanctos *Heyworth*: castos
*Markland*: stratos *Shackleton Bailey*: seros *Clausen 1975*    cui sacra suos
*Baehrens* (casta *Cicerale 1979*: *an* sancta?)        54 carbasus] -is *Π*
57 fraternis *Peerlkamp*

et tamen emerui generosos uestis honores,
  nec mea de sterili facta rapina domo.                    62
et bene habet: numquam mater lugubria sumpsi;             97
  uenit in exequias tota caterua meas.                     98
tu, Lepide, et tu, Paulle, meum post fata leuamen:        63
  condita sunt uestra lumina nostra manu.                  64
filia, tu specimen censurae nata paternae                 67
  fac teneas unum nos imitata uirum.                       68
haec est feminei merces extrema triumphi,                 71
  laudat ubi emeritum libera fama torum.                   72
et serie fulcite genus: mihi cumba uolenti                69
  soluitur aucturis tot mea facta meis.                    70
nunc tibi commendo communia pignora, natos:               73
  haec cura et cineri spirat inusta meo.
fungere maternis uicibus pater: illa meorum               75
  omnis erit collo turba ferenda tuo.
oscula cum dederis tua flentibus, adice matris:
  tota domus coepit nunc onus esse tuum.
et si quid doliturus eris, sine testibus illis:
  cum uenient, siccis oscula falle genis.                  80
sat tibi sint noctes quas de me, Paulle, fatiges
  somniaque in faciem reddita saepe meam.

---

61 et mater merui *Peerlkamp*          et tanti ... testis *Heinsius*
62 toro *Heinsius*          97–8 (*quos habet N*) *post* 62 *Peerlkamp*
97 sed *Markland*     numquam *bis Π*     lugubria *ς*: lubrigia *NΛ*: lubrica
*Π*     sumpsi *ς*: sumptum *Ω*     matri ... sumpta *Baehrens*          63–
102 *om. W, folio amisso*          63 tu ... tu *ς*: te ... te *ΠΛ*
64 uestra *Scaliger*: -o *Λ*: *om. Π*     manu *Scaliger*: sinu *ΠΛ*          65–
6 *ante* 37 *Heyworth, alio alii, del. Hübner*          67 specimen] speciem *Π*
nupta *Heinsius*          68 unum *om. Π*     torum *Markland*          71–
2 *post* 68 *Baehrens*          72 torum *Koppiers*: rogum *ΠΛ*: iugum
*Bücheler*          69 uos serie *Withof*: progenie *Boot*          70 aucturis *ς*:
unct- *LPΛ*: nupt- *F*     facta *ς*: fata *ΠΛ*     meis *ς*: malis *ΠΛ*
73 natos] Paulle *Butrica 1984*          76 fouenda *Müller*          77 *redit*
*N; ad* 102 *Ω* = *N*, *Π* (= *FLP*), *Λ* (= *TS*), *Γ* (= *JK*), *Y* (= *MUR*), *C*)
77 matris *ς*: mater *Ω*          79 sed *Burman*     quid *ς*: quis *Ω*     eris *ς*:
erit *Ω*          81 sint *NTSYC*: sunt *ΠΓ*          82 reddita *Graevius*: cred-
ita *Ω*: condita *Heyworth*

atque ubi secreto nostra ad simulacra loqueris,
    ut responsurae singula uerba iace.
seu tamen aduersum mutarit ianua lectum,        85
    sederit et nostro cauta nouerca toro,
coniugium, pueri, laudate et ferte paternum:
    capta dabit uestris moribus illa manus;
nec matrem laudate: nimis collata priori
    uertet in offensas libera uerba suas.        90
seu memor ille mea contentus manserit umbra
    et tanti cineres duxerit esse meos,
discite uenturam iam nunc lenire senectam,
    caelibis ad curas nec uacet ulla uia.
quod mihi detractum est uestros accedat ad annos:   95
    prole mea Paullum sic iuuet esse senem.        96
causa perorata est; flentes me surgite, testes,      99
    dum pretium uitae grata rependit humus.        100
moribus et caelum patuit: sim digna merendo
    cuius honoratis ossa uehantur aquis. ⊗

84 singula] sic tua *Peerlkamp*      iace *ς* (*K m.rec.*): tace *Ω*        86 torua
*Heinsius*:   compta   *uel*   culta   *Rossberg*        87 durate   *Housman*
92 duxerit] dix- *LP*        93 lenire *amicus Willymottii*: sentire *Ω*: ful-
cire (*et similia*) *Heinsius*   uenturae . . . seruire senectae *Wassenbergh*
94 uacet *ΠΛ*: ualet *N*   uia *ΠΛ*: uias *N*: dies *Santenius*        95 uestros]
no- *FL*        97–8 *post* 62 *Peerlkamp*, *post* 64 *Scaliger*        99 me]
iam *Heinsius*      100 rependet *Heyworth*   tum . . . rependat (*ς*) *Wil-
lymott*      102 umbra uehatur *Francius*      uehantur] -untur *Π*
aquis *NΠ, T t.*: equis *P p.c., T u.l., SΓYC*: auis *Heinsius*

# APPENDIX

III vii in codice N (orthographicis correctis)
sic traditum est:

ERGO sollicitae tu causa, pecunia, uitae.
   per te immaturum mortis adimus iter;
tu uitiis hominum crudelia pabula praebes;
   semina curarum de capite orta tuo.
tu Paetum ad Pharios tendentem lintea portus      5
   obruis insano terque quaterque mari.
nam, dum te sequitur, primo miser excidit aeuo,
   et noua longinquis piscibus esca natat;
et mater non iusta piae dare debita terrae
   nec pote cognatos inter humare rogos;      10
sed tua nunc uolucres astant super ossa marinae,
   nunc tibi pro tumulo Carpathium omne mare est.
infelix Aquilo, raptae timor Orithyiae,
   quae spolia ex illo tanta fuere tibi?
aut quidnam fracta gaudes, Neptune, carina?      15
   portabat sanctos alueus ille uiros.
Paete, quid aetatem numeras? quid cara natanti
   mater tibi in ore est? non habet unda deos.
nam tibi nocturnis ad saxa ligata procellis
   omnia detrito uincula fune cadunt.      20
sunt Agamemnonias testantia litora curas,
   quae notat Agynni poena minantis aquae.
hoc iuuene amisso classem non soluit Atrides,
   pro qua mactata est Iphigenia mora.
reddite corpus humo; posita est in gurgite uita;      25
   Paetum sponte tua, uilis harena, tegas;
et quotiens Paeti transibit nauta sepulchrum,
   dicat: et audaci tu timor esse potes.

ire rates curuae et leti terite causas:
    ista per humanas mors uenit acta manus.         30
terra parum fuerat, fatis adiecimus undas:
    fortunae miseras auximus arte uias.
ancora te teneat, quem non tenuere penates?
    quid meritum dicas, cui sua terra parum est?
uentorum est quodcumque paras: haud ulla carina    35
    consenuit, fallit portus et ipse fidem.
natura insidians pontum substrauit auaris:
    ut tibi succedat, uix semel esse potest.
saxa triumphales fregere Carpherea puppes,
    naufraga cum uasto Graecia tracta salo est.     40
paulatim socium iacturam fleuit Vlixes,
    in mare cui soli non ualuere doli.
quod si contentus patrio boue uerteret agros,
    uerbaque duxisset pondus habere mea,
uiueret ante suos dulcis conuiua penates,         45
    pauper, at in terra nil ubi flere potest.
non tulit haec Paetus, stridorem audire procellae
    et duro teneras laedere fune manus.
sed Chio thalamo aut Oricia terebintho
    et fultum pluma uersicolore caput,         50
huic fluctus uiuo radicitus abstulit ungues,
    et miser inuisam traxit hiatus aquam;
hunc paruo ferri uidit nox improba ligno:
    Paetus ut occideret, tot coiere mala.
flens tamen extremis dedit haec mandata querelis,    55
    cum moribunda niger clauderet ora liquor:
di maris Aegaei, quos sunt penes aequora, uenti,
    et quaecumque meum degrauat unda caput,
quo rapitis miseros primae lanuginis annos?
    attulimus longas in freta uestra manus.     60
a miser alcyonum scopulis affligar acutis!
    in me caeruleo fuscina sumpta deo est.
at saltem Italiae regionibus euehat aestus:
    hoc de me sat erit si modo matris erit.
subtrahit haec fantem torta uertigine fluctus;    65
    ultima quae Paeto uoxque diesque fuit.

o centum aequroeae Nereo genitore puellae,
    et tu materno tracta dolore Thetis;
uos decuit lasso supponere bracchia mento:
    non poterat uestras ille grauare manus.       70
at tu, saeue Aquilo, numquam mea uela uidebis:
    ante fores dominae condar oportet iners.

# INDEX

# ORTHOGRAPHICVS

(i) *nomina propria*

Achaemenius] II xiii 1: *recte C*: achim- *Ω*
Admetus] II vi 23: *recte PQSC*: ame- *NFBTΓY*
Adrastus] II xxxiv 37: adastr- *FP*
Aeacus] IV xi 19: aeatus *F, ut uid.*: aearus *L primo, ut uid., ΓY*
Aeschyleus] II xxxiv 41: *recte ci. Colucius, ut uid., T s.l., SΓ*: aec-
    *NΠTYC*
Aesonides] I xv 17: ex- *Y*
Aetna] III ii 7: aetha *NFSY*
Agamemnon] IV vi 33: agamen- *FL*
Agamemnonius] III vii 21: agamen- *ΠTW*
    IV i 111: agamen- *FPTMU*
Alcmaeonius] III v 41: almeo- *F*: alcineo- *L* (ne *expunct.*): alcio- *P*
Alcmene] II xxii 25 alm- *FS*: alcim- *LW*: alcum- *P*
Alphesiboea] I xv 15: *recte S*: alphi- *NATΓYC*
Amazonis] III xiv 13 Amazonidum: -icum *Π*
Amphionius] I ix 10: -iom(a)e *JK*
Amymone] II xxvi 47: -inione *FY*
Andromede] III xxii 29: *recte C*: -ade *NLPTΓY*: -ace *F, S primo*
    IV vii 63: -ade *Π*
Anienus] I xx 8: amen- *A a.c., Y*
    IV vii 86: *recte T p.c., SC*: anian- *NLP, T primo, ΓY*: auian- *F*
Anio] III xxii 23: amo *FL*: almo *P*
    IV vii 81: amo *FJKY*: hamo *F p.c. (m. incert.), L*: ano *W ut uid.*:
    almo *P*
Arcadius] I xviii 20: arga- *A*
Archemorus] II xxxiv 38 aderche- *F*: alche- *P*
Arganthus] I xx 33: -i: -y *ATSΓY*
Argynnus] III vii 22: ag- *N*
Ariadna] II iii 18 *recte C*: åriagna *T*: adriagna *NY*: adrianna *FPS*:
    adriadna *Γ*
    III xvii 8: *recte CΓ*: ariachia *SY*: adriagna *NT*: -ana *Π*
Arria] IV i 89: arua *L, F primo, ut uid.*: accia *Colucius s.l. in F*
Ascraeus] II xxxiv 77: assc- *FL*
Asopus] III xv 27: aes- *Ω*
Athamanus] IV vi 15: athamanti- *C*

196

## INDEX ORTHOGRAPHICVS

Attalicus] II xxxii 12: *recte C*: attaylic- *F a.c.*: attaic- *NPTSΓY*: accayc-
   *L*
  III xviii 19: acc- *Π*
Augustus] II x 15 ang- *FBW*
Ausonius] III xxii 30: ausa- *T t.*
Bactra] IV iii 7: bla- *ΠЎ*
  IV iii 63: bla- *LP*
Bassaricus] III xvii 30: -racas *NLPΓMRC*
Bellerophonteus] III iii 2 *recte C*: bellorof- *ΠΛ*: <>ellofor- *N*
Bistonius] II xxx 36: bibcho- *L*
Boaria] IV ix 19: bouar- *NΠTΓ*: boual- *SY*: boal- *C*
Boebeis] II ii 11 *recte N p.c., C*: bob- *NΠTSЎKY*: heb- *W*
Boeotius] II viii 21 boet- (bet- *C*) *Ω*
Caeninus] IV x 7: te- *N* (*ut uid.*)
Calamis] III ix 10: *recte U*: -us *NΠTSΓMRC*
Calliopea] III ii 16: -pia *L*
Capena] IV iii 71: capin- *NLTΓY*
Capherea] III vii 39: capha- *Ω* (carpha- *N*)
Caucasius] II i 69 -sea *PC*
  II xxv 14 -seas *NLPTSЎKYC* (cauk- *N*: canc- *L*): -sas *W*
Cecropius] II xx 6: cicrop- *FB*: cecopr- *C*: cerop- *W*
  II xxxiii 29: cic- *NΠTΓY*
Cepheus (*adi.*)] IV vi 78 -am *PC recte*: -an *NFLTSΓY*
Charybdis] II xxvi 54 -bris *N*
Chloris] IV vii 72: chor- *LPΓ*
Cilissus] IV vi 74: cal- *T t.*
Cimbrus] II i 24: cimbo- *A*
Cithaeron] III ii 5: cic- *NFSKY*
  III xv 25: cic- *FL*
Clitumnus] II xix 25: clitunt- *NPBTЎKY*: cliturn- *W*
  III xxii 23: *recte KWC*: li- *NLTSЎY*: clitunnus *P p.c.* (c *et* un *ex corr.*
  *ut uid.*): om. *F*
Clytaemestra] III xix 19: clytaemn- *SC*
Cnosius] II xii 10: *recte PC*: gn- *NFBTSΓY*: n- *Q*
Cocles] III xi 63: colcl- *N*: clocl- *P*: coll- *F*: col- *L*
Corinna] II iii 21: coruin- *Y*: carin- *QB*
Cous] I ii 2; II i 5, 6: coe- *C*
  IV ii 23; v 56, 57: ce- *C*
Croesus] III v 17: er- *Γ*
Curius] III iii 7: cor- *N*
Cybebe] III xvii 35, xxii 3; IV vii 61, xi 51: -ele *uel* -elle *Ω*
Cymothoe] II xxvi 16 t- *PЎ*
Cynthia] I v 31: sc- *A* (*sic et* I xi 23, xix 21)
  II xiii 7: cyth- *N*
  II xix 1: sc- *U*
  II xxx 25: cynthea *Γ*

Cytherea] II xiv 25: cythar- *FPS, C primo*
Cyzicus] III xxii 1: *recte CK*: cizzic- *NFTSY*: ciczic- *Ɉ*: cyc- *W*: cirzit- *ut uid. L et P primo (postea* circiter)
Danae] II xx 10 Danaes *recte S s.l., C(QB)*: danes *NTSY*: damnes *PΓ*: demes *F*
 II xxxii 59 *recte FSC*: dane *NTΓY*: danne *LP*
Deiphobus] III i 29: *recte C*: -ebum *NΠTSΓY*
Delos] IV vi 27: dol- *LP*
Demophoon] II xxii 2: -phon *FL*
 II xxii 13: -phon *F*
 II xxiv 44: -phon *FL*
Dodona] II xxi 3: Dodona] -ne *C*
Eleus] III ix 17: al- *LP*
Elysius] IV vii 60: elysias *recte P p.c., U*: -sas *NTSΓMRC*: lisas *Π*
Endymion] II xv 15: eud- *F*: ed- *B*: ind- *Y*
Enipeus] I xiii 21 Enipeo: en ipse *A*
 III xix 13: empe- *LP*: erapr- *F*
Eous] II xviii 8 Eoa] coa *FP*
Ephyraeus] II vi 1: *recte T s.l., M s.l., CQ*: epher- *NFPBTSΓY*
Ericthonius] II vi 4: erit- *P*
Erythea] IV ix 2: -trea *ΠC*
Esquiliae] III xxiii 24: ex- *FL, T t., YC*
 IV viii 1: ex- *ɈYC*
Euadne] III xiii 24: euadue *FL*: euagne *P*: euhandne *T a.c.*: enhadne *Y*
Euboicus] II xxvi 38 eb- *FL*
 IV i 114 emb- *F*: ĕb- *C*
Euphrates] II x 13: eupha- *T primo*
Eurytion] II xxxiii 31: -o *Ω*
Geryones] III xxii 9: gir- *NFLTΓY*
Gorgoneus] III iii 32: -io *L*: -ico *F*
Haemonius] I xiii 21: haemonid- *Γ*
Helle] III xxii 5: b- *FL*
Hesperius] II xxiv 26 exp- *FM*
Hippodamia] I viii 35 -damiae: -diame *A*
Hymenaeus] IV iv 61: hymin- *NLTɈ*
Hypsipyle] I xv 18: hys- *NAWYC*
 I xv 19: hys- *ΓYC*
Iacchus] II iii 17: *recte C*: iache- *NTSΓYB*: rache- *F, ut uid.*: ache- *P*: niche- *Q*
 IV ii 31: ache- *Ω*
Icariotis] III xiii 10 Icarioti: -te *NΛ*: -re *Π*
Inachis] II xxxiii 4: -us *Π*
Ino] II xxviii 19: Iuno *L*: Inno *P*: Imo *F*
Iphigenia] III vii 24: e- *PS*: -nea *NFLɈK*: -na *W*
Irus] III v 17: her- *Γ*
Iuleus] IV vi 17: ui- *FPΓY*: ni- *L*

Iulius] IV vi 54: ui- *ut uid. NLSΓY*
Iuno] II xxviii 33: ui- *NΓ ut uid.*
    II xxviii 34: ui- *NSΓ ut uid.*
    IV viii 16: ui- *N ut uid.*
    IV ix 71: ui- *N ut uid., Γ*
Lalage] IV vii 45: lalace *Ω*
Lampetie] III xii 29, 30: lampa- *Ω*
Lanuuium] IV viii 3: laminium *LP* (*om. F, spat. rel.*): lauuium *T a.c.*:
    lauinium *C*
    IV viii 48 Lanuuii] laminii *LP*: lanium *F*
Latris] IV vii 75: latrix *Γ*
Lesbia] II xxxiv 88: -ia] -is *S*
Leucadia] II xxxiv 86 laoc- *ΠΛ*: loc- *N*
Leucothoe] II xxvi 10: -thee *Γ*
Lycmon] IV i 29: lyg- *Ω*
Lycomedius] IV ii 51: licomod- *F*
Lycurgus] III xvii 23: lyg- *NΠΤΓMU*
Lygdamus] III vi 2: lyd- *N*
    III vi 11, 19, 24, 31, 36, 42: lygada- *N*
    IV viii 68: lidd- *LJK*
Lynceus] II xxxiv 9 -ceu] -cen *ΠY*
Maeander] II xxx 17: menan- *NΠ, T primo, S s.l., Y*
    II xxxiv 35: menan- *PS*
Mamurrius] IV ii 61: maumur- *P*: mamurt- *L*
Marcius] III ii 14: mart- *Ω*
    III xxii 24: mart- *Ω*
Memnon] II xviii 16: menno- *Y*: meno- *P*: menuo- *in* menno- *corr. F, ut*
    *uid.*
Memphis] III xi 34 memphi: -y *JKURC*
Menoetiades] II i 38: mena- *C*
Meroe] IV vi 78: -oen *C*: -oin *NΠTSΓY*
Mimnermus] I ix 11: minnermi *N*: munermi *A*: mimermi *Γ*: numerini *T*:
    minerinus *S*: inermi *Y*: *om. C*
Minyae] I xx 4 Minyis: miniis *N*: minuis *uel* minius *ATΓY*: nimius *S*
    *spat. primo rel.*: *om. C, spat. rel.*
Miseni] I xi 4: misce- *AΓ*
Molossus] IV viii 24: mal- *NY*: moal- *W*
Mygdonius] IV vi 8: myd- *C*
Nemorensis] III xxii 25: m- *LPΓ*: -osis *C*
Neptunius] III ix 41: -nia: -na *LP*
Nesaee] II xxvi 16: ni- *Ω*
Niobe] II xx 7: uiole *F*: *recte post corr. PQJ, ut uid.*
Nireus] III xviii 27: ner- *Ω*
Orestes] II xiv 5: hor- *ci. Colucius, PBY*
Oiliades] IV i 117: o il- *Ω*
Orithyia] I xx 31: *recte C*: orithi- *N*: orithy- *TSΓY*: orioth- *A*

---

[1] See *Cynthia ad loc.* for discussion of the form of the genitive.

(ii) *cetera*

I xviii 16 deiectis *TΓ*: delec- *N, T u.l.*, *S*: delic- *S s.l.*, *YC*: dilec- *A*

II vi 5[2] deiectas] delectas *NFBETSMUC*: deletas *N p.c.* (*m. rec.*), *PQΓ, U p.c.*, *R*

II ix 2 eiecto] electo (*uel* e l-) *Ω*

II xxix 21 iniecto] inl- (*uel* in l-) *Ω*

III ix 12 iocum *Lachmann, recte ut uid*.: locum *Ω*

IV ii 35 eius] elus *Ω* (zelas *F*)

IV iv 1 Tarpeia] tarpel- *NF, T primo, KY* (*sic et NF,* IV iv 15)

IV v 36 Maiis] malis *NΠTΓ*

IV viii 22 iocos *Λ*: locos *NΠ*

-i] -ei: III i 22 duplicei *N*

-i] -ii: e.g. II ix 28 di *P*: dii *NFQBΛ*

    III ix 55 pelusii *NΛ*: pelitii *Π*

    III ix 56 antonii *NΠSΓY*

    IV i 45 decii *NΠSΓY*

    IV i 79 dii *ΠYC* (dic *N*)

    IV ii 52 tatii *NΠSΓY*

    IV vi 65 dii *Ω*

-ii] -i: II xxx 6 mercuri *N, T primo, SЈKYC*

    III xi 47 tarquini *Ω* (torquimini *L*): corr. *T p.c.*

    IV x 27 uei *S*

-is (*nom.*)] -es: II xx 34 tales *MU*

    IV vi 23 rates *N*

-is (*gen.*)] -es: III xi 25 arces *Ω* (artes *F*)

    III xix 6 fontes *Π*

    IV ii 11 uertentes *N*

    IV vii 5 amores *N*

-isse] -iisse: III xii 34 adiisse *Π*

-issus] -isus: III xi 63 -scisos *NΠTSΓ*

    IV iv 72 -sciso *NFLTSΓY*

-uum] -um: III xiii 64 equm *NL*

    IV x 8 equm *C*

-uus] -uos: II xxxiv 38 equos *NΠTSЈWYC*: equůs *K*

-uus] -us: IV iii 36 equs *NC*

de-] di-/dis-: I xii 19 dissistere *NATSWY*

    II xvi 50 dissiluisse *QC*

    II xviii 21 diminuo *FW*

    III xiii 58 delapsis: di- *Ω*

    III xvii 26 dissiluisse *FS*

    IV i 141 discusserit *Ω*

dec-] desc-: I xx 39 descerpens *A a.c.*

di-] de-: II xxviii 59 demiss- *Ω*

    II xxix 29 demiss- *Ω*

    IV i 149 deducat *Π*

---

[2] See *Cynthia ad loc.* for discussion.

II xxxiii 26 nundum *FP*

obscenus] I xvi 10 obcen- *N*

osculor] IV iii 30 obsc- *S*

paruus] II xxiv 43 paruo] paruuo *N*

pharetra] IV vi 55 phara- *Γ*

pignora] III xx 17 -era *N, F corr., LTΓY*

post haec] I iv 19 posthac *SYC*

 I vii 13 posthac *S*

 I xv 13 posthac *S*

praetextus] IV i 11 praetest- *LP*

reccidit] IV viii 44 reci- *ΠKWY*

reperit] III xxiii 17 reppe- *Γ*

repperit] II xxxiii 27 repe- *NLPW*

reprehendere] III xix 9 reprend- *PSC*

rescissus] III viii 8 rec- *Π*

rettuli] III vi 18 retulit *NPSΓY*

 III xxiii 21 retulerit *ΠSY*

 IV iv 28 retulit *FPY*

rhombus] III vi 26 rum- *Π*

robigo] II xxv 15 rub- *Ω*

scirpiculus] IV ii 40 ser- *Ω*

siluicola] III xiii 34 siluicul- *F, S t., W a.c.*

spectaclum] IV viii 21 spectacul- *NLPKW* (spectand- *FR*)

 IV viii 56 spectacul- *NPKW* (spectand- *FR, U primo, ut uid.*)

stuprum] II xxxii 41 struporum *PSMR*

suboles] IV i 77 sob- *Ω*

suppono] II xxxii 40 sop- *S*

suscipio] IV ix 36 succ- *NTJK* (*cf. Caper,* GLK 7.98.5–7)

tres] III xi 35 tris *T s.l., C*

tundo] IV v 35 tond- *L*

uacare] II xxvi 54 uoc- *S*: uor- *NΠTΓYC*

 IV ii 19 uoc- *ΠW*: noc- *NTSJKYC*

uesanus] II ix 10 uex- *MU*

uita] I ii 1 uitta *AK*: uicta *JWY*

uitta] III vi 30 uicta *FSWYC*: uita *NL*

 IV iii 16 uicta *SJWYC*: uita *Π*

 IV xi 34 uicta *ΠSΓY*

uulsus] IV viii 23 uol- *LPΓ*

# INDEX NOMINVM

# INDEX NOMINVM

# INDEX NOMINVM